Romanperver İktisatçı

Romanperver İktisatçı

MUSTAFA ÖZEL

KÜRE YAYINLARI

KÜRE YAYINLARI / 225. Kitap

Düşünce 15
Mustafa Özel Kitaplığı 5

Romanperver İktisatçı

Mustafa Özel

Birinci Basım Mayıs 2019
Üçüncü Basım Nisan 2025

ISBN 978-605-7646-05-7
TC Kültür ve Turizm Bakanlığı
Sertifika no: 15813

Tasarım **Zeyd Karaaslan**
Kapak **Zahid Yıldırım**
Kapak Uygulama **Zeyd Karaaslan**
Ön ve Arka Kapak Fotoğrafları **Sedat Özkömeç**

Baskı/Cilt ACK Ajans
Sertifika No: 53569
Mahmutbey Mah. Taşocağı Yolu Cad.
Ağaoğlu-212 Myoffice No: 344
Bağcılar/İstanbul
Tel: 0212 635 35 55

KÜRE YAYINLARI
Vefa Cad. No: 48 Kat: 3
Fatih / İstanbul
Tel 0212 520 66 41-42
www.kureyayinlari.com
kure@kureyayinlari.com
kureyayinlari

MUSTAFA ÖZEL, Ağrı'da doğdu (1956). Naci Gökçe Lisesi (1974) ve Boğaziçi Üniversitesi İİBF mezunudur (İktisat, 1980). İstanbul Bankası, Türkiye Dış Ticaret Derneği Ülker, Çilek, BİSAV ve MÜSİAD gibi kurumlarda yöneticilik/danışmanlık yaptı. Marmara Üniversitesi'nden Yüksek Lisans ve Doktora dereceleri aldı (İktisat Tarihi, 1991/99). *Dergâh İzlenim, Anlayış, Nihayet* ve *Arka Kapak* dergilerinde yazdı. Bilim ve Sanat Vakfı ile İstanbul Şehir Üniversitesi'nin kurucuları ve öğretim üyeleri arasında yer aldı.

İçindekiler

Yazılar

Gecikmiş Bir İlân ı Aşk

Bana paranın önemini kavratan muktesit Babam
Önemsizliğini hissettiren mutedil Anam;
Roman dünyasında yeriniz münhal.
“Anne sesinin intihardan alıkoyduğu”
İlk Türk bireyi münkesir Ahmet Cemil;
Şeytan'ı Mevlana ile dengeleyen
“Soytarının hafız kızı” Rabia;
Kimse acılarınızla değil hemhal;
Kadrinizi ne içtimaiyat biliyor, ne fen.
Bu dağınık şarkıları size aşkımın
Hürmetkâr bir nişanesi addedin lütfen...

Giriş

Edebiyat ve İktisat

Bir dizi konuşma ve konuşma üsluplu kısa yazılardan oluşan bu kitapçık, son çeyrek yüzyıldaki roman'tik iktisat ve toplumbilim okumalarımı harmanlıyor. Ana fikrini iç içe üç üçleme ile dillendireyim: Modernlik üç kâğıttır. Üç matbû (basılı) kâğıt: Kâğıtpara, gazete ve roman. Kâğıtpara olmasaydı Kapitalizm, gazete olmasaydı Ulus, roman olmasaydı Birey olmazdı. Kapitalizm, Kanaat Ekonomisi değil; ulus Millet değil; birey de İnsan değil.

Böylesine keskin ifadelerle 'gerçekliği' epey zorladığımın farkındayım. Kapitalizm, Ulus ve Birey gibi kritik olguları tek faktörle açıklama peşinde değilim elbet. Maksadım, bunların oluşumunda söz konusu üç kâğıdın önemine dikkat çekmek sadece. Sürecin orkestra şefi ise Şeytan. İlahiyatın değil, edebiyatın şeytanı! Ecdâdın matbaaya "şeytan icadı" demesindeki hikmeti altmışımda ancak kavrayabildim.

Kitaba son hâlini vermeye çalışırken, Bilgi Üniversitesi'nin düzenlediği "İktisatta Neler Oluyor?" başlıklı sempozyuma davet edildim. Bir tür çalıştay olan sempozyumun son oturumu "İktisat ve

Edebiyat" konuluydu (21 Şubat 2019.) İktisatın bir bilim mi, yoksa bir sanat mı olduğu ilk oturumda tartışılmış; Murat Sertel'e adanan ikinci oturumdaysa iktisadî tasarım tartışmalarına yer verilmişti. Bizim kırk yıl önceki talebelik dönemimizde tasavvuru imkânsız olan üçüncü oturumda yaptığım konuşmayı, *Romanperver İktisatçı*'nın girişine koyarken heyecanlanıyorum. Murat Sertel, Boğaziçi'nde hocamdı ve ilk Matematiksel İktisat sınavından 100 üzerinden 7 almıştım! (1979/80) Fakat iki ay boyunca set teorisini anlamaya başlayıp, iktisatın matematiksel diline birazcık vakıf olunca, "bir fındık kabuğu içinde" sekiz alternatif ekonomik sistemin karşılaştırmasını yaparak bayağı keyiflenmiştik. Matematiğin iktisata katkısını genç yaşta anlamıştım; bakalım edebiyatın iktisata katkısını ileri yaşta anlatabilecek miyim?

Eski Köye Yeni Âdet

Roman, kapitalist modernliğin kutsal kitabıdır. İfademdeki çelişkinin farkındayım. Modernlik, kutsala başkaldırı değil mi zaten? İşte roman, hem bu başkaldırının, hem de çelişkinin çözümlemesidir. Evet, sadece *hikâyesi* değil, aynı zamanda bilim/sanatsal bir tahlili. Olguları hayatın içinde o kadar küçük parçalara ayırıp her birine ayrı ayrı mercek tutuyor ki, hiçbir analitik disiplin bu kadar derine inemez. Sonra bu parçaları öylesine bütünleştiriyor ki, hiçbir felsefe bu sentez kabiliyetine sahip olamaz. Bilim kelimesini çok önemsiyorsak, romana *romanbilim* dememiz yerinde olur!

Roman, hem tarih gibi geçmişte olan bitenin tasviri, hem de hadiselerin müstakbel yörüngelerinin öngörüsüdür. Geçmişle geleceği, kadîmle moderni harmanlar. Mesela, Jale Parla ve Cemil Meriç'e rağmen Türkiye'de hâlâ arafta duran *Don Kişot*'ta, Sanço Panza mütemadiyen bizi kadîmden moderne atlatmak ister. Engin gönüllü şövalye ile *aristokratik* bir anlaşma yapmıştır önce. İşler yolunda giderse, kendisine bir cezirenin valiliği verilecektir. Fakat tersi olup da, boyuna hırpalanıp durdukça, Sanço anlaşmanın mahiyetini değiştirmeye yönelir ve *kapitalistik* bir alternatif önerir: Kendisine her ay sabit bir maaş ödenmesini ister. Tabii, küplere biner Don Kişot: Okuduğu hiçbir şövalye romanında böyle garip bir âdete rastlamamıştır! Cervantes, daha 17. yüzyılın başlarında, kapitalizmin "eski köye yeni âdet" getirmekte olduğunu fark etmiştir. Kapitalizm geliyor ama Kitab'a göre davranmak isteyenler de yiğitçe direniyor! Romanlar, bu bakımdan ilk toplumbilim eserleridir.

Onsekizinci yüzyıl Avrupa'sının *Don Kişot* çapında bir roman 'üretememiş' olduğunu düşünsem de, sadece Daniel Defoe'nun yazdıkları eski köye sayısız yeni âdetin yerleşmiş olduğunu gösteriyor. Ondokuzuncu yüzyılda ise roman, yeni toplumun gelişmiş MR cihazıdır adeta: Bireylerin kılcal damarlarının içine girmekle kalmaz, ruhlarının bütün çalkantılarını kayda geçirir. İstikbali de hesaba katarak! Bir kâhinden farksızdır Balzac, mesela. Tâ 1830'larda yarattığı Gaudissart karakteri, öylesine incelikli finansal enstrümanlar geliştirir ki, 2000'lerde yazan Amerikalı romancı Don DeLillo'nun "boşluğa oynayan" kahramanı Eric onun karşısında apışıp kalabilir...

Modernlik Üç Kâğıttır!

Modernliğin üç kâğıt olduğunu söyledim: Kâğıtpara, gazete ve roman. Kâğıtpara olmasaydı Kapitalizm, gazete olmasaydı Ulus, roman olmasaydı Birey olmazdı. Kapitalizm, Kanaat Ekonomisi değil; Ulus, Millet değil; Birey de İnsan değil.

Son üçlemeden başlayalım: Kapitalizm öncesi (hemen hemen) bütün ekonomilerde esas mesele insanların karnını doyurmaktı. Kâğıtparaya dayalı kredi ekonomisinin eseri olan Kapitalizmin öncelikli meselesi ise kapitalistlerin kasalarını doldurmak oldu. Kapitalizm, beşerin psikolojisini biyolojisinin yerine ikame etti; zevk ve arzularını normalleştirip ihtiyaç hâline getirdi. Kadîm "kanaat ekonomileri" arzuları gemlerken, Kapitalizm onları kamçıladı; çünkü sınırsız sermaye birikimi için sınırsız üretim, dolayısıyla da sınırsız tüketim gerekiyordu. Kapitalist gerçekte mal üretmez, müşteri üretir. Tüketime şartlanan insanın tatmin olabileceği hiçbir üst sınır yoktur. Dolayısıyla, varılacak son nokta, ürünleri değil kendi kendini tüketmektir. Emma Bovary'nin intiharı, Paris hayatına öykünen bir taşralının hikâyesinden çok, insanlığın topyekün intiharıdır. Peyami

Safa, *Fatih-Harbiye*'yi bugün yazsaydı, Nişantaşı hayatına öykünen "Fatih kızı Neriman" muhakkak intihar ederdi!

Ulus, kapitalist ekonominin geniş pazar ihtiyacından doğdu: Avrupa'daki yaklaşık 1600 feodal siyasa, birkaç yüzyıllık bir çabayla bütünleştirilerek 30 dolayında ulusal pazara ve dolayısıyla ulus-devlete 'iblağ' edildi. Gazete, Ernest Renan'a itibar edersek, oluşum sürecindeki ulusların ortak heyecanlarına ses veren "günlük referandum" aracıydı. Bu bütünleşen toplulukların yakın tarihlerine, eski mit, tanrı ve kahramanlarına veda etmeleri yeni devletlerin "birlik ve bütünlüğü için" şarttı. Küçük birimler yakın geçmişlerini unutup, uzak bir (varsayımsal) ortak geçmişten yeni mitler, yeni kahramanlar ithal ettiler: Yunan ve Roma'dan. Almanlar bu mirasla yetinmeyip, Hind'e kadar uzandılar ve Aryan 'ırkı' ile kurgusal bir akrabalık geliştirdiler. Avrupa romanının Avrupa tarihyazımından daha gerçek(çi) olduğuna bahse girebilirim!..

Ulus unutan, Millet ise hatırlayan bir topluluktur. Avrupa'nın işaret ettiğim 1600 feodal beyliği bütünleşerek 30 ulus meydana getirirken, bizim coğrafyamızda da bir büyük siyasa (Osmanlı Devleti) aynı sürecin öteki yüzü olarak 30 parçaya bölünüp modern Orta Doğu uluslarını meydana getirdi. Keza, bizde de her yeni ulus yakın tarihi (Osmanlı ve İslam geçmişini) unutmaya çalışarak, uzak bir tarihten mit ve kahramanlar devşirmeye yöneldi. Türklerin payına eski Anadolu uygarlıkları düştü, Etiler ve Sümerler. Şahsen iki uygarlığın da hayranıyım; ama 1930 ve 40'ların olağanüstü çabalarına rağmen "Anadoluculuk" mayası tutmadı. Müslüman ahali Hz. Ali'yi unutup, onun yerine Gılgamış'ı koymadı. Anlaşıldı ki, bizim gibi unutma yeteneği zayıf olan (!) halklar Avrupaî anlamda ulus hâline gelemiyor. Ne gazete, ne de ulusçu maarif sistemi modern anlamda bir ulus teşekkül ettirebildi. Yaprakların arkasını gözden geçirirseniz, görürsünüz ki Saatli Maarif Takvimi bile ulustan değil, milletten yana çıktı!..

Birey de İnsan değil demiştim; elbette ahlâkî bir sorundan değil, nesnel bir konumdan söz ediyorum. İnsan (Elif, Nun ve Sin = *enese*) yaklaşan demektir; beşer, birbirine yaklaşarak insanlaşır. Birey ise uzaklaşandır. Tanrısız ve Toplumsuz, kendi kendine yetebilendir. *Mai ve Siyah*'ta Süleymaniye semtinde oturan roman kahramanımızın kulağına bu muhteşem mabetten hiç ezan sesi gelmiyor; bir tek vakit namaz kılıp da Allah'a el açmıyor; toplumla kaynaşmıyor. Modern uygarlıkta birey önce kurgulanır, sonra gerçekleşir. Ahmet Cemil'in kurgu dünyasından gerçek dünyaya transferi kaç yıl sürdü dersiniz?

En Kahraman Şeytan!

Modernliğin; Kâğıtpara, Gazete ve Roman dediğimiz üç matbu kâğıdın beslediği "Kapitalizm, Ulus ve Birey'in bileşkesi" olduğunu söyledim; bu sürecin baş kahramanıysa Şeytan'dır. Dinin değil, edebiyatın şeytanından söz ediyorum. Dinin şeytanı bir anti-hero'dur, bir kötü kahraman. İnsanı ayartarak, anayurdu olan Cennet'ten dünyaya düşürmüştür. Edebiyatta ise Şeytan çoğunlukla bir kahramandır. Cennet denen geniş otlakta mutlu mesut dolaşan bir varlığı dürterek, meraklandırarak, isyan ettirerek insanlığa yükseltmiştir. Goethe'nin 60 yıl emek verdiği büyük kurgusu *Faust,* bu gelişim sürecinin zübdesidir, özüdür. İlk cildi bireyin, ikinci cildiyse ulusun/devletin trajedisidir. Birincisi trajik olarak kalır; ikincisi traji-komikleşir. Finansal kapitalizm çağında, bence hâlâ *Faust*'un ikinci cildinin içinde yaşıyor,onun gibi gözleri kapalı hâlde kendi mezarımızı kazıyoruz!

Hatırlayalım *Faust*'un ilk sahnesini: İleri yaşlarda bir bilgin; felsefe, tıp, hukuk ve ilahiyat okuduğunu, ama varlığın sırrına eremediğini, kesin bilgiye sahip olamadığını ve bundan derin bir ıstırap duyduğunu dile getiriyor. Ayrıca, yaşarken birçok şeyden haz alıyor, fakat bu hazların çok çabuk sönükleştiğinden şikâyet ediyor. Özetle, güvenilir bilgi ve mutlak haz arıyor. Şeytan yahut vekili diyebileceğimiz Mefisto ortaya çıkıp, bir anlaşma çerçevesinde, kendisine bu ikisini de verebileceğini; fakat bu emeği karşısında da Faust'un ruhunu talep ediyor. Kanla imzalanan anlaşma, modern bireyin "ruhunu Şeytana satmış" veya "içine Şeytan girmiş" bir varlık olduğuna işaret ediyor. Mefisto, Faust'u gençleştiriyor, dilediği kadını buluyor, fakat sonuçta her şey bir trajediye dönüşüyor.

İkinci ciltte ise, "içine Şeytan girmiş devlet"in serüvenini okuyoruz. Bir karnavalın orta yerinde, sokaktan gürültüler, silah sesleri geliyor. Maaşları ödenemeyen askerler isyan etmiştir. Devletin masrafları artmış, gelirler azalmış, saraydaki simyacılar da altın üretememişlerdir. Mefisto ile çırağı Faust girerler. Mefisto'nun elinde bir kâğıt; şuraya bir imza atıverseniz, bütün sorunlar çözülür. Ne maaşsız asker kalır, ne de müşterisiz mağaza. Yarı esrik haşmetmeâb teklifi kavrayamaz önce. Ben altın arıyorum, bunlarsa benimle alay ediyor. Hayır diyor Mefisto, sizin yerin üstünde altınınız yok ama, yerin altı da sizin ve orası altın dolu. Yer altındaki madenleri rehin göstererek, alacaklı yurttaşa borçlanıyoruz bu kâğıt parçasıyla. İmparator tam ne olduğunu kavrayamadan basıveriyor imzayı.

Goethe böylece kısacık bir bölümde birkaç asırlık kapitalizm tarihini özetliyor, geçmişi ve geleceğiyle. Kendi kelimelerimle özetlersem: (1) Kâğıtpara ile insan toplumunun "siyasal ekonomi" dönemi sona ermiş ve "ekonomik siyasa" dönemi başlamıştır. Artık toplumun gerçek hükümdarları krallar değil, paraya, daha doğrusu Kağıtparaya hükmedenler olacaktır. (2) Kapitalizmin sürükleyici gücü olan Kağıtpara, devlet ile Şeytan arasındaki bir antlaşmadır. (3) Kağıtpara sayesinde hükümdarın borcu, halkın borcu haline getiriliyor. Gerçekte rehnedilen yerin altındaki altınlar değil, istikbalde halktan toplanacak olan vergilerdir. Fernand Braudel'in kapitalizmi "konsantre sermaye gücü ile devlet arasında, halk aleyhine bir suç ortaklığı" tarzında tanımlaması, *Faust II*'nin en bilgince özetidir. Şiir, tarihyazımını tam bir asır önceliyor!..

Faust II sanayi kapitalizminin de özlü bir tasvirini yapıp gelişim yörüngesini haber veriyor. Girişimci Faust, sonu kendi mezarını kazmaya varacak bir inşâ faaliyetine girişiyor; hem de ömrünü deniz kazazedelerine adayan iki yaşlı insanı, konuk tanrılarıyla beraber kulübeleri içinde yakma noktasına varıncaya kadar! Bu bölümler hem yarım yüzyıl sonraki "Afrika için kapışma"nın, hem de yüz yıl sonra yüz milyon insanı yakacak olan iki ölümcül dünya savaşının "yapısal gerekçelerini" ortaya koyacak ölçüde romanbilimseldir.

Üç Kutup Yıldızı: Halid Ziya, Halide Edib ve Tanpınar

Bence Türk romanı *Mai ve Siyah* ile başlıyor. Tanrısız ve toplumsuz ilk kurgu bireyimiz Ahmet Cemil'dir. Fakat emellerinin hiçbiri gerçekleşmediği hâlde, intihar etmiyor. Sorun, Halid Ziya'nın gerçekçiliğinde: Osmanlı insanı henüz birey olmamış, dolayısıyla intihara hazır duruma gelmemiştir. Yazar bu yüzden kahramanını intihar ettirtemiyor. Kurtuluş çaresi olarak da "anne sesi"ni icat ediyor. İntihara karşı anne sesi: İlk 'Batıcı' romancımız böylece ilk 'İslâmî' romanımızı da yazmış oluyor. Osmanlı toplumu hâlâ Tanpınar'ın *Sahnenin Dışındakiler* romanında 'ruh verdiği' tarzdadır: "İçtimaî jeolojinin merkezi camiidir." Halide Edib, *Sinekli Bakkal* ile içtimaî jeolojinin merkezini camiden bakkala, mabetten markete kaydırıyor. Şeytanın Avrupalı avukatı Peregrini üzerinden Türk toplumuna şu mesajı veriyor: Güçlü ve modern olmak istiyorsan, Şeytanın hakkını ver!

Fakat tarihe tutunan moderndir Halide Edib, dili Ulus kavramını telaffuz etse de, kalbi Millet'ten yanadır. Kadîm öğretiler Tanrı'yı Şeytan ile dengeliyordu. Halide Edib, Şeytan'ı Tanrı ile dengelemeye çalışıyor. Romanındaki Vehbi Dede, Mevlana ile Arnold Toynbee'nin karışımıdır. Bu atmosferde pişen "Soytarının hafız kızı Rabia" modernlik serüvenimizdeki en emsalsiz kurgu kahramanıdır. "Başörtüsü mücadelesini kazandık ama tesettür mücadelesini kaybettik" diyenler, bir bakıma hepimizin Rabia'laştığını söylemiş oluyorlar. Büyük romancıların ehl-i kehanet olduğunu söylemiştim. "Başı açık ama tesettürlü" Halide Edib'de buna ehl-i keramet olmayı da ilave etsem, kızar mısınız?

Tanpınar, ilk romanı *Mahur Beste*'de Türk insanının ancak *hikâyesi* yazılarak birey olabildiğini, fakat bu serüvenin yarıda kaldığını ihsas ettiriyor: Yazar ana kahramanını romanın ortasında unutmuş, başka seslerin peşine düşmüştür. *Huzur*'da bir yandan intiharları bile ithal asi kahramanları resmederken, diğer yandan Türk iş zihniyetinin oluşumunun nasıl yarıda kaldığını Ülgener gibi iktisatçılara parmak ısırtacak bir ustalıkla dillendiriyor. *Saatleri Ayarlama Enstitüsü*'nde ise iki medeniyetin farklı zaman algılarının bireyden bürokrasiye kadar bütün cemiyet organlarını nasıl etkilediğini eşsiz bir estetik espriyle canlandırıyor. Bu kitapların herhangi bir iktisat veya sosyoloji bölümünde "ders kitabı" olarak okutulduğunu biliyor musunuz? Edebiyatsız iktisat sadece zevk-i selime değil, akl-ı selime de uzak bir ülkedir. Edebiyat bizi kalbe yaklaştırır ve kalp olandan sakındırır.

Söz Kalpazanları

Çalıştaydaki konuşmam aşağı yukarı buydu. (Bkz. *İktisat ve Toplum*, Nisan 2019) Bir soru üzerine Andre Gide'in *Kalpazanlar* romanını çok önemsediğimi belirttim. İktisadî metaforlarla yüklü bu muhteşem romanbilim, edebiyatın iktisat ve toplum bilimlere katkısını 'görmeye' çabalayan herkesin başucu eseri olmalıdır. Gide'in kurgusunda kalpazanlık, kalp paradan çok, kalp insana ve kalp lisana dairdir. Sahtelik paradan önce kelimelerdedir. Roman yazarı dahil olmak üzere, modern toplumdaki sayısız konumun "kalp" olduğu emsalsiz bir güzellikte canlandırılıyor.

Kalp bir babanın keşfiyle açılıyor roman. Önce Gökteki Baba'dan, sonra Tahttaki Baba'dan yoksun kalan Avrupalı, artık Evdeki Baba'dan da yoksundur. İktisadî bakımdan da çok önemlidir bu roman; çünkü toplumsal dönüşüm ve bozuluşlara dair tüm metaforlar iktisadî bir içeriktedir: Enflasyon, değer kaybı (*depreciation*) gibi. Yirminci yüzyıl başlarındaki Fransa'nın en önemli iktisatçılarından Charles Gide'in yeğeni olan Andre Gide, amcasının evinde büyüdüğünden o günün iktisadî tartışmalarına aşinaydı. İktisat gramerini edebî bir gramere dönüştürdü. Kalp para, 400 sayfalık romanın tam ortasında ve sadece 20 sayfa kadar yer tutuyor; bir tür çocuk oyunu gibi. Oysa roman boyunca kalp baba, kalp sanatçı gibi bir sürü sahtelikle karşılaşıyoruz. En önemlisi, gerçek *Kalpazanlar* romanının, romanın bir kahramanı tarafından içeride yazılmakta olmasıdır. Yani Andre Gide'in kendisi de kalpazandır. Sonunda, Şeytan kelimeleri, tıpkı kalp paralar gibi, o kadar çoğaltıyor ki, Şeytanın 'enflasyonist' gürültüsünden Tanrı'nın kelimeleri işitilemez oluyor. Bu da bizi konuşmamın en başındaki, modernliğin orkestra şefi Şeytan meselesine geri götürüyor. Modernlik bütün biçimleriyle şeytan kokuyor!..

Konuşmalar

Dostoyevski *Kumarbaz*

Tolstoy *Savaş ve Barış*

Cervantes *Don Kişot*

Defoe *Robinson Crusoe*

Gogol *Ölü Canlar*

Necip Fazıl

Kemal Tahir

Dickens *Zor Günler*

Melville *Moby Dick*

Halid Ziya *Mai ve Siyah*

Goethe *Werter, Wilhelm Meister, Faust*

İlk İslamî Romanımızı, İlk Batıcı Romancımız Yazdı!

Roman, ahir zamanda insanın kayboluş hikâyesidir. İnsan ölürken, birey doğuyor. İnsan, elif, nun, sin. *Enese,* yaklaşmak demek. İnsan yaklaşan, birey ise uzaklaşandır! Zamana ve paraya, insanoğlunun bu iki büyük kurgusuna tutunarak toplumdan kopmanın hikâyesidir roman. İngilizler romana *fiction* diyor; daha yerinde bir adlandırma olamazdı. İki kurguyu içeren üçüncü bir kurgu; iki hayalin hayali.

Ahmet Cemil bütün yönleriyle "birey"dir. Müslüman bir toplum içinde ne namaz kılıyor, ne dua ediyor; hiçbir dinî referansı yok. İçtimaî bir referansı da: "Herkesten uzak, herkese yabancı." Fakat intihar etmiyor, edemiyor. Son anda "anne sesi" imdadına yetişiyor. Bundan ileri dinî hassasiyet, bundan sahici İslamî roman olur mu? Evet, ilk İslamî romanımızı ilk Batıcı romancımız yazdı! Dindar yahut romantik olduğu için değil, realist olduğu için!

"Aydınlar, Roman ve Hakikat" başlıklı uzun konuşmanızda romancıların (kurgucuların) modern gerçekliği toplum bilimcilerden (tarihçiler dahil) daha iyi görebildiklerini; hatta ön-görebildiklerini söylediniz. Biz sizi genelde bir iktisatçı olarak biliyoruz. Romanlarla bu denli içli dışlı olmanız yadırganmıyor mu?

Kim yadırgayacak? Keşke dar ideolojik tartışmaların ötesinde, insanlığın temel meselelerini konuşabilen seçkin insanlarımız olsaydı da, Don Kişot gibi "romanlarla kafayı yemiş" bir iktisatçıyı tefe koysalardı! Geçen yıl yüz kadar iktisatçı Bilim Sanat Vakfı'nda bir araya geldi. Gün boyu para ve sermaye piyasalarındaki gelişmeleri tartıştılar. Sağolsunlar, iki saatlerini de "eski iktisatçı" ağabeylerini dinlemeye ayırdılar. Borsada, menkul kıymet şirketlerinde, bankalarda, merkez bankasında ve üniversitede görev yapan bu genç ve dinamik arkadaşlara *Faust* ile *Kumarbaz*'ı anlattım. Önce haftada kaç roman okuduklarını sordum, bir roman diyenlerin oranı yüzde bir oldu. Ayda bir roman okuyanlar? Yüzde beş. Ortalama, yılda iki veya üç. Bunlar da klasikler değil, "şişirilmiş" piyasa metinleri.

Çok sevdiğim genç bir iktisatçı, romanları keçi boynuzuna benzetti. Benim romanları hep çizerek, not düşerek okuduğumu bildiğinden, sizin çizdiğiniz yerleri okumamız daha ekonomik olmaz mı, diye sordu. "Benim çizdiğim yerler başkasının da ilgisini çeker belki, fakat herhangi bir kitabı on kişi okusa, bunların yarıdan fazlası farklı satırların altını çizer. Mesela *Kumarbaz*'da benim çizdiğim yerleri borsacıların çoğu çizmezdi sanırım."

Neden?

Karşı bir soruyla cevap verdim onlara: "İnsanlar, özellikle de küçük yatırımcılar İstanbul Borsası'nda ne arıyorlar?" Umumi cevap: Tabii ki kazanmak için oradalar. Hayır, dedim. Onların ne yaptığını Dostoyevski sizden daha iyi biliyor. *Kaybetmek için oradalar!* İslamda kumar yasağı olmasaydı, Türkiye'de insanlar kumarhanelere rahatça, "mahalle baskısı" olmadan gidip gelselerdi, belki borsaya bu kadar üşüşmezlerdi. İnsan oyun oynayan, spekülasyondan haz duyan bir varlıktır. Borsa onların bu tutkularına cevap veriyor büyük ölçüde.

Peki, neden kaybetmek için oynasınlar? İşte onu anlamak için de Dostoyevski'yi okumak lazım. Bu Rus Don Kişot, kumar borcunu kapatmak için, kitabını 25 günde yazmak zorunda kaldı. O çapta bir yazar, bu kadar kısa zamanda bir eser verecekse, ancak hayatının en esaslı fikrini işleyerek bu yükten kurtulabilirdi. O da bütün ruhuyla kumarı işledi. Benim romandan çıkardığım ana fikir şu: *İnsan kaybetmek için oynar!* Kazanırken seviniyor gözükmesi, daha büyük kayıp için bir nevi hazırlıktır.

İktisatçıları ikna etmek mümkün mü? İnsan neden kaybetmek için oynasın ki? Çünkü (demeye getiriyor Dosto, yahut ben öyle anlıyorum!), kaybetmek istediği para veya servet değildir. *İnsan, kendini kaybetmek için oynar.* Kumarın büyük zevki, mukayese edilmez hazzı buradadır. Kur'an-ı Kerim'de kumar yasağıyla ilgili ayetlere bakın, hepsi "Allah içki ve kumarı size yasaklamıştır" şeklindedir. İçki ve Kumar hep yan yana anılıyor. Aslında hiç de birbirine benzemeyen iki fiil. Her bekrî kumar oynamaz; her kumarbaz da içkiye düşkün değildir. Fakat Allah ikisini sürekli beraber anıyor; çünkü bunlar insanın "kendini kaybetme" vasıtalarıdır. Her şeye izin verilebilir, kendini kaybetmeye asla. Kendini kaybeden, Tanrı'yı bulamaz. Tanrı, kendindedir!

Roman, ahir zamanda insanın kayboluş hikâyesidir. İnsan ölürken, birey doğuyor. İnsan, elif, nun, sin. *Enese,* yaklaşmak demek. İnsan yaklaşan, birey ise uzaklaşandır! Zamana ve paraya, insanoğlunun bu iki büyük kurgusuna tutunarak toplumdan kopmanın hikâyesidir roman. İngilizler romana *fiction* diyor; daha yerinde bir adlandırma olamazdı. İki kurguyu içeren üçüncü bir kurgu; iki hayalin hayali.

Bu bakımdan, bilhassa "klasikler" hiçbir zaman elimden düşmedi. Onlarda çağdaş insanlık durumunun açmazlarını en net biçimde görmem bir yana, Hakikat'tan kopuşun yol açtığı evrensel insanlık meselelerinin de gene en iyi romanlarda tartışıldığını "görmeye" başladım. O kadar ki artık kurgu olmayan hiçbir metni okuyamaz hale geldim. Modern insanın aklını sanki roman biçimlendirmiş. Sadece aklını değil, duygularını ve vicdanını da. Yeni çağa uygun yeni bir Kitab-ı Mukaddes.

Roman tutkum için bu gerekçe yeterli bence. İlk büyük roman kahramanı Don Kişot da o günün romanları olan şövalye kitaplarına kafayı takan bir "mecnun" değil miydi? Siyasî, ekonomik ve kültürel ortam da kurgusal gerçekliğin, yaşadıklarımızdan "daha gerçek" olduğu hissini veriyor bana. Melville 160 yıl önce Jet Fadıl'ı yazmış. Balzac 175 yıl önce beni, Hermann Hesse 75 yıl önce Ahmet Davutoğlu'nu yazmış! Türkiye'de "Büyük Sermaye" denince aklınıza kimler geliyorsa, hepsinin en orijinal hikâyesi *Faust*'un ikinci cildinde.

Nostradamus gibi bir şey anlattığınız. İyi romancılar büyük birer kâhin galiba.

Batılılar *prophet* kelimesini hem peygamber hem de kâhin için kullanıyorlar. Bence Cervantes'ten Daniel Defoe'ya, Balzac'tan Melville'e uzanan büyük kurgucular hattı için bu sıfatı kullanmak yerindedir. Roman hem bir uyarıcı, hem bir uyuşturucudur. Bu iki işlevi aynı anda icra ediyor. Bazı romanları bonzai niyetine okurum ! Kur'an-ı Kerim'de "Kalpler ancak Allah'ı anmakla yatışır" buyuruluyor. Andre Gide, *Kalpazanlar*'ın sonunda "kelimeler (tıpkı piyasadaki para gibi) o kadar çoğaldı ki, çıkardıkları gürültü yüzünden Tanrı'nın kelimeleri işitilemez oldu" diyor. Bu gürültü içinde teskin olmak kolay mı?

Naif bir soru: Neden bir tarikata girmeyi denemiyorsunuz? İnanan bir insansınız, belki daha kolay teskin olursunuz?

Lisedeyken bir Nakşi şeyh efendiye bağlanmıştım. Ülkücü yanımı dengeliyordu. Ülkü ocaklarından soğumaya başladığım süreçte Erbakan zuhur etti. Babam Millî Selamet Partisi Ağrı merkez ilçe başkanı, ağabeyim (Prof. Ahmet Özel) gençlik kolu başkanı oldular. Bu heyecanla 1973 seçimlerinde MSP'yi iktidara taşıma mücadelesi verdik. (Bize sonradan "Yüzde Altılılar" diyeceklerdi!) Aa, bir baktık, Efendi Hazretleri Turhan Feyzioğlu'nun Güven Partisi için oy topluyor.

Siz de bir daha uğramadınız tekkeye, öyle mi?

Tasavvuftan kopmadım. Hâlâ namazda belli ayetler okunduğunda cezbe gelir; kendinizi tutamazsınız. Fakat her türlü örgütsel harekete karşı, ister dinî ister siyasî karakterli olsun, içime bir kurt düştü. Nitekim üniversite yıllarında sabah namazlarında kalabalıktan avlusuna bile girmekte zorlandığımız malum camiiye şimdi gidin, iki saf ancak doluyor. Çünkü tekke, holdinge inkılab etti. Hayır, inkılab değil, ihtilâl oldu. Tekkenin ruhuna hâlel geldi.

Aynı tekkeden yetişen eşim bazen sabah namazı sonrasında elimde roman görünce, bey roman yeter, biraz Kuran oku diye takılır. "Roman okudukça, Kuran'ı daha iyi anlamaya başladığımı düşünüyorum!" derim. İnanmaz, tebessüm eder. Ben de o tebessümü hayra yorarım.

Biz de tebessüm etsek?

Onu da hayra yorarım! Romanı yüceltmiyor, fakat çok önemsiyorum. Rousseau daha 18. yüzyıl ortalarında, *fesada uğramış toplumlara roman lazım,* diyordu. Bir nevi röntgen. Röntgencilik sevimsiz bir meslek, fakat marazın (hastalığın) teşhisinde de vazgeçilmez. Geçen yıl Merkez Bankası başkanımız para kurulu üyeleri ve diğer bazı TCMB üst yönetici ve danışmanlarıyla yapacakları bir toplantıda konuşmamı talep ettiğinde, size *Faust*'u anlatayım dedim. Faust mu, ne alaka? Valla, dedim, geçenlerde Avrupa Merkez Bankası başkanına neden piyasayı rahatlatmak için biraz para basmıyor (devalüasyon yapmıyor)sunuz diye sorduklarında, "Yapayım da Faust'un başına gelen benim de başıma gelsin, öyle mi?" diye cevap verdi. O halde dinleyelim sizi hocam dediler ve o hafta mevzuyu bitiremedik; ertesi hafta tam takım tekrar İstanbul'a geldiler de Faust'a noktayı koyabildik.

Bankacılar zor ikna olur derler. Sizi iki hafta dinlediklerine göre, epey yararlanmışlardır.

Bir iki ay sonra, Boğaziçi'nden sınıf arkadaşım Prof. Vedat Akgiray geldi (SPK eski başkanı). Sohbet sırasında laf Merkez bankası politikalarına gelince, ya Mustafa dedi, dün Erdem Başçı Boğaziçi'ndeydi. Ben Erdem'i tanırım ama bu kadar derin entelektüel olduğunu bilmezdim. Konu para politikaları olduğu halde, konuşmasına Faust'tan bir girdi ki, dinlemeni isterdim. Edebiyatta neler varmış yahu!..

***Faust*'u bize de anlatmanız şart oldu artık. Fakat bir an Rousseau'ya geri dönelim. Şu roman-röntgen ilişkisi çok dikkat çekici.**

Rousseau yazdığı zaman henüz büyük roman çağı başlamamıştı. *Don Kişot, Robinson Crusoe* gibi münferit büyük eserler olsa da, bir nevi hazırlık dönemiydi. Buna rağmen çok önemli tespitler yapabildi. Zaten Rousseau'nun hayatını okursanız, Cervantes'in kitabından çıkmış bir deli dersiniz. Ona göre medeniyet bir yozlaşmayı, bozulmayı, kötülüğü temsil ediyor. Medeni milletlere roman lazım diyor. Çünkü o bozulmanın mahiyetini bize kavrattıracak en önemli düşünsel araç romandır. Bunu sosyal bilimleri küçümsemek veya itibarsızlaştırmak maksadıyla söylemiyorum pek tabii.Tanpınar büyük romancı ise, bunu ciddi tarih ve sosyoloji okumalarına borçludur. Fakat sosyal bilimlerde genelde monolojik tezler yazıyoruz. "Ben diyorum ki…" diyerek ortaya bir tez atıyoruz. Sadece "attığımız" halde, noktayı koyarken, "tuttuk" diyoruz! Yoksa doktoramızı kabul etmezler. Abdülhak Hamid'in dediği gibi, "Risto nedir bu? Zafer yahut hiç!"

Ben o yüzden bütün doktoraların kaldırılıp yerine roman yazılmasını öneriyorum! Çünkü, romanda "ben diyorum ki…" yok. En iyi romancı, kendini en fazla geriye çekebilendir. Bir yaşanmışlık var, yaşanmakta olan var; biz bunu kavramaya ve daha da mühimi "anlamlandırmaya" çalışıyoruz. Fakat süreçte çok yönlülük var. Çok sayıda deneyim var. Bu deneyimleri algılayan çok sayıda özne var, çok sayıda mantık var. Bakhtin, diyalojik bir ilişki diyor buna. Multilojik demek belki daha doğru. Yani, çok-mantıklı, çok sesli bir etkileşim var. İyi romancı bütün bunları görüyor/gösteriyor. Dostoyevski'nin *Ecinniler*'ini okuduğunuz zaman, orada her tür insanın kendini ifade edişini (veya edemeyişini) hissediyorsunuz. Yaşıyorsunuz onlarla beraber. Dostoyevski bunların hangisi? Hepsi ve hiçbiri. O yüzden büyük romancı aslında kendisini en fazla geri çekebilendir; romanında en az görünendir.

Roman-iktisat meselesine gene dönmek istiyoruz. İktisat sosyal bilimler içinde en sağlam olanıdır derler; yani yöntem bakımından fen bilimlerine en yakın olanı. Öyle ise, neredeyse pozitif bir bilimci olan iktisatçı romanla niçin ilgilensin? "Hayal ürünü" eserlerden iktisatçı ne dersler çıkarabilir ki?

Hayal ürünü olmayan ne var? Hayat bir hayal, zaman bir hayal, iktisat (bilimi) bir hayal. Diğer bütün bilimler de hayal edilmiş kavramlara dayanıyor. "Tabiat hâli" (*state of nature*) bir hayal, "sosyal sözleşme" (*social contract*) bir hayal, "görünmeyen el" (*invisible hand*) bir hayal. Bu üç hayal (yahut kurgu) olmasaydı ne modern siyaset felsefe/bilimi, ne modern iktisat gelişebilirdi. Tabiat hâli, insanlığın ilkel bir durumundan ziyade, Hobbes'un içine doğduğu 17. yüzyıl İngilteresi'ni yansıtıyor. Tabiat halinde insan hayatına korku egemendi diyor Hobbes; herkes birbirinin mezarını kazmaya çalışıyordu. İnsan insanın kurduydu.

Tarihî/antropolojik çalışmalar onu değil, Rousseau'yu haklı çıkarıyor: Tabiat halinde insanoğlu gayet iyi ve barışseverdi. Bu iyi toplumu zıvanadan çıkaran şey *özel mülkiyet* oldu. Hobbes'un tasvir ettiği korku toplumu, insanlığın başlangıcındaki bir doğal halde değil, erken modern (yani kapitalistleşmekte olan) Avrupa'daydı. Aynı şeyi modern iktisatın zembereği olan "görünmeyen el" için de söyleyebiliriz. Görünmediğine göre, hayal ediyoruz demektir! Adam Smith bu kavramı bir tek defa kullandığı halde, sonraki liberaller için adeta bir can simidi oldu.

Liberal/kapitalist mitolojinin anahtar kavramı haline getirildi. Kuzu postuna bürünmüş kurt; büyük sermayenin jandarması.

Roman ne kadar hayalî/kurgusal ise sosyal bilimler de o kadar hayalî kavramlarla örülü diyorsunuz. Arada ciddi bir fark yok mudur?

Var. Roman mert kurgudur, sosyal bilimler namert kurgu. Roman kendine *fiction* diyor, yani kurgusal olduğunu açık seçik beyan ediyor; diğerleri ise "gerçeği" dile getirdikleri iddiasını hiç elden bırakmıyorlar. Aslında sosyal bilim yerine bilim de diyebilirdim. Bütün doğa yahut fen bilimleri de kurgulara dayanıyor.

Romanı daha önceki edebi türlerden, mesela destan ve trajediden veya hikâyeden ayıran ne? Onlarda olmayıp romanda olan şey ne?

Zaman ve para! Önceki türlerin kurgusal yapısında zaman yoktur. Kahramanlar adeta zamanüstü, evrensel yaratıklardır. Ve asla para uğruna yaşamaz, para için mücadele etmezler. İstisnalar bir yana, zamanı ve parayı edebiyata sokan roman oldu. Tuhaf olan şu ki, modernlerin nazarında bu ikisi de aynı şeydir. Biri diğerine tahavvül ediyor. **İktisat** diye adlandırdığımız, bilim olma iddiasındaki modern simyacılığın özü bu dönüşümün analizidir. Fakat dönüşümün kendisi gerçek değil, kurgusaldır. "Let's imagine" demişlerdir...

Nasıl yani?

Benjamin Franklin "Time is Money" demiyor mu? Vakit nakittir! Niye ki? Bu sözün Türkçeye ne zaman girdiğini araştıran bir iktisat tarihçimiz var mı? Romanın daha önceki edebî türlerden farkı zaman ve para ise; ve bunlar da çağımızda aynı gerçekliğin tersi ve yüzü sayılıyorsa; iktisatçı romanla uğraşmaz da ne yapar Allah aşkına?

Tanpınar'ın *Saatleri Ayarlama Enstitüsü* romanını hatırladık birden...

Zamanın modern durumla bağını ilk kavrayan romancımız, hayır düşünürümüz, Tanpınar'dır. *Saatleri Ayarlama Enstitüsü* 20. yüzyılın en büyük romanlarından biridir. Attila İlhan haklı: Hele Türkiye iktisaden bir dünya gücü olsun, siz o zaman Tanpınar'ların kaç dile çevrildiğini görürsünüz. Tam yirmi yıl önce *Yeni Şafak*'ta, *Saatleri Ayarlama Enstitüsü*'nü ders kitabı olarak okutacak iktisat hocasının elini öpeceğim diye yazmıştım. Henüz dudaklarıma değen bir el olmadı maalesef. (Buna sonradan *Huzur*'u da ekledim ve hâlâ sözüme sadığım!)

Romana mert, (sosyal) bilime namert dediniz. Hakikaten romancının gerçekliği bilim adamlarından daha iyi kavrayıp aktarabildiğini mi düşünüyorsunuz?

Düşünen insanları çok farklı kategoriler altında tasnif etmenin bile çok yakın bir tarihe ait olduğunu göremeyecek kadar körleştik. Modernler bu körleşmeye *uzmanlık* diyorlar. Bugünkü sosyal bilimlerin çoğu ancak 19. yüzyılda kurumsallaştı; kurumsallaşınca da kurumlarından geçilmez oldu. Her biri monolojik bir yaklaşımla, gerçeği kavrama ve dillendirme yarışına girdi. Yukarıda değindik: Roman mültilojiktir. Romancı hem çok farklı bakış açılarına sahip kişileri konuşturur, hem kendi konuşur, hem de okuyucunun konuşmasına kapı açar. Sosyal bilimciler hâlâ "bu makalenin amacı" diye başlayıp, "tezimi ispat için" diyerek devam eden yazılar kaleme alıyorlar. Bunları "bilimsel" dergilerde yayınlayıp puan topluyor; o puanlarla doktor, doçent, profesör filan oluyorlar. İstisnalar bir yana, bunların birçoğunun gerçek amacı hakikatın dile gelmesine kapı aralamak değil, kendilerine terfi sağlayacak olan "tez"lerini bir tek bakış açısıyla "kanıtlamak"tır. Bunun içindir ki Cemil Meriç, 19. yüzyılın bütün toplum bilimcilerini toplasanız bir Balzac etmez diyordu. Karl Marx da, kapitalist sistemi anlama arayışımda Balzac'tan öğrendiklerim, bütün diğer tarihçi ve sosyal bilimcilerden öğrendiklerimden daha ağır çeker, demiyor muydu?

İki otoriteye sığınıp toplum bilimcileri biraz kolay harcamış olmuyor musunuz?

Üçüncü bir otorite şart diyorsanız, bu sefer size bir romancı önereyim: Tolstoy. *Savaş ve Barış* baştan sona bir hesaplaşmadır. Sadece Napolyon'la değil, tarihçi ve sosyal bilimcilerle. Romancının, aradan uzun yıllar geçse bile, mesela bir savaşı, o savaşı yaşayan askerlerden ve onu inceleyen tarihçilerden çok daha iyi anlayabileceğini/anlatabileceğini söylüyor.

Hocam biraz "nesnel" olalım lütfen: Bir savaştan yıllar sonra, hiçbir zaman titiz bir tarihçi veya toplum bilimcinin kılı kırk yaran araştırmacılığıyla mukayese edemeyeceğimiz bir kurgu çalışmasının, gerçeği daha doğru dile getirebileceğine nasıl itimat edebiliriz?

Ben de biraz "öznel" olalım lütfen, diyorum! Savaşmış askerler kadar öznel değil, pek tabii. Romancının daha az güvenilir bir malzemeyle yola çıktığı ve hayal gücüne fazlaca bel bağladığı doğrudur. Tolstoy arada bir "Öykümün asıl kahramanı hakikattır," der. Ve ilave eder: "Ruhumun bütün gücüyle sevdiğim ve olanca güzelliğiyle *canlandırmaya çalıştığım* hakikat."

Bir yazarın, yani düşgören bir insanın, hakikatı, onu yaşayan (asker) veya enine boyuna araştıran (tarihçi) insandan daha iyi anlatabileceği bize ilk elde inandırıcı gelmez. Kendisi de bir düşgören olan Hemingway, romancının hakikate bağlılık ölçüsü o denli yüksek olabilir ki, kurgusu her türlü gerçeğin olabileceğinden daha doğru bir izah üretebilir, diyor. Yaşayan, gerçekleri kötü biçimde gözlemleyebilir; fakat "iyi bir yazarın, bir şey yaratırken, *onu mutlak hakikat yapmak için* bol vakti ve görüş sahası vardır!"

Romancının anlattığı savaşın hakikatı değil de, kendi hakikatı olmasın?

İnsanın hakikatı. Önemli olan bu, savaş bu hakikatın yüzlerce tezahüründen biri.

Peki, nedir Tolstoy'un *Savaş ve Barış*'ta "canlandırdığı" insanlık hakikatı?

Tarihin akışının büyük insanların iradesine bağlı olmadığı! "Büyük Adamlar" tarihin akışına yön veriyor olsalardı; yahut sonuçlar esas olarak, bu büyük adamların hükmettiği birtakım güçlü sistemlerin mantığına tâbi olsaydı, beşerî iradenin hiçbir anlamı kalmazdı. Napolyon veya Çar, tarihin efendileri değil, köleleridir.

Biz romanın başlangıcına geri gidelim, en iyisi. *Don Kişot'*u çok önemsiyorsunuz.

Son dört asrın en ciddi kahramanıdır bu "komik" adam! Ciddiyeti hüznünde saklı, hüzün ve aşkında. Haydar Ergülen'in bazı şairlere yakıştırdığı "Vazifeli" sıfatını en çok hak eden kurgu kahramanı Don Kişot'tur. İkinci cildin sonlarında, silahtarına şöyle diyordu: "Sen uyu Sanço, sen uyumak için doğmuşsun. Ben nöbet beklemek için doğmuşum!"

Ne nöbetidir bu?

Adalet nöbeti. İlk İngiliz romancı sayılan Daniel Defoe'nun roman kahramanlarını harekete geçiren, büyük ölçüde, paradır. Don Kişot'u harekete geçirense aşkıyla sarıp sarmaladığı adalet duygusudur. Yaşadığı çağ, şövalye ideallerine uygun değildir. Hiç unutmam, onbeş yıl kadar önce MÜSİAD'ın düzenlediği İslam ülkeleri fuarındaydık. Galada beni Amerika ve Avrupa'dan gelen Müslüman işadamlarının masasına oturttular, Türkiye ile iş imkânlarını konuşuyoruz. Derken kılıç kalkan ekibiyle program başladı; ardından hançer barı. Bir an baktım, işadamlarının beti benzi solmuş, hepsi gerilmiş vaziyette, iki adım ötemizde uzanan bir delikanlıya, ağzıyla hançer fırlatan başka bir delikanlıyı seyrediyorlar. Gülümseyerek, nasıl buldunuz dedim. Cevap net oldu: "Brother, we thought we had come for business!" (İş yapmak için geldiğimizi sanmıştık!)

Cervantes, yeni bir çağa girdiğimizi, bu çağda şövalye idealleriye yaşamanın, tıpkı Müslüman ama modern işadamlarına kılıç kalkan seyrettirmek gibi, gülünç kaçtığını hissettirmek istiyor. Fakat pek matah bir çağ da değildir bu. Eskiye tutunmak komik, yeniye teslimiyet berbat. Cervantes bu çelişkiyi fark eden ilk büyük Avrupalıdır. Böylesine bozulmuş, fesada uğramış bir dünyada, hakikatı dile getirmek ve adaleti savunmak ancak delilerin harcı olabilir, diyor!

Don Kişot'u delirten, kitaplar. Kendisine sabit bir ücret ödenmesini talep eden Sanço'ya ateş püskürür: "Hangi kitapta yeri var?" Don Kişot, ilkeli yaşamanın, Kitab'a göre yaşamanın timsalidir. Bunun içindir ki ne İsa'ya yaranır, ne Musa'ya. Zalimler kadar mazlumlardan da hakaret görür. Geçen yıl Sivas'ta bir sohbette bunları anlatırken emekli bir öğretmen "Bana Gulibik'i hatırlattınız" dedi. Gulibik 1950'lerde Sivas'ta yaşayan bir meczup. "Dünya bir tuhaf oldu dostlar," dermiş; "guçükken yalan söylemeye gorkardık. Böyüdük, şimdi doğruyu söylemeye gorkuyok!" Don Kişot'luk Doğrucu Davut'luktur; doğruyu söylemeye korkmamanın adıdır.

Bize *Don Kişot*'la alakalı müstakil bir yazı veya söyleşi sözü verin de, Daniel Defoe'ya geçelim.

Onsekizinci yüzyıl İngiltere'sinin en ilginç *edebî* karakteri belki Daniel Defoe'nun kendisidir. Girişimci (daha doğrusu, projeci), gazeteci, romancı, casus ve şair.

Şair mi?

Defoe'nun hiç te yabana atılamayacak "roman tadında" şiirleri hacım olarak Alexandre Pope'tan aşağı kalmaz. Kısa bir örnek çevireyim size (*Anadan Doğma İngiliz,* 1703):

Nereye bir mabed kursa Tanrı
Şapelini yanıbaşına kondurur Şeytan
Şöyle bir göz atanlar görüverir ki
İkinciye girilmez kalabalıktan
Aklı ilk çeldiği günden beri
Avucuna almıştır ben-i ademi

Tekdüze bir hizmetle yürüyor
İşini umum seçkinlerle görüyor
Etmiyor hükmüne hiçbir hizip itiraz
Boyunduruğundan şikâyetçi olanlar pek az.

Dünya bu şairi *Robinson Crusoe* ile tanıyor daha çok.

Don Kişot gibi, Faust gibi, Robinson Crusoe da modern dünyanın birkaç etkili mitinden biri oldu. Birkaç tema birden işleniyor kitapta: Babaya (Geleneğe) isyan, serüven ruhu, kazanç hırsı, emperyalizm. Babaya isyanla atılıyor hayata Crusoe. Babası kendisine "geleneksel" orta halli, risksiz hayatı öneriyor; alt ve üst tabakadakilerin genelde yıkıma uğradıklarına işaret ediyor.

Babasına kulak vermeyen Crusoe, ilk seferinde fırtınaya yakalanıyor. Fakat "komşulara karşı mahçup olmamak", "ana babanın karşısında yüzü kızarmamak" için eve dönmekten yan çiziyor. "Bireyliğinde" ayak diriyor, yani.

Bir akrabadan borçlanarak yeniden yola çıkıyor, bu parayla süs eşyası alıyor. Kaptanın yardımıyla bu eşyayı satıyor, dönüşte altın tozu getiriyor ve Londra'da 300 Pound kazanmış oluyor. Bu serüven sayesinde "hem bir denizci, hem bir tüccar" olup çıkıyor. Ve bu kazanç aklını, gözünü boyayıp sonraları yıkımıma yol açan, o göz kamaştırıcı düşüncelerle dolduruyor. Serveti arttıkça hırsı da artıyor. Kafası gücünün ötesinde tasarılarla dolup taşmaya başlıyor. Brezilya'da çiftlik sahibi olması yetmiyor; Afrika'da köle ticaretine sulanıyor. Malum adaya düşüyor. Adadaki serüvenini İbn Tufeyl'in Hayy bin Yakzan hikâyesiyle karşılaştırmak, iki medeniyetin insan ve tabiata bakışını karşılaştırmak bakımından çok öğreticidir.

***Nihayet* dergisinde bunları uzunca yazdınız ve *Roman Diliyle İktisat* kitabınızda bir araya getirdiniz. *Robinson Crusoe* için aynı zamanda sömürgeciliğin destanı deniyor. O yıllarda İngiliz, Felemenk ve Fransızların Asya ticaretinde epey faal olduklarını biliyoruz. Fakat gerçek anlamda sömürgecilik daha sonrasının bir fenomeni değil mi?**

Öyle ama köle ticareti için yola çıkmış olan kahramanımız, düştüğü ıssız adada bile neredeyse çokuluslu bir imparatorluk kuruyor. Tebası arasında Protestanlaştırlmış bir siyah adam (Cuma), onun putperest kalmış babası, Katolik bir Portekizli gemici filan var. Adayı terk edeceği zaman, araziyi bunlara paylaştırıyor. Fakat tapusunu elde tutuyor! Bu kitap 1719 yılında yayınlandı, yaklaşık 300 yıl önce. Kitapta yazılan "senaryo" üç asırdır milyonlarca İngiliz tarafından oynanıyor. Büyük romancılar geleceğin tarihini yazarlar!

Batı'dan Doğu'ya, Rusya'ya geçelim. Hem Dostoyevski'yi hem de Tolstoy'u çok önemsiyorsunuz. Hangisi daha büyük desek, çok mu acemice bir soru olur?

Acemilik büyük sanattır. Çocuklar bu bakımdan en özgün sanatçılardır. Ben de çocukça bir duyguyla, ikisinden de önce Gogol diyorum. O tarz bir toplumda Gogol'ün ortaya çıkması neredeyse bir mucizedir. Şu oda dolusu bembeyaz kimyasal madde düşünün; bir çay kaşığı boya maddesi hepsini kıpkırmızı yahut masmavi yapıyor. O kısacık *Palto* ve bilhassa *Burun* hikâyesi de sonraki tüm Rus edebiyatına bu şekilde renk vermiştir. "Hepimiz Gogol'ün paltosundan çıktık" sözü sırf laf olsun diye söylenmemiştir. Yarım kalmış *Ölü Canlar* dünya edebiyatının zirvelerinden biridir. Hâlâ bir türlü gerçekleşemeyen Rus modernliğinin ön-tarihidir. İkinci cildi yanık romanın talihi, adeta bir milletin talihine (ve tarihine) dönüştü...

Dosto ile Tolstoy da Gogol'e çok şey borçludurlar. Özellikle Dostoyevski. Onu Tolstoy'la mukayese ettiğim zaman, insan ve düşünür olarak tercihimi Tolstoy'dan yana kullanıyorum. Daha evrensel bir kafa, daha sevimli bir insan. Fakat bir romancı olarak Dostoyevski'yi öne alıyorum. Çünkü Tolstoy çok fazla kendini gösteriyor, Kemal Tahir gibi çok konuşuyor. Bunlara katlanıyoruz, çünkü çok konuşuyor ama boş konuşmuyorlar. Çok ve öz konuşuyorlar!

Nabokov "sıkıcı vaiz" diyor Tolstoy için...

Vaiz ama sıkıcı değil. Nabokov'un aksine, bir derdi var. Kafası ulusuyla, insanlıkla meşgul. Nabokov gibi gamsız da değil, milyonlarca yahudi soydaş veya dindaşı yok edilirken, sadece bireysel bunalımlarına odaklanmıyor. 'Toplumcu' bir fikir adamı pozisyonu var. Tolstoy'un bizdeki o türde devamcıları Kemal Tahir ile Necip Fazıl'dır. Kemal Tahir'i, Necip Fazıl'ı okuduğunuz zaman, ikisinin de önemli birer mütefekkir olduğunu hissediyorsunuz. Fakat ortada çoğunlukla sağlam kurgular yok; bir vaaz var, sürekli konuşuyorlar. Necip Fazıl'ın bütün kahramanları birer ağır ceza reisi; Kemal Tahir'inkiler birer gardiyan. Halid Ziya öyle mi, Yakup Kadri öyle mi? Bunlarda kurgu, fikri önceliyor. Yahut fikir kurguda eriyor. Gerçekliğin tercümanı kurgudur, fikir değil. Ben fikrî bakımdan Necip Fazıl ile Kemal Tahir'i diğerlerine tercih ediyor olabilirim. Fakat zamanın ruhunu derinliğine aksettirenler diğerleridir. (Zaman ve Ruh! Aman Allah'ım, ne çok şey biliyoruz!) Romanın kendisinin, romandaki beşerî etkileşimin bize o devrin mesele ve mesajını iletmesi lazım, buyurgan romancının değil. "Batıcı" ama gerçekçi Halid Ziya ilk İslamî romanımızın yazarıdır, mesela!

Yapmayın! Büyük Doğu'cular bu sözlerinize çok kızabilir...

Benden âlâ Büyük Doğucu olan varsa, beri gelsin! Lise yıllarım neredeyse Necip Fazıl'ı ezberlemekle geçti. Eee, hep lisede kalacak değiliz ya! Üstad, "Batıcılar" karşısında bize başımızı dik tutmayı öğretti. Bunun sevabı onun dünya ve ahiretini şenlendirmeye yeter. Fakat aşırı öfkesi, Namık Kemal'den Halid Ziya'ya kadar birçok önemli şahsiyeti tarihsel bağlam içinde doğru kavramamızı imkânsızlaştırdı. Sahte kahramanlar diye etiketleyip, hepsini bir kalemde silip attık. Benim neslimin dindarları, Halid Ziya'ları sadece sınavlarda çıkabilecek edebiyat sorularını bilebilmek için okudu. Öfkemiz haklı, hükmümüz hatalıydı!

Zira Halid Ziya'sız Türk romanı ve romansız modern Türk düşüncesi muhaldir. Dickens'ı gözünüzün önüne getirin bir an. Bu "fantastik" hikâyeciyi görmezseniz, 19. asır İngiltere'sinin sanayileşme tarihini de, düşünce tarihini de "gerçekçi" bir gözle okuyamazsınız. Evet, fantastik (daha doğrusu, matrak) Dickens 19. asrın en büyük gerçekçisi olduğu gibi, 20. asır gerçekliğini bile birçok yönüyle öngörebildi. Mesela Zor Günler'deki (*Hard Times*) sendikacı tipi adeta daha sonraki onyıllarda ete kemiğe büründü. Biz son yarım asırda böyle nice sendikacı gördük. O mert işçi ve kendi annesine bile tahammül edemeyen bencil patron, manzara-i umumiyenin mütemmim cüzleri. Yetmişiki millette benzerlerine rastlarsınız. Dickens gibi, Balzac gibi romancılar, kendilerini kurgularına öylesine kaptırırlar ki, sanki daha sonraki "olaylar" onların öngördüğü gibi gelişmek "zorunda" kalır. Bireysel ve toplumsal gelişmenin ruhuna öylesine nüfuz ederler. Gaybı ancak Allah bilir, amenna. Fakat o ilahî bilgiden büyük romancıların payına birazcık düşmüş olduğunu hissediyorum; siz buna ister keramet, ister kehanet deyin. O mütevazı gümrük memuru Herman Melville, daha 1851 yılında, balina avcılığından hareketle gelecekteki Amerikan çokuluslu şirketlerinin hikâyesini yazdı. *Moby Dick,* 20. asır 'küresel' Amerikan ekonomisinin öntarihidir; Ahab ise ilk çılgın Amerikan CEO'su. (Haydi bana İsmail deyin!)

İslamî romanımıza döneceğiz, merakımızı zaptedip Dickens'ın bizde devamcısı var mı diye soralım?

İngiltere'de var mı? Dickens o kadar nev-i şahsına münhasır ki, onu taklit ederek dişe dokunur bir şey söylemek çok zor. Teşbihte hata yoksa, Orhan Veli'nin taklit edilememesi gibi bir şeydir bu. Fakat bizde bildiğim üç roman var ki, ancak onlardan "Dickens tadı" alabildim diyebilirim. Gerçeğin en iyi matraklık yoluyla ifşa edilebileceğinin üç modern Türk destanıdır bunlar: *Araba Sevdası, Miskinler Tekkesi, Fahim Bey ve Biz.* Tabii, bir bakıma *Saatleri Ayarlama Enstitüsü* ile *Tutunamayanlar*'ı da bu listeye ekleyebiliriz. Başka? Bilmiyorum gerçekten. Ben fukara bir iktisatçıyım, kaç roman okudum ki? Selim İleri'ye sorun!

İslamî roman meselemize geri dönecek olursak...

Bana göre *Hançerli Hanım Hikayesi*'nden *İntibah*'a kadar Halid Ziya öncesi yazılanlar, kendisinin ilk üç hikâyesi de dahil, ilk romanımız olan *Mai ve Siyah*'a hazırlıktır. İlk romanımızın bir "intihar ilacı" olarak kurgulanması ise, henüz berhayat olan İslam/Osmanlı ruhuna uygundur. Yazarın fikriyatını değil, cemiyetin hissiyatını yansıtıyor. Türk realizminin başlangıcı ve hâlâ zirvelerinden biri. İntihar, 18/19. asır Avrupa romanının başat temalarından biridir. Bireyliğini, yani herhangi bir ilahî ve/veya içtimaî bütünün parçası olmadan da var olabileceğini kanıtlamanın trajik eylemidir intihar. O kadar yaygındır ki, modern toplumbilim bile bir intihar kitabıyla başlama ihtiyacı duymuştur. (Durkheim, *Le Suicide,* 1897.)

Mai ve Siyah'ın Ahmet Cemil'i mahçup bir Werther, arlı bir Faust, müstağrib bir Don Kişot'tur. Werther, kalbinin sırrını Lotte'ye açabilmişti; Ahmet Cemil, Lamia'ya açılamadı. Faust, Şeytanla imzaladığı akitten sonra her türlü ahlakî endişeden uzak davrandı; Ahmet Cemil şöhret isterken bile ikbal emellerinden utandı. Don Kişot, şövalye romanları okuyarak sınırı aşmıştı; Ahmet Cemil "Goethe, Schiller, Milton, Hugo, Musset ve Lamartine" gibi modern şairleri sayıklayarak ummana daldı. Hiçbir emeli gerçekleşmedi. Böylece Batılı benzerleri için tek yol olarak görünen intihara yaklaştıkça yaklaştı. Fakat içinde yaşadığı toplum (henüz) intiharı benimsemeye hazır değildi; o da bütün edebiyle hatt-ı memnu'da kaldı. Unamuno'nun *Sis* romanına nispet edersek, yazarı, ilk roman kahramanımızı intihar ettirtemedi!

Oysa romanın yayın tarihinden iki yıl evvel, devrin en etkili üdebasından Beşir Fuad elim bir tantana ile hayatına son vermişti. Fakat, Ahmed Midhat Efendi'nin romantizmine bayrak açtığı, onun batakhanelerden kurtarmaya çalıştığı kötü yola düşmüş kızları gerçek yüzleriyle resmettiği halde, Halid Ziya bu münferit vakanın büyüsüne kapılmadı. Osmanlı bireyinin intiharına daha vakit vardı. On yıl sonra Bihter (*Aşk-ı Memnu*), yirmi yıl sonra ise Süleyman Nüzhet (*Nesl-i Ahir*) canlarına kıydıklarında, kimse yadırgamıyacaktı.

Ahmet Cemil bütün yönleriyle "birey"dir. Müslüman bir toplum içinde ne namaz kılıyor, ne dua ediyor; hiçbir dinî referansı yok. İçtimaî bir referansı da: "Herkesten uzak, herkese yabancı." Fakat intihar etmiyor, edemiyor. Son anda "anne sesi" imdadına yetişiyor. Düşünebiliyor musunuz: İntihara karşı, anne sesi! Üzerinden Aydınlanma silindiri geçmiş hiçbir Avrupalı romancı tasavvur edemezdi bunu. Bundan ileri dinî hassasiyet, bundan sahici İslamî roman olur mu? Evet, ilk İslamî romanımızı ilk Batıcı romancımız yazmıştır. Dindar yahut romantik olduğu için değil, realist olduğu için! Gerçekçiliği bunu gerektirmiştir...

Werther, Faust demişken, en başa dönelim izninizle. *Faust*'un büyük sermayedarlarımızın hikâyesini neredeyse iki asır önce anlattığını söylüyorsunuz. Biraz açalım bu konuyu.

Goethe 1749'da doğmuş. 25 yaşlarında *Werther*'i yazmış ve bir anda büyük bir şöhret olmuş. Büyük bir şair ama Werther bile tek başına onu "kurgu yazarı" olarak bir anda Avrupa'nın gündemine taşımaya yetmiş. Herkes Werther gibi giyinmeye, hatta Werther gibi intihar etmeye başlamış. Yani muazzam bir toplumsal, kültürel etki yaratmış. Bütün bu etkilerin sebebi Goethe mi? Hayır. Toplum bütün bunlara hazır; Goethe tetiği çekmiş belki, tabanca dolu. Silahı kullanmak elbette kabiliyet istiyor; herkes o romanı yazamaz. Daha sonra *Wilhelm Meister* kitaplarını yazıyor. Bir ticaret medeniyetinin sanatla hesaplaşması, bu hesaplaşmanın bir nevi destanı. Kapitalist girişimci, modern medeniyetin motorudur. Goethe bu tipin basit anlamda bir girişimci değil, aynı zamanda bir sanatçı olduğunu ifşa ediyor. Söz konusu olan şey, bir iş adamının şu veya bu sanat dalına olan ilgisi değildir. Biri klasik müzik dinler, diğeri resime meraklıdır, vesaire. Hayır. Modern girişimciler, işlerini yaparken birer sanatçıdırlar. Girişimcilik sanattır. Goethe bu yönüyle, derinden akan bir ırmak gibi alttan alta oluşmakta olan kapitalizmin/modernliğin ilk büyük kâşifidir. Burjuva medeniyetinin mahiyetine kâmilen akıl erdiren en büyük şair-iktisatçı-sosyologdur...

Ayn Rand prototipi gibi mi?

Ondan çok çok ileride. Ayn Rand, Goethe'den 150 yıl kadar sonra yazan sıradan bir propagandisttir. Goethe ta 1780'lerde yazmaya başlıyor *Faust*'u, yirmi yılda ancak birinci cildi bitiriyor; kırk yıl da ikinci cildine harcıyor. Bir yandan böyle bir kurgu üstadı kimliği var; bir yandan da iktisatçı kimliği. Weimar Dükünün bir nevi maliye ve bayındırlık bakanı. Ali Babacan, Binali Yıldırım, Mehmet Şimşek; hepsinin toplamı. Yol, su, köprü gibi projelerden ve bunların finansmanından sorumlu. Gününü bunlarla geçiriyor. Dolayısıyla iktisadî realiteyle, edebî, fikrî, felsefi realite arasında çok rahat köprü kurabiliyor. Biz *Faust*'un genellikle birinci cildini okuruz. Ama iktisadî açıdan, genelde modernliğin tarihi ve kaderi bakımından daha büyük öneme sahip olan ikinci cilttir.

Faust, ruhunu Şeytana satan adam. Genelde bilinen bu.

Bu birinci cildin meselesi. İkinci ciltte, ruhunu Şeytana satan devlet ile karşı karşıyayız. İlkinde, aşağı yukarı ben yaşlarda bir adam. Felsefe, hukuk, tıp "ve hatta ilahiyat" okumuş; fakat hayatın anlam ve amacına dair hiçbir güvenilir bilgiye sahip değil. Ayrıca, ne mal mülk edinebilmiş; ne doğru dürüst zevk alabilmiş. O zaman nedir bu hayatın anlamı? Böyle bir açmaz içinde. Derken şeytan giriyor, diyor ki, bunların çaresi bulunur. Madem böyle bir açmazdasın ben sana bütün bunları sağlayayım. Güveneceğin bilgi vereyim, hemen uçup gitmeyen haz vereyim; karşılığında ruhun benim olsun. Ruhunu, kesin bilgi ve mutlak haz karşılığında şeytana satmış oluyor; sonuç hüsran.

İkinci ciltte ferdin fikrî ve manevî iflasından sistemin iflasına geçiyoruz. İkinci cilt kapitalist sistemin mahiyetini, açmazlarını, açmazdan çıkmayı ve o çıkışın da niçin daha büyük bir açmaz olduğunu en iyi gösteren kurgudur. Goethe bu yönüyle 19. yüz yılın en büyük iktisatçısıdır. Goethe'nin iktisadî derinliğine ne Adam Smith, ne David Ricardo, ne John Stuart Mill ulaşabilmiştir.

Marx?

Marx'ı harcadık. O da buna çanak tuttu belki. Yazdıklarının yüzde 99'u kapitalizmin tahlili olduğu halde, bir sosyalizm filozofu olup çıktı. Halbuki sosyalizme dair, son derece afakî bir iki spekülasyondan başka bir şey söylemiyor. Kimse söyleyemez! Marx'ı kapitalizmi anlamak için okumalıyız, sosyalizm hakkında ileri geri konuşmak için değil. Ancak o şartla Goethe ile mukayese edebilirim!

Bir karnavalla başlıyor ikinci ciltteki olaylar, memleket ahalisi isyan halinde; askerler sokaklarda bağırıp çağırıyor. İmparator kızgın, neden yapıyorlar bunu diyor? Maaşlarını ödeyemedik haşmetmeab. Niye ödeyemedik Mehmet Şimşek? Efendim, saraydaki simyacılar hâlâ altın yapamadılar; masraflar da çoğaldı. Bu sıkıntı içindeyken, Mefisto (Şeytan) ve çırağı Faust giriyorlar. Elinde bir kâğıt; şuna bir imza atıverin haşmetmeab, bütün dertler çözülsün. Ne var kâğıtta, kim niçin kabul edecek bunu? Efendim, siz bir imparatorsunuz; yerin üstünde çok sayıda derdiniz var ama buna karşılık yerin altı size ait hazinelerle dolu. Yeraltı zenginliklerinizi rehin gösterip, bu kâğıt parçalarını askerlere maaş olarak dağıtacağız. Bi imza atıverseniz, gerisi kolay.

Faust II'deki bu sahne 19. yüzyılın bütün iktisat kuramlarından ağır çeker. İktisat bu asra kadar bir "siyasî" iktisat idi, yani "siyasetin belirlediği iktisat" idi. Bundan sonra cari olan "iktisadî" siyasettir diyor Goethe, belirleyici olan iktisat ve özellikle paradır. Hem de kâğıt para! İmparator hafif çakırkeyftir, olan biteni fark edecek durumda bile değildir. Fakat durumu tam kavramasa da imzayı basar ve memleket bir anda kurtuluverir! Luther, para insan ile Şeytan arasında imzalanan bir akittir demişti. Goethe, kâğıt paranın devlet ile Şeytan arasında imzalanan bir akit olduğunu ilave ediyor. Siyasî liderler, (kâğıt) para gücüne (mahiyetini pek de kavrayamadan) itaat eden yarı esrik oyunculardır, Goethe'ye göre...

Siyasiler tam anlamasa da, kâğıt para iktisadî sorunu çözüyor ama!

Sadece geçici olarak! Goethe şunu haber veriyor: Kapitalizm (o bu kelimeyi kullanmıyor, pek tabii) öyle bir sistem ki, onu ancak sanal/simgesel araçlarla ayakta tutabiliriz. Fakat bu şekilde geliştirdiğimiz her çözüm, başlıbaşına bir problem olup çıkar. Nitekim İmparatorun imzaladığı kâğıdın hemen o gece binlerce kopyası çıkarılıp askerlere maaş olarak dağıtılır. Böylece ayaklanma önlenir. Paraları alan asker hanımları çarşılara hücum ederler; ekonomi canlanır. Nereye kadar? Yolun sonunda "enflasyon canavarı" bekliyor...

Kâğıt para, ilm-i simyanın son nefesidir. Goethe'nin kendisi de bir simyacıydı; ömrünün son yıllarına kadar laboratuvarında adi metallerden altın elde etme ümitlerini sürdürdü. Simya fizik düzlemde altın, metafizik düzlemde ise ölümsüzlük arayışıydı. Jung, *Faust*'un baştan sona simya süreçlerine göre kurgulandığını söylüyor. Goethe, kâğıt paranın devreye girmesiyle simyanın sona erdiğine, simyacılara artık ihtiyaç kalmadığına işaret ediyor.

"Büyük Sermaye"ye de sıra gelecek herhalde. Faust onların da hikâyesi demiştiniz...

Mefisto ile çırağı Faust sadece kâğıt para ile yetinmiyor, İmparator'a düzmece bir imparatorla savaşında da yardımcı oluyorlar. Bu hizmetlerine karşılık, İmparator "dile benden ne dilersen ey Faust!" deyince, o da bir iki çuval para istemiyor. Aslında isteyecek gibi oluyor, fakat soytarı imdadına yetişiyor; ondan esinlenerek toprak istiyor. Goethe'nin kurgusunda soytarı, akıllı insanlara nispetle gerçeğe daha yakın duruyor. Don Kişot gibi!

Sonuçta aslolan reel şeylerdir, fiktif (kurgusal) şeyler değil, öyle mi?

Aynen. Romana (*fiction*) dalıp gitsek de, aslolan hayattır. Faust, soytarının ikazıyla, İmparator'dan kâğıt para (*fiction*) değil arazi (*gerçek hayat sahası*) istiyor. "Benim sâdık yârim kara topraktır" diyor. Hem de denizden doldurulmuş toprak. Şu denize kafam bozuluyor diyor. Azgın dalgalar boyuna güzelim kıyıları dövüp duruyor. Bunlara hadlerini bildirmek lazım. Denizi dolduracak, şu yamaca da bir köşk kurup, büyük bir zevkle dalgaların nasıl dizginlendiğini seyredeceğim. Küçücük bir sorun çıkıyor: Yamaçta yaşlı bir çiftin minnacık bir kulübesi var. TOKİ'ye haber verin, şu yaşlı amcayla teyzeye yirmi katlı bir apartman yapsın, bir katında oturup diğer katlarını da kiraya versinler, diyor!..

Trajedi bu ya (*Faust*'un alt başlığı: *Bir Trajedi*), yaşlı çift kulübelerinden ayrılmak istemiyor. Böyle bir fikir onlara o kadar anlaşılmaz geliyor ki, dilleri tutuluyor adeta. "Bizim bütün işimiz kıyıya vuran kazazedelere yardım etmek. Onları yaşatmakla hayat buluyoruz. Başka yerde nasıl yaşarız?" Bu "akıldışı" gerekçe Faust'u küplere bindiriyor, gereğini yapın diyor adamlarına. Onlar da kulübeyi yakıyorlar, içinden çıkmayı reddeden (= kapitalizmin yeni dilini anlamayan) çağı geçmişlerle beraber! Sonradan suçu da kabullenmiyor tabii, ben yakın demedim ki, gereğini yapın dedim!

Zola *Kadınların Cenneti*'nde aynı hikâyeyi anlatıyor bir bakıma. Alışveriş mağazası büyüdükçe etrafındaki binaları yutmaya başlıyor; arada sıkışıp kalan şemsiyeci, kendisine teklif edilen çok yüksek bir parayı, zanaat ve şerefine hakaret sayarak reddediyor: "Ben orospu değilim!" Zola *Tazı Payı*'nda 1860'ların Paris'inin yeniden inşâsının sosyo/ekonomik romanını yazıyor; Dreiser *Kız Kardeşim Carry*'de 1890'ların Chicago'sunun. İkisinin de naturalizm ve materyalizmini paylaşmıyorum. Daha doğrusu eksik buluyorum; hayat bunlardan ibaret değil. Ama ikisini de okuyun, yüz yıl sonrasının İstanbul'unu "görüyor" gibi olursunuz. Romancılar toplumun radarlarıdır; olan kadar, olacağı da haber verirler. Çünkü asıl inceleme alanları insan ruhudur.

Konuşanlar:
Yunus Emre Tozal, Cemil Üzen, İsa Karaaslan
(*Arka Kapak*, Ocak 2016)

Steinbeck *Gazap Üzümleri*

Ahmet Midhat Efendi *Ahmet Metin ve Şirzad*

Don DeLillo *Kozmopolis*

Melville *Sağlam Adam*

Andre Gide *Kalpazanlar*

Kemal Tahir *Yol Ayrımı*

Rasim Özdenören *Gül Yetiştiren Adam*

Yakup Kadri *Ankara*

Tanpınar *Sahnenin Dışındakiler*

Halide Edib *Sinekli Bakkal, Yeni Turan*

Achebe *Parçalanma, Artık Huzur Yok, Tanrı'nın Oku*

Şeyh Hamidu Kan *Mahrem Macera*

Dostoyevski *Karamazov Kardeşler*

Romanbilimsiz Kapitalizm, Romantarihsiz Ulus Anlaşılamaz!

"*Roman Diliyle İktisat*, kapitalizm kavramına odaklı. Modern ekonominin nasıl bir "zaman çalma makinesi" olduğunu ifşa etmeye çalışıyor. *Roman Diliyle Siyaset*'in merkezî kavramı ise ulus. Avrupa tarihindeki başarısının aksine, modern devletin Avrupa-dışı toplumlarda "ulus imal etmedeki aczini" dillendiriyor. Son yarım yüzyılda Türkiye'nin İslamcıları hem iktisadî, hem de siyasî alanda "yükseldiler". Ama bu yükseliş, kapitalizme ve uluslaşmaya doğru hızlı bir dönüşüm mü olacak? Atatürkçülerin beceremediğini, İslamcılar mı gerçekleştirecek? Sosyalbilim bu meseleye ışık tutmakta yetersiz."

Faust kurgusunda Goethe, kâğıt para üzerinden "emeksiz değer yaratmanın" mümkün hâle geldiğini; kâğıt paranın para değil simya olduğunu dile getirmeye çalışıyor. Max Weber, kapitalizmin "dünyayı büyüden arındırdığını" söylerken; Goethe asıl büyünün kâğıt para ile modern ekonomiyi kuşattığını, siyasî liderlerin ise finans büyücülerine hizmet eden yarı sarhoş oyunculardan başka bir şey olmadıklarını ifşa ediyor. Keynes, Weber'in değil Goethe'nin devamıdır.

***Roman Diliyle İktisat* ve *Roman Diliyle Siyaset* el ele teşrif ettiler. "Roman Diliyle Hukuk" mu şimdi beklediğimiz?**

Başlangıçta "Edebî Hakikat" başlıklı, ansiklopedik bir kitap tasarlamıştım. Sonra bölüm bölüm yayınlamanın daha uygun olacağını düşündüm. Yayın yönetmenleri duymasın, her dergi üzerinden bir kitap yazıyorum. *Derin Tarih* yazılarım *Roman Diliyle Emperyalizm* olacak. Ağırlıklı olarak *Nihayet* yazılarımdan oluşan *Roman Diliyle İş Hayatı* tamamlandı, matbaaya gidiyor. "Roman Diliyle Hukuk" ile "Roman Diliyle Din" de ayrı birer kitap olmaya aday; fakat onların bitmesi zaman alacak. Son kitapta hukuk ile dine birer kısa bölüm ayırdım; çünkü ikisi de sonuçta iş hayatıyla yakından alakadar. İleride nasip olursa her biri müstakil bir kitap olur. Bu söyleşi dahil olmak üzere, son yıllardaki roman'tik konuşmalarımı da *Romanperver İktisatçı* başlığı ile kitaplaştırma hazırlığı içindeyim.

Roman Diliyle İktisat, kapitalizm kavramına odaklı. Modern ekonominin nasıl bir "zaman çalma makinesi" olduğunu ifşa etmeye çalışıyor. *Roman Diliyle Siyaset*'in merkezî kavramı ise ulus. Avrupa tarihindeki başarısının aksine, modern devletin Avrupa-dışı toplumlarda "ulus imal etmedeki aczini" dillendiriyor. Son yarım yüzyılda Türkiye'nin İslamcıları hem iktisadî, hem de siyasî alanda "yükseldiler". Ama bu yükseliş, kapitalizme ve uluslaşmaya doğru hızlı bir dönüşüm mü olacak? Daha açık soralım: Atatürkçülerin beceremediğini, İslamcılar mı gerçekleştirecek? Sosyalbilim bu meseleye ışık tutmakta yetersiz. Sağlıklı cevaplar için Romanbilime, Romantarihe ihtiyacımız var. Roman, sevimsiz gerçeklerin yorduğu ruhlarımızı dinlendirmek için de okunabilir tabii. Fakat ben tam aksine, hayat kurtaracak fikrî bir ihtiyaçtan söz ediyorum.

Hocam saydık, ilk iki kitapta tam 40 romancı ve 60 roman var. Bunların bir kısmı yabancı. Goethe'den, *Faust*'tan başlatıyorsunuz, Mustafa Kutlu'ya kadar geliyor. İktisat kitabının önsözündeki "romanın bir bilim ve sanat oluşu"nu

açmamız gerektiğini düşünüyoruz. Aslında sizin bütün yöntem ve teklifiniz o ifadede içeriliyor.

Bilim bölücü, sanat bütünleştiricidir. Bölmeden göremez, bütünleştirmeden kavrayamayız. Birinci kitapta romanbilim, ikincisindeyse romantarih kelimelerini öne çıkarıyorum. Fakat maksadım bunların birer kavram haline gelmesi değil. Sadece, sosyal bilimlerden ve tarih ilminden beklenen her ne ise, bunun çoğu zaman romanlarda daha iyi verildiğini okuyucuya hissettirmeye çalışıyorum. En çok da tarihçi ve sosyal bilimcilerin romanın kadir kıymetini bilmelerini arzu ediyorum. Meselemiz nihayette insanı tanımak ve ahir zamanda olan biteni anlamak, başımıza geleni kavramak ve toplum olarak meselelerimize makul çözümler geliştirmek ise, hiçbir bilim bize tatminkâr bir cevap verebiliyor değil. Bilim ile sanatı harmanlayacak bir araç lazım; benim gözümde roman bu işlevi görüyor. Bazen romancı ne yaptığının tam farkında olmasa bile!

Romanbilimle başlayalım öyleyse. Sizin köşetaşı saydığınız, genelde "klasikler" diye anılan romanlar olmadan, kapitalizm masalına akıl erdiremiyor muyuz?

Kapitalizm, içinde yaşanılırken 'yazılmakta olan' bir masal. Feodalizm kelimesi Avrupa'da 18. yüzyılın sonlarında kullanılmaya başlandı; yani kavram yahut masal uydurulduğunda, feodalizm bir sosyal gerçeklik olarak sona ermiş gibiydi. Galiba insanlık tarihinde bir ilk yaşanıyor: İnsanlar, içinde yaşadıkları sisteme, yaygın kabul gören bir ad veriyor ve çeşitli bakış açılarından onu çözümlemeye, hatta geleceğini öngörmeye çalışıyorlar. Bu bağlamda başlıca üç aracımız var: Medya yazıları, akademik tezler ve başta roman olmak üzere kurgu eserler. Sinemayı da bu son kategoriye dahil ediyorum. Taş yerinde ağırdır: Bunlardan herhangi biri önemsiz yahut daha az değerlidir demiyorum; sadece akademik dünyanın kurgulara yaklaşımını tatminkâr bulmuyorum. Medya, çoğu zaman kullandığı dilin mahiyetine vakıf değildir; etkilerini, sonuçlarını bile tam kestiremez. Fakat kullandığı dil, medyacılar farkında bile olmadan, sistemin yapısal ihtiyaçlarına hizmet ediyordur. Bir yazımda gazeteci yanımı konuşturmuş ve şöyle bir haber uydurmuştum:

Piyasalar tedirgin! Başkanlık seçiminin Ramazan ayına kadar yapılmaması durumunda, tedirginlik yerini öfkeye bırakabilir! İÜ İktisat Fakültesi'nden Prof. Dr. Mümtaz Çokbilir, bütün siyasî partileri *piyasalar* karşısında daha anlayışlı ve uyumlu davranmaya davet etti. "Halkımız sizi ekonomik sorunları çözün, işsizliğe çare bulun diye seçti," diyen Prof. Çokbilir, "siyasî inatlaşma böyle devam ederse, piyasaların bu sorumsuzluğu asla affetmeyeceğini, bunda da yerden göğe kadar haklı olduklarını" belirtti. Görüşlerine başvurulan eski maliye bakanı Zeki Döndürür ise kısa ve net konuştu: "*Piyasa,* şakaya gelmez!" (*Dergâh,* Şubat 2018)

Bu 'uydurma' yazıdan altı ay sonra, Piyasa yahut piyasaların şakaya gelmediği anlaşıldı; Amerikan Doları bir haftada 4.5 liradan 7 lira sınırına dayandı. Anlaşıldı ki, *piyasalar* tedirgin, öfkeli, bağışlamaz yaratıklardır! Sorumsuz hükümetleri uyarır, burnunun dikine gidenleriyse acımasızca cezalandırırlar! Kelimenin tekil kullanımına şahit olduğumuz zamanlar da yok değil: "*Piyasa,* müşfiktir; hesaplı ve sabırlı yatırımcıyı ödüllendirir!" Jean-Pierre Dupuy, günümüz finans dünyasına hakim olan dili, Kitab-ı Mukaddes'in diline benzetiyor: Eril takısı olan dişil/çoğul isim *Elohim,* kelime olarak *tanrılar* demekse de, çoğu zaman *tek* Tanrı anlamına geliyor: "Başlangıçta, Tanrı (*Elohim*) gökleri ve yeri yarattı." (*Tekvin,* 1:1) "(*Elohim:*) Gog'u kanla cezalandıracağım; ordusunun üzerine ve ondan yana olan birçok ulusun üzerine ateşli kükürt yağdıracağım." (Hezekiel, 38:22) Peki, bu tedirgin, öfkeli, affetmez piyasalar yahut büyük harfle Piyasa *nerededir?* Kapalıçarşı'da, Bankalar Caddesi'nde yahut Levent'teki gökdelenlerde mi? Hayır! Piyasalar artık mekânda değil, zamanda yer tutan 'varlıklar'dır. Burada ve bugünde değil, *orada* ve *gelecekte*'dirler! Evet, yanlış duymadınız; gelecekte.

Piyasa/piyasalar, büyük ölçüde, bir mekân meselesi olmaktan çıkmış, bir zaman meselesi hâline gelmiştir! Şiirleşmiştir. Zola, *Kadınların Cenneti*'ni yazarken, boşuna "modern hayatın şiirini yazmak istiyorum" demiyordu!

Piyasa(lar) şimdi ve burada değil, gelecekte ve başka yerdeler? Masalımız giderek karmaşık ve içinden çıkılmaz bir labirente dönüyor!

Başı dönmek pahasına bu labirente girip dolaşmayanlar, labirentin fizik ve matematiğine kafa yormayanlar, dolayısıyla "kimin eli kimin cebinde" anlamaya çalışmayanlar, ülkelerini doğru dürüst yönetemeyecekleri gibi, şiir ve roman da yazamazlar. *Gazap Üzümleri*'ni hatırlıyor musunuz? Çiftçilerin yüzlerce yıldır ekip biçtikleri toprakları bir bir ele geçiren bankaların sözcüleri, sonunda köylülerin kapılarına dayanıp arazilerini terk etmelerini talep ettiklerinde, "(çiftçiler) kendilerinden çok daha büyük bir çarkın içinde olduklarını" fark etmeye başlıyorlardı. Steinbeck'in o sahneleri canlandırma yeteneği, her türlü bilimsel söylemin ötesindedir: "Kimisi kendilerini yöneten matematikten nefret ediyor, kimisi korkuyor, kimisiyse düşüncelerinden ve duygularından arınıp ona sığındıkları için matematiğe tapıyordu. Eğer toprağın (yeni) sahibi bir banka ya da şirketse, sözcüler söze 'Banka... ya da Şirket... ihtiyaç içinde... istiyor... sıkboğaz ediyor... mutlaka almalı...' diye başlar, bankadan ve şirketten, sanki duygu ve düşünceleri olan, onları tuzağa düşüren bir canavar gibi söz ederlerdi. Bunlar bankaların ya da şirketlerin hiçbir sorumluluğunu üstlenmezlerdi; çünkü onlar insan ve köle, bankalar ise makine ve efendiydi."

Romanın yazılışını üzerinden yaklaşık 80 yıl geçti; bankaların efendiliği birey ve aileler üzerindeki egemenlikten, topyekün ülkelere, devletlere uzandı. Türkiye dahil birçok ülkenin devlet başkanları, ülkelerine karşı "finansal komplo" kurulduğundan şikâyet eder oldular. Eskiden toprağa yatırım yapan para babaları ("moneyed interest"), şimdi şirketlerin ve ülkelerin *geleceğine* yatırım yapmaya başladılar. Uygun davranmayan, huysuzluk edenlerin üzerine de Elohim gibi ateşli kükürt yağdırıyorlar. Bu "gelecek-yönlü" yatırım anlayışının dünya ekonomisinin yapısı ve işleyişi üzerinde muazzam etkileri oluyor. Size 2017 sonu itibariyle birkaç rakam vereyim, iktisatçılığım işe yarasın:

Alibaba'nın satış geliri 24 milyar Dolar, Facebook 28, Microsoft 85, Google 90, Amazon 136. Beş şirketin toplamı 363 milyar Dolar. Bunlara karşılık sadece Wal-Mart'ın satış geliri tam 486 milyar Dolar. Satış gelirindeki büyük farka rağmen, Wal-Mart'ın "piyasa değeri" sadece 219 milyar Dolarda kalırken, Alibaba 269, Facebook 411, Microsoft 509, Google 579, Amazon ise 423 milyar Dolar piyasa değerine sahip. (Amazon ile Apple, Eylül 2018'de 1 trilyon Dolar değerini aştılar!) Peki, nasıl oluyor da satış gelirleri ve aktifleri (varlıkları) çok daha az olan bu şirketler, klasik büyüklük ölçülerine göre kendilerini beşe, ona katlayan dev şirketlere kıyasla daha yüksek bir piyasa değerine sahip olabiliyor? Çünkü onları "gelecekteki piyasalar" satın alıyor. Piyasalarda "oynayanlar", sözkonusu şirketlerin hâlihazırdaki varlıklarına değil, *gelecekte yaratacakları muhtemel değere* kıymet biçiyor.

Bir şair için fazlasıyla kafa karıştırıcı Hocam!

Kafanız karıştıysa önce oturun *Ahmet Metin ve Şirzad* romanını okuyun. Hâce-i Evvel'in 125 yıl evvel kaleme aldığı bu romanbilimde, serveti toprak ve altınla ölçen "eski kafalı" Andri'nin, Viyana'da tıp okurken gözleri modern ekonomiye açılan oğlu Stefano sayesinde nasıl banka ve çek sistemine dayalı yeni (soyut) serveti anlamaya zorlandığını; fakat Andri'nin "sarı sarı kırmıç altınları" okşamayınca da, sadece şişen banka hesaplarına göz atmakla bir türlü zengin olduğunu hissedemediğini çarpıcı biçimde okuyoruz. Modern ekonominin mahiyetine bu derece nüfuzu, Ahmet Midhat Efendi'den sonra sadece Tanpınar'da görebildim. Oysa Batı edebiyatında son yarım yüzyılda romancılık önemli ölçüde finansal ekonominin mahiyetine tutulan bir fenere dönüştü. Don DeLillo, mesela *Kozmopolis* romanında adeta Keynes'in "hayvan ruhlar"ından birini canlandırıyor. Banka yöneticisi kahramanımız Eric, "Hepimiz genciz, zekiyiz ve kurtlar tarafından büyütüldük" diyor. Fakat kurtlar her zaman avını kapıp kaçamıyor; ava giden avlanabiliyor da. "İnsan tek bir kelimeyle yükseldiği gibi, *tek bir heceyle* düşebiliyor da." Başarı delisi kahramanımız, hesapsız ölçüde Yen'e abanmış, "boşluğa spekülasyon" yapmıştır. İçinde yaşadığı heyula gibi banka kuleleri nasıl yükseliyorsa, o da öyle yükselmek istiyor. Fakat bir tuhaftır bu kuleler, dıştan bakıldığında *boş gözüküyorlar.* "Bunlar *geleceği hızlandırmak için* tasarlanmış, boşaltılmış, son yüksek şeyler olarak yapılmışlardı. Dış dünyanın sonuydular. Burada değildiler tam olarak. *Gelecekteydiler.* Coğrafyanın, elle tutulur paranın, onu yığan ve sayan insanların ötesinde bir zamandaydılar."

Modern şiire ne yazık ki fazla zaman ayıramıyorum. Ama eminim ki şiirde de modern ekonominin mahiyetini ele veren çok iyi örnekler vardır. Ben bu yüzden, şiirsiz/romansız bir toplum bilimin artık mümkün olmadığı kanaatindeyim. Öğrencilerini doktora tezi yerine roman yazmaya teşvik edecek ilk iktisat profesörünün ileride heykelinin dikileceğini rahatlıkla söyleyebilirim.

Siz nedense şiir ile romanı hep yan yana anıyorsunuz. Oysa biz modern şiirle uğraşanlar, şiirin "edebiyatın bir türü" gibi algılanmasını bile rahatsız edici buluruz. Şiirin "daha büyük bir şey olduğunu" tahayyül ederiz.

Genel olarak edebiyatın, özelde de romanın ne kadar büyük olduğunu hakkıyla tahayyül edemediğiniz içindir! Şiir monolojiktir; şair kendi sesini "Hakk'ın sesi" olarak algılamaya meyyaldir. (Modern) şairde (Yahudice) bir seçilmişlik duygusu vardır. Hem de Yehova'sı olmayan bir din: Şair sadece seçilen değil, seçendir aynı zamanda. Bu duyguyu baskı altına alanlar, şiir katından düşer, manzume yazmaya başlarlar. Bunun en muhteşem örneği Necip Fazıl'dır: Kaldırımlar'dan Sakarya'ya düşmüştür! (Bu düşüşün manevî bir yükseliş sayılması ayrı bir bahistir.) Roman ise diyalojik, hatta mültilojiktir; çok seslidir. En büyük romancı, kendini en fazla geriye çekip, kahramanlarını öne çıkarabilendir. "Onları" seçmiştir ya, kendinin seçkinliğiyle meşgul olmaz artık. Sessiz bir tanrıdır; şair gibi kükremez. Yarattıklarının seslerini ahenkleştirmeye çalışır. Kendinden geçmiş bir orkestra şefidir.

Şairler çoğunlukla bilim adamlarını küçümserler; fakat başta roman olmak üzere, edebiyatın diğer dallarına bakışta onların etkisindedirler. Çocuktan farksızdır şair; büyüklüğü de, küçüklüğü de bu noktadadır: Masumiyetiyle büyük, cehaletiyle küçük. Bilim insanları romanı hayal mahsulü sayıp geri dururken; şairler romanı gevezelik sayıyor. Az ve öz konuşmakmış şiir. Fakat marifet az değil, öz konuşmadadır. Romancılar çok ama öz konuşurlar. Şiire göre çok, tabii; sosyal bilimlere göre değil. Modernliğin mahiyetini kavramaya çalışan Melville'in *Sağlam Adam*'da (1857) 200 sayfa içinde ses verebildiği hakikatı, kendinden sonraki sosyolog ve teologlar 200 ciltte anlatabilmiş değiller: "Hz. İsa yoruldu artık, sahne binbir yüzüyle İblis'indir!" Modernliğin bundan daha özlü bir anlatımı olabilir mi? Halide Edib, Melville'den el almış gibidir; Orhan Pamuk, Halide Edib'den! Modernlik, içine şeytan girmesiyle insanın yükselmesidir! (Bu yükselişin manevî bir düşüş olması da ayrı bir bahistir.)

İki kitabın ana temalarına dönelim: Kapitalizm ve ulus. Romanbilimsiz birincisini, romantarihsiz de ikincisini anlayamayız diyorsunuz. Kapitalizm tahlilinizde, *Faust* ve *Robinson Crusoe*'dan sonra, hiç beklenmedik bir şey yapıyor, bir çocuk kitabı olan *Momo*'ya geçiyorsunuz. Bunlar kabil-i kıyas mıdır?

Çocuk deyip geçmeyin! sözünü şöyle tamamlıyorum: Çocuk Kitabı deyip geçmeyin! *Momo* veya *Küçük Prens*, çocuk kitabı değil, büyüklere masallar nev'inden, hakiki sosyal bilim kitaplarıdır. *Faust* kurgusunda Goethe, kâğıt para üzerinden "emeksiz değer yaratmanın" mümkün hâle geldiğini; kâğıt paranın para değil simya olduğunu dile getirmeye çalışıyor. Ondan 70-80 yıl sonra yurttaşı Max Weber, modernliğin (kapitalizmin) "dünyayı büyüden arındırdığını" söylerken; Goethe asıl büyünün kâğıt para ile modern ekonomiyi kuşattığını, siyasî liderlerin ise finans büyücülerine hizmet eden yarı sarhoş oyunculardan başka bir şey olmadıklarını ifşa ediyor. Keynes, iktisatçı rasyonelliğine rağmen, Weber'in değil Goethe'nin devamıdır. Ve bugün hâlâ Keynes'in kuramlaştırdığı "finansal kapitalizm" çağında yaşıyoruz.

Çocuk romanı *Momo*, Keynes'in çok ciddiye aldığı Alman tüccar-iktisatçı Silvio Gesell'in *Doğal Ekonomik Düzen* (1911) başlıklı eserinin kurgu düzlemine aktarılmasıdır. Gesell'e göre, modern ekonomideki bütün krizlerin parasal bir kökeni vardır. Krizlerle gerçekten mücadele etmek istiyorsak, parayı özgürleştirmeli ve doğal bir ekonomik düzen kurmalıyız. Bunun yolu da "toprağı ranttan, parayı faizden kurtarmak"tan geçiyor. Ancak toprak ağası ile tefeci ortadan kalktığı zaman gerçek rekabet ortamı doğar. Parayı depolayıp sonra faizle borç verenler, çalışanların, gerçek üreticilerin zamanlarını çalmış olurlar. *Momo*'nun Zaman Tasarruf Şirketi'nin "duman adamları" bu işle görevli zavallılardır. Küresel finans terörünü hiçbir analitik sosyoloji veya iktisat kitabı *Momo* kadar başarıyla tasvir edememiş; derdin devâsını da gösterememiştir. Mustafa Kutlu'nun gönülden dilediği Kanaat Ekonomisi, Gesell ile Ende'nin ütopyasından çok farklı değil. Doğal yahut organik üretimi tarımdan önce finans alanında uygulayabilmeliyiz!

Bu tespit ve uyarılarınıza rağmen, romanı şair veya bilimadamı olarak hafife alıyorsak, bravo doğrusu! Peki, romanın biraz hafifsenerek ele alınması sadece bize mi özgü, yoksa Batı'da da var mı? Bizde özellikle modernlikle yüzleşen

muhafazakâr bir akım, tecrübe yahut gelenek romanla karşılaşmasında bir tür gerilim yaşamışa benziyor. Romana mesafeli duruşumuz biraz da böyle okunmalı değil mi?

Romanın hem çok popüler olması, hem de şair ve bilginlerce hafifsenmesi sadece bize özgü değil, Batı'da da var. Tabiat bilimleriyle uğraşanlar nasıl toplum bilimlerine karşı mesafeli olmuşlarsa, toplum bilimciler de romana mesafeli durmuş; onları kötülememekle beraber, gerçekliği kavramada çok da işe yaramadıklarını, "hayal mahsulü" olduklarını ihsas ettirmişlerdir. Oysa hayal ürünü olmayan hiçbir şey yok. Tabiat ve toplum bilimlerinin hepsi "kurgulara" dayanıyor. Filozof John Searle, bu kurgular arasında bağlantı kurulmadan her iki alanda da gerçekliği kavramamızın imkânsız olduğunu söylüyor: Elektronlardan seçimlere, protonlardan başkanlara uzanamıyorsanız, hiçbir şey anlayamazsınız, diyor. (Bkz. *Making the Social World*, Oxford, 2011. Özgün ifade: "From electrons to elections, from protons to presidents!") Kimya alanında Nobel ödüllü Ilya Prigogine'in *Order Out of Chaos* (Kaostan Düzene, İz Yayıncılık) kitabını okuyun; atom-altı dünyada her an neler gerçekleştiğini ve bilim adamlarınca bunlar hakkında ne romanlar yazıldığını görürsünüz.

Bir ucu bilime uzanıyor romanın, bir ucu dine. Roman aslında modern insanın yeni bir kutsal kitap yazma girişimidir. Bu kutsal kitap muhtelif kusurlarla çok sayıda insana, ülkeye, kültüre dağılıyor. Bunların toplamı bir kutsal kitap. Kutsal kitabı yere indiriyoruz, "Tanrı yazmış, ben de yazarım!" demek istiyoruz. Bir nevi kalpazanlıktır yaptığımız; orijinal kutsal kitabın sahtesini yazıyoruz. Niçin? Andre Gide buna cevap olarak 400 sayfalık *Kalpazanlar* kitabını yazdı (1925). Orada diyor ki; hayır, "diyor ki" diyemem; bana göre demek istiyor ki, paranın egemen olduğu bir çağda, sahtelik (kalp olmak) dendiği zaman insanların gözü hemen en fazla değer verdikleri şeye, yani paraya kayıyor. Sadece kalp para yapanlara kalpazan diyoruz.

Fakat asıl kalpazanlar fikir alanındakilerdir; kalp kelimelerle konuşup yazanlar. Şeytan kelimeleri öylesine çoğalttı ki, onların gürültüsünden "Tanrı'nın kelimeleri" işitilemez oldu. Roman bu "boşluğu" hem açıyor, hem de doldurmak istiyor...

Modernliği özel hayatlarında içselleştiren ama söylem düzeyinde hâlâ ona karşı olduğunu söyleyen, bundan dolayı da romana mesafeli duran muhafazakâr çevrelere romanın ehemmiyetini anlatmakta biraz zorlanıyorum tabii. Diyorlar ki roman neticede bir günah galerisi; bir sürü müstehcenlik, çirkinlik, itiraf. Günahlara tövbe etmek dururken, bunları teşhir etmenin bir anlamı var mı; buna sanat mı diyorsunuz? Saygıyı elden bırakmasalar da, sen dindar bir insansın, senden "kötü bir şey" beklemiyoruz, ama sonuç itibariyle böyle berbat bir söylem alanını niçin bu kadar yüceltiyorsun diyorlar. Diyorum ki yüceltmek ayrı bir şey, yücelttiğim romanlar var elbet. Ama benim meselem romanı yüceltmek değil, önemsemek. Bakın Türkiye'de sağlık sektörü epey ilerledi ve bu alanda dindar doktorlar çok aktif. Dünya çapında "İslamî hastanelerimiz" var artık, helâl yöntemlerle çalışıyorlar! Haydi bu hastanelere MR aygıtı, röntgen cihazı koymayın! Neden koymayacakmışız? Çünkü müstehcen, hatta berbat bir şey, her tarafımızı gösteriyor, bütün vücudumuzu ele güne teşhir ediyor. Bu müstehcenlik galerisini saygın hastanelerinize niye koyuyorsunuz? "Hocam röntgen cihazı koymazsak hastalık vücudun neresinde anlayamayız; doğru teşhis koyamayız" diyorlar. İşte aynen böyle: Roman da modern toplumun röntgen cihazıdır. Roman okumadan nasıl anlayacaksınız hastalığınızı? Haydi adına hastalık demeyelim; başımıza ne geldi? Başa gelmiş olanı önce şiir hissettirir; fakat şiir o kadar öz ki, şiire çok az insan ulaşabilir ve şiirle gerçeklik arasında ilişki kurmak zordur. Roman, bilimle diyaloğu daha kolay olabilecek bir edebî tür. Buna rağmen bizde bilim adamı roman okumaya ya tenezzül etmiyor, ya da romandaki cevheri göremiyor.

İkinci kitaba geçelim izninizle. Onun anahtar kelimesi ulus demiştiniz. "Hatırlayarak millet, unutarak ulus oluruz!" aforizmanız pek revaçta. Hafızaya gelip dayanıyor her şey sonunda. Unutamadığımız doğru da, lâyıkıyla hatırlayabiliyor muyuz acaba?

Harflerimize kıyılmamış olsaydı, size vereceğim cevaptan daha emin olabilirdim. Şimdi tam ne yitirmiş olduğumuzu bilebilecek durumda değiliz. Gene de bellek sıfırlanmamış olmalı ki, milletin cumhurbaşkanını ilk defa doğrudan seçtiği 2014 seçiminde, iki ulusçu partimiz (CHP ile MHP) güçbirliği ettikleri halde, ulusçu bir kişiyi "çatı adayı" olarak gösteremediler. Milletin hasarlı ama dayanıklı hafızasını hesaba katıp, İslam Konferansı genel sekreteri olmuş, adı buram buram din kokan Ekmeleddin İhsanoğlu'nu aday yaptılar. Parti başkanları televizyon konuşmalarında, adaylarının adını bile doğru telaffuz edemiyorlardı!

Cumhuriyet'in siyasî değil de kültürel bir rejim olarak "kötü yolda" olduğunu mu ihsas ettirmek istiyorsunuz?

Cumhuriyeti bir yönetim biçimi olarak saltanata her zaman tercih ederim, bir. Doksan yıllık cumhuriyet tecrübemizin hâlâ saltanattan derin izler taşıdığı aşikârdır, iki. Meseleyi siyasetin ötesine taşırsak, Cumhuriyet sadece padişahımızı sürgüne göndermekle kalmadı, halifemize ve harflerimize de kıydı. Birinciye tepkiyi Kemal Tahir, *Yol Ayrımı* romanında tarihçilere parmak ısırtacak bir bilgelikle ele aldı. İkincisine tepkiyi ise Rasim Özdenören, *Gül Yetiştiren Adam*'da Gandi'nin pasif ama büyük direnişini hatırlatan romantik bir destana dönüştürdü. Uğrunda savaştığı harfleri (ve onların temsil ettiği her türlü insanî değerleri) elinden alınan adam, kendini evine hapsedip, yıllar boyu sadece gül yetiştiriyor. "Protesto için evden dışarı çıkmıyordu, evden dışarı çıkmasının, insanlar arasına karışmasının istemediği düzeni 'meşrulaştıracağı' inancındaydı ve bütün kasaba halkı onun bu sessiz protestosuna içten bir saygı duyuyordu ve onun bu devinimsiz eylemini değerlendiriyordu ve saygıdeğer bir yaşlı adam oluncaya değin ve hasatlığına hazırlanırken ve sonradan ölmeye hazırlanırken kendini bu dirençli, bu sessiz protestosu içinde görmüşlerdi: kim umutsuz bir beklemeden ibaret sanır bu bir ömrü dolduran protestoyu? ... Evin dışında olup bitenlere aldırmadan tam kırk yıl kalmıştı o aynı evin içinde Kur'an okuyarak ve ibadet ederek ve yalvararak ve havf ederek." Bu adamın önceki işi gücü neydi? Savaşmaktı. "Dövüşmüşlerdi Kuran için, Halife için... ne uğruna savaşmışlarsa sanki savaşla onu ortadan kaldırmak istemişler gibi bir sonu olmuştu... bir kendisi fark etmişti gerçeği, bir de asılan birkaç arkadaşı, şimdi biliyor ki asılan arkadaşlarının uğruna asıldıkları şeyler de bu günkü insanların anlayabileceği şeyler değildir ve anlamazlar ve belki kendileri de bir kez daha asmaya kalkışırlar ama onlar yani asılanlar yani savaş verenler kendilerini asan insanlar kurtulsunlar diye savaşmışlardı ve asıldıkları şeyler için savaşmışlardı, bunu kim anlayabilir, kim?"

Özdenören ve (*Roman Diliyle Siyaset* kitabında ayrıntılı ele aldığım gibi) Kemal Tahir şunun altını çiziyorlar: Cumhuriyet'in kurucu nesli, rejim değiştirme gücünü, tarih değiştirme hakkına dönüştürmek istedi. Fakat daha on yıl geçmeden, Atatürk'e rağmen, millet Serbest Fırka'ya öylesine bir teveccüh gösterdi ki, parti apar topar kapatılmak zorunda kalındı. "Rejim değiştirme gücünün tarih değiştirme hakkına dönüştürülmek istenmesi" kötüydü, ama yanlış mıydı? Emin değilim. Tarihçiler, özellikle de "popüler" tarihçiler çok insafsız oluyor. Ben, bugünden 1920'lere geri gidip, retrospektif yaklaşımla *Uçurumdaki Lâik Gazi* başlıklı bir roman yazıyor olsaydım, daha dengeli bir görüş ortaya koyabilirdim sanki. Bence tarihçilerimiz kötü ile yanlışı karıştırıyorlar. Harflerimize kıyılması kötü, fakat muhtemelen yanlış değildi. Çünkü önümüzde sonsuz tercih yapma hakkı yoktu. Çanakkale ve onun küçük bir uzantısı olan Yunan harbini kazanmak, bize bir devlet olma hakkını tanıyor; fakat dünya sisteminin dar caddelerinde elimizi kolumuzu sallayıp dolaşma imkânını vermiyordu. Basit bir gerçeği unutuyoruz: Yüz yıl önce, dünyanın beşte dördü Avrupa devletlerinin sömürgesiydi. İstiklal Harbini kazanamasaydık, bizim de devletimiz olmayacaktı. Fakat galip de gelsek, önümüzde sadece iki yol vardı: Geleceğin Türkiye'si yahut geleceğin Türkmenistan'ı olmak. Halifesi ve harfleri olan bir Türkmenistan, Rus kampına düşüyordu. Batı kampında yer almanın maliyeti de (muhtemelen Lozan'da) önümüze kondu: İki H'den, Harflerden ve Halifeden vazgeçin, "hür dünyada" yerinizi alın! Kurgulardan yansıyan hakikatı gereğince kavrayabilseydik, şu anda pinpon topu gibi ABD ile Rusya arasında gidip gelmezdik belki. Ah, yazılamayan romanlar! Onlar yazılsaydı, biz bu hâlde mi olurduk?

Hafıza, ulus ve millet meselesine bu noktada derinlik kazandıralım biraz. Siz bir yandan, Kemal Tahir ve Rasim Özdenören gibi kurgu ustalarından hareketle, Cumhuriyetçilerin harflere ve halifeye kıymakla kötü bir şey yaptıklarını, ama diğer yandan bunun mutlaka yanlış veya hata olarak da algılanmaması gerektiğini söylüyorsunuz. Derin bir çelişki içinde gibisiniz, izlenimimiz bu.

Diyalektik ustaları onun için bizi mütemadiyen çelişkileri "aşmaya" davet ederler. Çelişkileri yok edemezsiniz çünkü. Yaşamak başlı başına bir çelişki değil mi? Benim ortalama 80 yıl ömrüm varsa ve her 5 saniyede bir nefes alıp veriyorsam, toplam zaman sermayem 2,5 milyar küsur saniyedir ve yaklaşık 500 milyon nefes hakkım vardır. Nefes almayayım, tasarruf edeyim, ömrüm azalmasın dersem, hemen nalları dikerim. Ama her nefes alışımda da ömrüm 5 saniye kısalıyor, ölüme biraz daha yaklaşıyorum! Bu çelişki yok edilemez; bakış açısını değiştirmek suretiyle "aşılabilir" ancak. Dünyayı bir mola yeri, ebedî hayatın kısa bir girişi sayarsanız; çelişki öylesine küçülür ki, göze görünmez olur.

Somut konumuza dönelim. Başta kendi ulusumuz olmak üzere, bütün ulusları ezelî sosyal varlıklar olarak düşünmeye yatkınınız. Ayrıca, özellikle kendi ulusumuzun "ebediyen payidâr olmasını" arzu ederiz. Llobera bu yüzden ulus'un modernlerin gerçek tanrısı olduğunu söylüyor; haksız değil bence. Şu anda yeryüzünde 200 kadar ulus var; bin kadar uluslaşma mücadelesi; on bin kadar da potansiyel ulus varlığı. Bu 200 ulusun yarıdan fazlası benim yaşımda değiller! Yüz yıl sonra, ulus sayısı 400 veya 4000 olabileceği gibi, 100, 50 veya 20'ye geri de gidebilir. Geçenlerde Trabzon'lu bir arkadaşla bu meseleler üzerinde hâlleşirken, "kökümüzü" Mete Han'a kadar uzatmak istedi. Babasını, dedesini saymasını istedim, altıncı kuşağa kadar gidemedi; taş patlasa 200 yıl. İyi ki böyle, dedim, biraz daha geri gidersek "kökümüzden" çıkacak unsurlar bizi (bugünkü bizi) pek mutlu etmeyebilir; Mete Han'la filan da irtibat kurulması imkânsızdır. Demek ki bu ulusal kökleri sadece "tahayyül" ediyoruz. Bütün uluslar muhayyel (hayal edilmiş) varlıklardır. *Roman Diliyle Siyaset* kitabından bir pasajı aktarmama izin verin, ulusların nasıl "imal edilegeldikleri" açıklık kazansın:

Ulus, havas için dar, avam içinse geniş bir topluluktur. Halk ile seçkinlerin dilleri bile farklı olmuştur: Havas çoğunlukla kendi 'millî' lisanı dışındaki bir 'yabancı' dilde konuşurken, avam kendi millî dilini bile çoğu kez konuşamaz, yerel lehçeyle yetinirdi. Peter Burke, modern anlamda ulus (*nation*) teriminin erken modern Avrupa'da (ve daha öncesinde, pek tabii) kullanılmadığını; kullanıldığı zaman ise çok farklı anlam veya kapsamları olduğunu belirtiyor: Dante, Floransa ulusundan söz ediyordu, Makyavelli Ghibelline ulusundan. (Bugün biri olsa olsa hemşeri, diğeriyse hizip diye nitelendirilebilir.) Edmund Spenser 'kuş ulusu' hakkında yazıyor; Ben Jonson 'hukukçu ulusuna' ateş püskürüyordu. Anderson, Gellner, Hobsbawm gibi 'modernist' kuramcılara göre, 19. yüzyıl öncesi siyasî toplulukları için ulus kelimesini kullanamayız. Ulusal bilinç esas olarak bir 19. yüzyıl olgusudur. Ulus, ulusçuluk ideolojisinin eseridir. Ulusçuluk ise *ulusal bilinç* ve *standart bir dil* gerektirir ki, bunlar demiryolu ve günlük gazete gibi ulaşım/iletişim araçları olmadan var olamazdı. Thiesse haklı olarak "ulusal dillerin fabrikasyonu" ifadesini kullanacak kadar ileri gidiyor. Uluslar, dilleriyle beraber, tıpkı otomobil ve kravat gibi, imal edildiler! Ulusal bilinç, yani kendi toplumunun "seçkin ve benzerlerinden üstün" olduğu inancı, Protestanlığın eseridir. Protestanlığın yayılmasıyla beraber İncil iki yüzyıl içinde elliden fazla dile çevrildi. Laik (Kilise dışı) insanların İncil okumalarının sonuçlarından biri, "seçilmiş kavim" fikrinin yayılması ve birtakım ulusal anlatılara dahil edilmesi oldu. John Lyly, İngiltere'yi "yeni bir İsrail", İngilizleri ise "seçilmiş ve özel bir halk" olarak adlandırdı. Milton, "bu Ulus, bütün diğerlerinden öncedir" diyor ve ekliyordu: "Tanrı kendini ilk olarak İngiliz kullarına gösterdi." Modern Hollanda'yı oluşturan yedi kuzeyli eyalet, Habsburg imparatoru II. Felipe'den bağımsızlıklarını ilan ettiklerinde, ülkelerini İncil lisanıyla "yeni bir Siyon" diye nitelendirdiler.

Yukarıda modern şairlerde Yahudice bir seçilmişlik duygusu var demiştiniz. Ulus mensubiyeti de bu duyguyu pekiştirmiş olmalı!

Olabilir, bunların iyi irdelenmesi lâzım. Şairlerde 'profetik' bir yan var zaten. Konuyu sürdürüsek, ulusluk kadîm bir gerçek değil, Kapitalizmin ortaya çıkardığı bir olgudur. 17. yüzyıl Batı Avrupa'sına damgasını vuran Merkantilist politikalar, her biri kendi küçük pazarına hükmeden feodal siyasaları parçalayıp, büyük kapitalist pazarların garantörü olacak yeni devlet yapılanmalarını teşvik etti. Sonradan ulus-devlet (*nation state*) adını alacak olan bu *devlet-uluslar,* yaklaşık 1600 küçük Avrupa eyaletinden, 30 dolayında siyasî organizasyon meydana getirdi. Unutma meselesine gelince, Kapitalizmin ihtiyacı olan ulus-devletin 'bilincinin' oluşabilmesi için en gerekli şart, *ortak hafıza kaybı* idi. Yani bir ulusun oluşabilmesi için, onu oluşturan küçük sosyal birimler özellikle yakın tarihlerine sünger çekmeli; mitlerini, inançlarını, kahramanlarını yeni baştan (ve daha büyük bir ölçekte) "üretmeliydiler". Yakın tarihin şuurlu tasfiyesinden oluşan boşluk, uzak tarihten devşirilen malzeme ile dolduruldu. Yerel tarihlerin izleri mümkün olduğunca silinerek, onların yerine Yunan-Roma tarihinden tanrılar, mitler ve kahramanlar konuldu. Almanlar Yunan-Roma mirasıyla yetinmeyip, mit transferi için İran ve Hindistan'a kadar uzandılar.

Oysa aynı zaman diliminde (1500-1900), bizim tarihimizin gelişme mantığı Avrupa tarihinin tam aksi yönünde tecelli etti. Bölgemizdeki büyük ölçekli bir siyasi organizasyon (*Osmanlı Devleti*), "muhteşem bir geri çekiliş" (*Mehmet Genç*) yahut "şiirsiz ve şikâyetsiz bir çöküş" (*Cemil Meriç*) ile 30 kadar ulus-devlete bölündü. Yani uluslaşma Avrupalıları bütünleştirdi, bizi ise parçaladı. Türkiye dahil olmak üzere, bu yeni siyasî oluşumlara yakıştırdığımız "millî devlet" ünvanı tarihsel bir yanılsamadır. Millînin kökü millet ise, Orta Doğu uluslarının hiçbiri millî değildir; ulusaldırlar. Daha doğrusu ulus olmaya çabalamış fakat *hiçbiri* başarılı olamamıştır. Başarısızlığın ana sebebi, bu nevzuhur devletlerin halklarının hafıza kaybına direnmiş olmasıdır. Bu "halklar" İslam/Osmanlı esaslı yakın tarihlerini unutup da, onların yerine konmak istenen Eti, Sümer, Babil veya Mısır medeniyetlerine dayanmayı reddettiler. Avrupa halkları "unutarak uluslaşırken", biz "hatırlayarak millet olma" arayışımızda direndik. Bu aynı zamanda Kapitalizme/Emperyalizme karşı küresel çapta bir meydan okumadır. "Dünyanın 5'ten büyük olup olmadığını" gösterecek bir mücadele!..

Bu sosyolojik yaklaşımınızı kitaplarınızda Yakup Kadri, Halide Edip, Ahmet Hamdi Tanpınar gibi romancılar üzerinden örneklendiriyorsunuz. Muhafazakâr bir insansınız ama genelde seküler veya Batıcı yazarları öne çıkarıyorsunuz.

Peyami Safa dışında muhafazakâr romancı var da ben mi göremiyorum? Onun da muhafazakârlığını ikiyüzlü buluyorum. Riyakâr anlamında kullanmıyorum bu sıfatı; bir de yirminci yüzyılın ikinci yarısını hesaba katmıyorum. Roman okumalarımda yakın yıllara gelemedim daha! Sorumuz şu: Ulus inşası neden Batı'da başarılı olduğu gibi bizde de başarılı olamıyor? Yakup Kadri, başarılı romancılığına rağmen sanki her şeyi Atatürk'ün ölümüyle izah etmeye çalışıyor. Atamız gitti, ulusumuz bitti, demeye getiriyor. *Ankara* romanının Selma hanımı Atatürk'ü adeta bir İbrani tanrısı gibi görüyor. Onuncu Yıl hitabesini şöyle tasvir ediyor: "Şahit olduğu büyük olay, *dünyanın ikinci yaratılışı* idi. Yüzünü gördüğü ve sesini işittiği *Tanrı*, aydınlığa, ol! demişti; aydınlık oluyordu. Suya ol! demişti, su oluyordu ve *Suların arasında Levh olsun* demişti. Levh, meydana gelmişti ve *tohum verir nebatı ve yeryüzünde tohumu kendisinden olarak cinsine göre yemiş veren ağaçlar husule gelsin*, demiş *ve tohumun cinsinden türlü ağaçlar bitmişti.*"

Tanpınar da Atatürk'ü ve Batı'yı seviyor, önemsiyor ama onlara tapmıyor. Yahya Kemal üzerinden, kendi tarihimizin güzelliklerini keşfedebiliyor. İki medeniyetin sınırında yaşıyor ve yazıyor. Sınırda durduğundan, iki yakayı da görebiliyor. Yakup Kadri, "öleceğini aklından bile geçirmediği Atatürk" *ulus olun!* demişse, olmalıyız diye düşünüyor. Necip Fazıl, ulusçulara karşı milleti ayakta tutacak muhayyel bir Ulu Hakan imal ediyor. Tanpınar ise, milletten ulusa alçalışın vicdan azabına odaklanıyor. Ulusçular unutmak istiyor, onun için tarihten kaçıyorlardı. Tanpınar için sahne tarihti; ulusçular sahnenin dışına kaçtıkça, ayaklarının altındaki toprak kayıyor, boşluğa düşüyorlardı. *Sahnenin Dışındakiler*'in 3. bölümü, bir ulus yaratmadaki millî akametimizin esrarını aydınlatan en önemli *tarih* belgemizdir. Şu derin tespitle başlıyor: "Camii, içtimaî jeolojinin merkeziydi." Avrupa toplumunda mabedin yerini *market* almışken; Osmanlı toplumunda insanlar hâlâ esas olarak iş veya eğlence amacıyla bir araya gelmiyordu. "Asıl birleştirici olan şey, bunlar değil ibadetti. İman dediğimiz duyguyu içinde duysun veya duymasın, herkes evinden çıkarken onun *kisvesine* bürünürdü. İman, sadece bizi Allah'a bağlayan bağ değil, müşterek kıyafet, yüz ifadesi, muaşeret şekli, hülasa cemiyet hayatında nezaket ve merasim dediğimiz şeylerin, yani karşılıklı münasebetlerin tek kaynağıydı." Tanpınar herkesin engin bir dindarlık denizinde yüzdüğünü söylemiyor. Her zaman ve her yerde olduğu gibi, fertlerin dinle bağlantısı derece derecedir. Fakat topluma hakim olan dinî iklim, her bireyi serapa kuşatmıştır. Yakup Kadri duygularını, kişisel tercihlerini konuşturuyor; Tanpınar ise toplumsal gerçekliğe ses veriyor.

Tanpınar'daki bu derinliğe rağmen, yazılarınızda sanki başköşeye Halide Edib'i oturtuyorsunuz! *Sinekli Bakkal*'ı sizin kadar önemseyen bir muhafazakâr, hatta (muhafazakâr karşıtı olarak hangi sıfatı kullanayım, bilmem ki?) liberal yahut sosyalist bir yazar görmedim.

Kendi dilimizi konuştuğumuz gün bu zorluklar bertaraf olur ümit ediyorum. Muhafazakâr, daha doğrusu konservatif, liberal ve sosyalist kelimeleri bizim toprağımızda boy atmadılar. Her birinin tarihî, siyasî ve kültürel kökleri var. Sadece harflerimizi yitirmekle kalmadık ki; onlarla beraber kelimelerimiz de gitti! Halide Hanım, Tanpınar çapında bir entelektüel değil; ama daha doğal. Yakup Kadri, *Nur Baba*'ya rağmen dini tanımıyor; Tanpınar sosyolojik bir olgu olarak dine aşina; Halide Hanım bireysel düzlemde de olsa dini yaşıyor.

Tanpınar, içtimaî jeolojinin merkezi camii idi diyor ya, Halide Edib bu merkezi mabetten markete kaydırmanın vakti gelmiştir demeye getiriyor. Romanın adındaki bakkal, modernliğin işaretidir. Sinekli Bakkal semtinin camisi kasvetli, imamı huysuz; bakkaliyesi şen, bakkalı ise önce bir cimri, sonra soytarı ile karısıdır. Allah'ı gücendirmeden Şeytan'a hakkını teslim etmeye çalışan *Sinekli Bakkal*'da mahallenin iki önemli yeri bakkal dükkânı ile imam evidir. Tanpınar'ın "içtimaî jeoloji merkezi" çiftleşmiştir. Cennete giden yoldan ziyade, cehenneme kıvrılan yolu tasvirden zevk alır imam. Cennet yolcuları ise gülmeyen, oynamayan, rahat etmeyen ve kimseye de rahat vermeyen insanlardır. Aslında, iki merkez yerine, artı ve eksi kutuplar desek, daha doğru. Asık yüzlü, tilki burunlu imamımız mahalle ahalisini etkilemede pek başarılı değildir. Onların günah eğilimleri karşısında tam bir acz içindedir. Mahalleli günden güne Allah yolundan Şeytan yoluna kaymaktadır. Modernleşme tarihimizin özetidir bu.

Halide Edib'in dine inandığını söylüyorsunuz. Bu kayışa engel olmak istemiyor mu?

Doğrusu Halide Hanım hakkında ciddi bir biyografik çalışma yapabilmiş değilim. Okuduğum romanların yazarı olarak, o romanlardaki akışa göre dine yaklaşımını değerlendiriyorum. *Sinekli Bakkal* yazarı, pozitivizmin etkisinde kalarak Türk milletini Şeytanın yoluna çağıranları Mevlana ve Toynbee üzerinden dengelemek istiyor.

Mevlana ve Toynbee! İlginç...

Romanda Vehbi Dede mevlevîlik mecrasını, (sureta) müslümanlaşarak Osman ismini alan İspanyol Peregrini ise Arnold Toynbee'nin "Akdeniz medeniyeti" hülyasını temsil ederler. Eğer Halide Edib, *Sinekli Bakkal*'ı yazdığı yıllarda Toynbee'yi henüz okumamış veya Toynbee henüz medeniyetler-arası diyalogu öne çıkaran fikirlerini olgunlaştırmamış ise, o zaman Halide hanım ya benzer bir düşünce akımından etkilenmiş, ya da bu fikri Toynbee'den önce kendisi geliştirmiş olmalıdır. Her halükârda, "medeniyetler ittifakını" siyasî şiar edinen Türkiye'nin yeni muhafazakârlarını üç çeyrek asır öncesinden haber veriyor gibidir.

Rabia, mevlevî dededen aldığı terbiye ile, şeytanın dostu İspanyol'u sonunda doğru yola getirir. İstanbul'un kalbur üstü ailelerine musiki dersleri veren kaçak rahip Peregrini, daha ilk karşılaşmalarında, soytarının hafız kızının Avrupaperest mukallitlerden farklılığını hemen kavramıştır: "Onların hepsi Avrupa çocuklarının saman kâğıdı kopyası gibi idiler, halbuki bu kız... İstanbul şehrinin medeniyetinin, harsının asırlar süren tekâmülünün vücuda getirdiği yerli bir örnekti!" Rabia ahenkli sesiyle Kur'an okur ve eski rahip bundan çok etkilenir. Sonra tefsir kitabını açıp okunan ayetlerin mealine bakarlar: "Rab, meleklere, Biz dünyaya hakim olacak birini (Âdem) göndereceğiz, dediği zaman onlar, Biz, sana hamdüsena ile meşgulken sen oraya fitne çıkaracak, kan dökecek bir kimse mi gönderiyorsun? dediler." İşte, der İtalyan, beni dinden koparan, meleklerin bu mantığı, bu itirazıdır! Romandaki devrimci gençler bu Avrupalıyı en ziyade dinsizliği için sevmişlerdi. "Türk diyarında her değişikliğe, her ileri atılışa dindarları mâni gördükleri için kendilerini dinden âzâde farz ediyorlardı. Bundan dolayı sabık rahip Peregrini ile aralarında bir fikir dostluğu, kanaat birliği olduğuna inanmışlardı. Rabia'nın Kuran okumasıyla, sanatkârın gösterdiği hassasiyet onları şaşırttı." Şaşıran devrimcilerimiz, Avrupalı üstatlarının bu "yerli" kızı terbiye etmesini talep edince, aldıkları cevap şudur: "Hayır, Sezar'ın malını Sezar'a, Allah'a ait olanı Allah'a vermek gerek... Ben Sezar'ın, ben Şeytan'ın zümresindenim. Çocuk Allah'ın, bırakın olduğu yerde kalsın." Yakup Kadri veya Reşat Nuri'nin ne kadar uzağındayız!

Rabia'nın kafası karışmıştır. Vehbi Dede'yi sevmiş, Peregrini'den ürkmüştür. Bir hafta sonra, bu sefer ikisinin de hazır olduğu bir meclistedir. Peregrini gene Şeytan'dan söz etmektedir. Çocukluğundan beri Allah, melek, şeytan gibi kelimelere aşina olan Rabia, durumu yadırgamaz, oturup dinler. Peregrini, Şeytanı yüceltmeye başlar: "İnsanı ilk defa ilim ağacının yemişini yemeye sevk eden Şeytan değil mi? O olmasa, insan sadece yiyen, içen, iki ayak üstünde dolaşan bir mahluktan ibaret kalırdı. Tecessüs her bilginin anahtarı, bu anahtarın ilk sahibi ve bize ilk bu anahtarı veren de Şeytan'dır. Hiç olmazsa Şeytan'ın cesaretini tasdik et, Dede Efendi. Fikir cesaretinin pîri odur. Halik'in gazabına ilk isyan eden, cennetin nimetlerinden, refahından atılmayı ilk göze alan hep odur." Ve piyanoya geçip "Cennette namdar bir melek olmayı, fikir hürriyeti namına feda edenin şerefine" çalmaya başlar. Rabiaya öyle gelir ki, çalınan havada "kâinatın bütün şeytanları, ifritleri başıboş, hürriyetle sarhoş bağırışıyor, çığrışıyorlar." Genç devrimcilerden

Galip, ellerini çırpar: "Bu memlekette halkı düşünmeye alıştırmak için Şeytan'a tapmayı öğretsek, nasıl olur üstad?" Vehbi Dede'ye dönüp, sorusunu tekrarlar: "Ne dersin, Dede Efendi? Terakki için Şeytan'ın namını yüceltelim mi?" Mevlevî dedenin cevabını duymayan Orhan Pamuk, yarım asır sonra *Cevdet Bey ve Oğulları*'nı kaleme aldığında, Şeytan'ın namını bir Alman mühendise yücelttirir. Herr Rudolph'a göre, aydınlanmak "içine Şeytan girmek" demektir. Romanın diğer iki kahramanını da Doğulu bulmaz: "Siz de bu memleketin ruhuyla uyuşamıyorsunuz. Şeytan girmiş bir kere içinize, ruhunuza aklın ışığı düşmüş, artık yabancısınız."

Hafız kızın bu yaklaşıma cevabı nedir? Musiki dersleri sayesinde şarkı da terennüm etmeye başlıyor. Hafızlıkla bunları nasıl bağdaştırabiliyor?

Günümüzün İmam-Hatip nesli nasıl bağdaştırıyorsa, öyle. Halide Edib, 1930'ların değil, 2030'ların Türkiye'sini yazıyor! Hafızlıkla şarkıcılık arasında gidip gelen Rabia'nın ruhunda yeni hayatının etkisi fırtınalar yaratıyor; Peregrini onun yüzünde "eski ve yeni hayatı üst üste konulan fakat tamamen birbirini bozmayan *iki medeniyet tabakası*" okuyor. Rabia, yeni hayatından zevk almasına, hatta onu bir oyun telakki etmesine rağmen, eski sakin ve ciddi tavrını da sürdürüyor. "Eski Rabia'nın yüzü: Ağzının iki tarafında iki derin çizgi, kaşlarının arasında derin bir hat, ince yüzünü kaplayan gamlı bir durgunluk. Bu çizgiler tamamen silinmeden, simanın mânâsı değişmeden yeni hayat, izlerini bu eski şahsiyetin üzerine resmetmeye başladı." Modernlik, yeninin sadece kaçınılmaz değil, aynı zamanda iyi (hayırlı) olduğunu ihsas ettirir. "Şeytan bunun neresinde?" diye sorar; değişimi olağanlaştırır. Fakat dindarın altın çağı (asr-ı saadeti) ileride değil, geridedir. O artık var olmayan özgün modele öykünmeye alışmıştır. Bu yüzden yeni, kaçınılmaz olsa da, rahatsız edicidir. Yeni'den aldığı zevk, hüzünle sarılıdır. Rabia'nın yeni yüzü de bu yüzden hem neşeli, hem kederlidir:

"Göz kuyruklarında sık gülmekten hâsıl olan kırışıklar, gözlerin içinde mütemadiyen yanan mes'ut ışıklar, gülerken burnunun üstünde beliren sevimli buruşukluk." Gülüyor ve mutlu oluyor. Ama bellek kendini geçmişten koparabilir mi? "Kendini yeni hayatın âzâdeliğine terk ettiği zaman eski yüzünün alâmetleri zayıflar, gözlerinin ağır ifadesi, dudak kenarlarındaki, kaşların ortasındaki çizgiler düzelir. Fakat geçmiş günlere hatırası döner dönmez her eski alâmet olanca vuzuhu ile tekrar meydana çıkar. Güya yeni hayatının şen maskesi şeffaf bir ipek peçe gibi eski hayatın gamlı simasının üstüne örtülüvermişti. İşte bu zıt şeylerin o genç yüzde imtizacı bunun bütün muammalığını, bütün büyü gibi tesir eden başkalığını teşkil ediyordu."

***Sinekli Bakkal* dışında hangi romanlarını önemli buluyorsunuz Halide Edib'in?**

Hepsini. Fakat *Roman Diliyle Siyaset*'te *Yeni Turan, Ateşten Gömlek* ve *Sonsuz Panayır* üzerinde durabildim. Bu sonuncusu, Kemal Tahir'in *Kurt Kanunu* ile beraber, neden köklü bir burjuva sınıfı yetiştiremediğimizin en ilmî cevabını veren kurgulardır. Sosyologlar, ellerine su dökemez bu romancıların. 29 yaşında yazdığı *Yeni Turan*, içleyici yahut bizimseyici bir milliyetçiliğin temel kitabı olabilecek yetkinliktedir. Adının çağrıştırdığı kavmiyetçiliğin aksine, yüce gönüllü bir medeniyetçilik önermektedir. Bu romanın yazılışından on yıl sonra, Türkiye ulusçu cumhuriyet yoluna girdi; oysa ihtiyacımız olan, medeniyetçi cumhuriyet idi. Bunu o zamanlar tam kavrayamamış olmamız makuldür; zaten Osmanlı bünyesinde Türklerden başka herkes ulus olma hülyasındaydı. Aradan tam yüz yıl geçti; artık herkesin ağzının payını almış olması lazım! Bugün hiçbir 'Orta Doğu' toplumunun uluslukta direnmesinin makuliyeti yoktur. Ulusçuluğun her şeyi kötü, tamamen terk edelim demiyorum; "aşalım" diyorum. Millî devletten medenî devlete yükselelim diyorum. Medenî devletten kasdım hem kendi medeniyetimizin devleti (*civilizational state*), hem de insanlığın ortak birikimine açık bir siyasadır. Dindar insanların iktidarı bu iki yönlü ilerleyişi kolaylaştırır sanıyordum; tam tersine, (gönlümüzdeki) medenî devletten 1930'ların ulus-devletine doğru hızlı bir gerileyiş içindeyiz. 15 Temmuz'da Emperyalizmin komplosunu boşa çıkardık; fakat FETÖ ihaneti devlet aklımızı sarstı. Tanrı'yı gene paranteze aldık.

Umberto Eco'nun bir sözünü hatırladım. Bütün büyük romanların içinden Tanrı geçer diye.

Çünkü bütün insanların, bütün milletlerin içinden Tanrı geçer. Roman aslında Tanrısız kalmış bir dünyayı, meleklerden boşalmış bir göğü tasvir sanatıdır. Bu yüzden, iyi okunduğunda, her romanda o Tanrı özlemi kendini hissettirir. Şu sıralar postkolonyal Afrika romanları okuyorum. Achebe, Hamidu Kan, Gurnah, Ngugi, Zakes Mda, Tayyip Salih... Dehşet romanlar yazmışlar. Achebe'nin babası Nijerya'da ilk Hristiyanlaşan kuşaktan. Müthiş bir Afrika üçlemesi var: *Parçalanma, Artık Huzur Yok, Tanrı'nın Oku.* İlk romanda, kendisinin içinden çıktığı, babalarının dedelerinin yaşadığı putperest toplumu anlatıyor. Putperest toplumun mertlik, fedakârlık gibi bir sürü meziyetleri var, bir sürü de kabalıkları. Çok baba-merkezli bir toplum, kadınları ve çocukları hiç konuşturmuyorlar. Bir de Cahiliye Mekke'sini hatırlatan bir töreleri var: İkiz doğan çocukları, şeytanın çocukları kabul ediyor ve doğar doğmaz kötülük ormanına atıyorlar. Siz o anneleri düşünün artık. Beyazlar gelip hükümetlerini ve ardından kiliselerini kurduktan sonra yavaş yavaş propagandaya başlıyorlar.

Önce kimse peşlerine takılmıyor misyonerlerin, çünkü anlattıkları dinin mantığı çok saçma geliyor. Baba varsa, karısı nerede? Ha ha ha! Fakat anlatıcı diyor ki, saçmaydı anlattıkları ama anlatılan şeyin "şiiri" gençleri yüreklerinden yakalıyordu. Özellikle, evde hiç söz hakkı verilmeyen, biteviye itilip kakılan hassas gençler ve bebekleri ormana atılan genç kadınlar birer ikişer Hristiyanlaşıyorlar. Sadece roman değil, çok ciddi bir antropolojik çalışma karşısındayız. Şu sıralar bizde de bu tür tartışmalar başladı. Ateizme aşinaydık, şimdi başımıza bir de deizm çıktı. Bu sorunları hangi sosyolog veya antropologlarımız inceliyor? Hangi romancılar bu konuları ciddiyetle ele alıyor?

Açebe'nin üçlemesinin ikinci kitabında, Hristiyanlaşmış yerlilerin çocukları büyüyor. Avrupa'da yüksek tahsile gidiyor ve ateist olup dönüyorlar. Kavim putperest, onun içinde kendi ana babaları Hristiyan bir topluluk oluşturmuş, fakat kendileri de ateist olmuşlar. Romanın başlığı bu gerçekliği çok iyi ifade ediyor: *Artık Huzur Yok*! Üçüncü romanda ise (*Tanrı'nın Oku)* din adamı olan ana kahramanımız hem beyazlarla, hem de kendi kavmiyle çatışıyor. Beyaz Efendi, din adamına bir nevi ajanlık teklif ediyor, o bunu kabul etmeyince de aşağılıyor ve hapse atıyor. Kavmi de adama sahip çıkmıyor. Böyle olunca, kavmine gıcık olup, o da çok önemli bir iktisadî olay olan "hasat zamanını" ilan etmiyor. Din adamı hasat zamanını ilan etmedi mi hasada başlayamıyorsun. Halkta açlık korkusu başlıyor. Kilise biz ilan ediyoruz deyince, kiliseye gitmeye başlıyorlar. Yani dinî otorite iktisadî problemi zorlaştırınca, halk din değiştiriyor! Bunlar hep metaforik olarak anlatılıyor ama aslında hayatımızın gerçeği. Romanda sosyoloji, antropoloji, tarih, şiir hep kucak kucağa. Şimdi *Mahrem Macera*'yı okuyorum. Adnan Tekşen, ta 1982'de çevirdiydi Yeryüzü Yayınları için. Şeyh Hamidu Kan neredeyse bundan başka da bir şey yazmamış. Bir tek romanla Afrika romanının zirvelerine oturabilmiş. Ben dört aydır bu romanı, muhtelif Afrika ve Türk romanlarıyla paralel okuyarak, *Derin Tarih*'te anlatıyorum da, bir türlü bitmek bilmiyor!

Bahsettiğim bu son romanların ana meselesi yabancı okullar. Hamidu Kan, Senegal'in *Sinekli Bakkal*'ını yazmış bir bakıma. Tanpınar'ın tasvir ettiği türde dindar bir toplum; içtimaî jeolojilerinin merkezinde camii ve Kur'an okulu (medrese) var. Kur'anı ezberde tutmak en yüksek ailelerin, aristokrat sınıfın sorumluluğu. Bu yüzden en zeki çocuklarını hafızlık eğitimine gönderiyorlar. Kahramanımız Samba Diallo da medresenin en başarılı öğrencisi; kendisine geleceğin Üstad yahut İmam'ı gözüyle bakılıyor. Fakat bu arada beyazlar ülkeyi istila etmiş; ateşli silahlarıyla yerlilere diz çöktürmüşler. Ardından "beyaz okullar" açılmış. Yerliler kendi çocuklarını o okullara göndermeli mi? Bir kısmı asla olmaz diyor. Daha "rasyonel" olanlar ise, bizim çocuklarımız da "haksız yere yenme sanatını" öğrenmeli diyorlar. Başbakanın yeğeni olan küçük kahramanımız da beyazların okuluna gitsin diye karar veriyorlar. Gidip ne yapacak? Keresteleri daha doğru çatmayı öğrenecek, böylece daha sağlam binalar yapacak. Aynı zamanda orada "besili olmayı" öğreniyorlar! Fakat besili insan maneviyattan uzaklaşıyor. Bütün bunları yaşamıyor muyuz biz? Yazarın anlattıkları hiç uzağımızda olan şeyler değil. Bu yüzden, ben dönüp dolaşıp şunu söylüyorum: bütün büyük romanlar, bir tek büyük romandır aslında. Ve hepsinin içinden Tanrı geçiyor. Samba Diallo medreseden ayrılıp önce koleje, ardından Paris'te felsefe doktorası yapmaya gidiyor. Sonunu tahmin edebilirsiniz...

Bu kadar okumadan ve çalışmadan sonra belki Türkiye'nin de büyük romanını yazmak istersiniz?

Ah, ne çok yazmak isterdim! Ama gurub etti güneş, dünya karardı. Artık vakit çok geç. Bu iş sadece bilim değil, asıl yanı sanat. Altmış yaşından sonra keman çalamazsınız.

Şimdi hocam siyaset, iktisat, hukuk, derken din kısmına gelmek istiyorum. Roman diliyle ilahiyat! Piyasada çok sayıda peygamber, sahabi, veli romanı var. Bazıları birkaç yüz bin tiraja ulaşıyor. Bu romanları nasıl değerlendiriyorsunuz?

Senin de katıldığın, Meridyen Derneği tarafından düzenlenen "peygamber romanları" çalıştayında şunu tespit ettik: Piyasada sayısız peygamber, sahabe ve veli romanı var. Bunlardan iki düzine kadarını inceledim; bir tanesine bile roman dememiz mümkün değil. Sulandırılmış siyer metinleri. Hazreti Hatice'yi, Hz. Fatma'yı övmek için roman yazılmaz. Kazancakis'in

Hz. İsa ve havarileri için yaptığına benzer biçimde, mesela ilk vahiy gecesini farklı tasavvur edebiliyor musun? Sen, ey romancı (adayı), sen ki Hz. Hatice değilsin; onunla kendi arandaki ve onunla okuyucun arasındaki farkı kurgulayabiliyor musun? Bunu yapabilirsen, yazdığın roman olur. Konusu peygamber veya sahabiler de olsa, romanda anlatılan onlar değil, biziz. Mesela şöyle yazabiliyor musun: Hz. Peygamber titreyerek eve geldi ve beni örtün dedi. Sonra sevgili eşine olan biteni anlattı. Hz. Hatice ondan 15 yaş büyüktü ve daha tecrübeliydi; aynı zamanda da onun bir bakıma patronuydu. Dolayısıyla ona söz söyleme hakkı, kapasitesi vardı. Çalıştayda yanlış anlaşılabilir endişesiyle söyleyemedim, şimdi söyleyeyim: Hz. Hatice dedi ki, ey benim sevgili eşim, durumun pek iyi görünmüyor, bu gibi sözlerle bizi zora sokma, itibarımızı düşürme! İşte böyle yazarsan roman olur. Romandaki bu Hatice, asıl Hz. Hatice annemiz değil, sensin, benim! Yani o anı Hz. Peygamber bizimle bugün yaşamış olsaydı, biz ona nasıl davranırdık? Onu Hatice-tü'l-Kübra gibi tasdik eder miydik? O'nun söylediği sözün hakikatını mı düşünürdük, yoksa kendi itibar ve piyasamızı mı? Bunu yazmayı yüreğin kaldırıyorsa, o zaman roman yazıyor olursun. Onları değil, kendimizi anlatmak için!..

Bunu birisi gerçekten yazdığı zaman, işte oldu, bu bir roman diyeceğiz. Bazı hocalarımız tabii ki gene "caiz değil!" diyeceklerdir. Onların caiz değildir dediği romana ille caizdir deme sevdalısı değilim. Ben diyorum ki, (bu türde) roman yazmamışız. Peygamber, sahabe romanı diye bir şey yok ortada. Bu yazılan şeyler sulandırılmış siyer metinleridir, bunların romanla alakası yoktur; kapaklarına roman yazmak sahtekârlıktır. Bazıları "roman tadında siyer" diyormuş, çalıştayda öğrendim. Demek ki Siyer artık okunacak bir şey değil, roman tadı verelim ki okunabilir olsun! Bu nasıl bir cürettir? Madem roman kelimesini kullanıyoruz, neden Batı'daki peygamber romanlarına bakmıyoruz? Taklide bile gücümüz yetmiyor.

Ortalama bir Müslüman Hz. Peygamber'i muhtemelen Ortodoks bir Hıristiyanın Hz. İsa'yı sevdiği kadar sevemez. Çünkü Hz. Peygamber insan, Hz. İsa (onların gözünde) insan değil ki. Tanrı, Oğul. Tasavvur yönünden, daha yüce bir varlık. Buna rağmen Dostoyevski, *Karamazov Kardeşler*'de şöyle bir sahne kurgulayabiliyor: Engizisyon dönemindeyiz. Büyük Engizisyoncu her gün en az yüz zındığı yakıyor. Zındık dediği, kendisi gibi düşünmeyen ama belki ondan daha samimi, daha iyi olan Hıristiyanlar. Bugün de eline biraz güç geçen bazı "İslamcılar" herkesi küfürle suçlamıyorlar mı? Evet, Engizisyon günlerinde, bir bakıyorlar Hz. İsa pazar yerinde. Bir kör durumu anlıyor, hemen eline sarılıyor. Ne olur, eğer oysan gözlerimi iyileştir, çok görmek istiyorum. Bir dokunuyor adama, gözleri açılıyor. Artık hiç şüphe kalmıyor. Bu arada kilisenin avlusuna girmiş durumdalar. Büyük Engizisyoncu balkondan olan biteni izliyor. Herkes dehşet içinde, bir an önce ayaklarına kapanmak istiyorlar. Fakat güç orada, balkonda. Gözetim altındalar yani. Tanrı var ama yakılma tehlikesi de var. Büyük Engizisyoncunun tavrı ne olacak, henüz belli değil.

O arada, bir kadının çocuğu ölmüş. O da gelip eline ayağına yapışıyor. Hz. İsa bir dokunuyor, çocuğu diriltiyor. Bu sefer hiç şüphe kalmıyor. Normalde herkesin artık Tanrı'nın oğlunun eline, ayağına kapanması lazım değil mi? Yine gözler balkonda. Adam balkondan inip geliyor, tutuklayın diyor. Atıyorlar Hz. İsa'yı kodese. Kimsenin gıkı çıkmıyor. Gece yarısı gidiyor, karşısında oturuyor. Ey İsa Efendi hoş geldin, n'aber? Niye geldin? Gökte rahat mı battı? Görüyorsun, kurulu bir düzenimiz var. Tekere çomak sokmanın anlamı yok. Yarın sabah gideceksin, gitmezsen seni de yakarım! Senin gökten inmeni asırlardır bekleyen mü'minlerin var ya, hepsi ateşine odun taşır! İşte roman bu, bunu yazabiliyor musun? Dosto diyor ki, ey mürai Hıristiyan! Oğul Tanrı bugün gökten inip gelse, hakikaten peşinden gider misin? Bu sorgulamanın dinen caiz olmayan nesi var? Adam, kendimizi aldatmayalım, Hz. İsa bugün gelse gerçekten peşinden gider miyiz, yoksa güce mi itaat ederiz, diye soruyor. Roman bu sorgulamanın adıdır. Şimdi *Karamazovlar*'ın muadili olan romanlarımız varsa, gösterin onlar üzerine konuşalım. Boşlukta "caizdir, değildir!" diye tartışmamızın bir anlamı yok. Müstakbel romancımızın Hz. Peygamber'i ya da bir sahabeyi nasıl ele aldığını bilemiyorum ki, hüküm vereyim! Sanattır bu, ortaya çıkınca konuşulur.

Klasik bir soruyla noktalayalım: Bir adaya giderken yanınıza alacağınız üç romanı sorsak?

Psikolojime göre değişir. Şu anki ruh hâlime göre, yabancılardan *Don Kişot, Moby Dick* ve *Vergilius'un Ölümü.* Yerlilerden *Mai ve Siyah, Sinekli Bakkal, Yol Ayrımı.*

Konuşanlar:
Ahmet Murat Özel ve *Nihayet* ekibi
(*Nihayet Dergisi,* Ekim 2018)

Tolstoy *Savaş ve Barış*

Defoe *Robinson Crusoe*

İbn Tufeyl *Hayy bin Yakzan*

Frank Norris *Ahtapot, Cehennem Kuyusu, Kurt*

Theodor Dreiser *Finansçı, Titan, Stoik*

John Dos Passos *42. Enlem, 1919, Büyük Para*

Halide Edib *Sinekli Bakkal*

Yakup Kadri

Tanpınar

Mustafa Kutlu

Yazan, Yaşamamış Olabilir. Anlayan, Mutlaka Yaşamıştır!

Rüzgâra göre yön değiştiren Necip Fazıl/Erbakan/Türkeş ilişkileri nasıl siyasî bilincimi bilemişse, üç yıllık bankacılık serüvenim de iktisadî bilincimi uyandırdı. Çok erken bir vakitte anladım ki, modern ekonominin kalbgâhı bankadır ve bir bankayı ancak patronları batırabilir! Zola'nın *Para* romanında, Balzac'ın *Tefeci Gobseck* veya *Nucingen Bankası*'nda, Dreiser'in *Finansçı*'da, Steinbeck'in *Gazap Üzümleri*'nde, Don DeLillo'nun *Kozmopolis*'te yazdıklarının benzerlerini ben aynel yakîn yaşadım. Yaşamayan, ancak 'anlar gibi' olabilir; asla müdrîk olamaz!

" İnsanlık tarihi, insanların tarihinden çok eşyanın tarihidir. İpek, porselen, baharat, çay, kahve, pamuk ve nihayet petrol. Tuzun tarihi, Roma imparatorluğunun; pirincin tarihi Çin ve Japon imparatorluklarının tarihinden daha önemlidir. Altın her zaman gözdeydi; gümüş, kıtalar-arası ticaretin can suyuydu. Tarih, bunları elde etme uğrunda seferber olmuş milyonlarca insanın, an an verdikleri kararların sonucunda biçimleniyor. "Büyük Adamlar", zaten verilmiş olan bu kararları zamanında öngörüp, ahenkleştiren stratejistlerdir. Tarihe yön vermiyor, girilmiş yolda kolbaşlığı yapıyorlar. Tolstoy, *Savaş ve Barış*'ta bu büyük gerçeği veciz bir ifadeyle ölümsüzleştirdi: "Çar, tarihin kölesidir." "

Birkaç yıldır hem *Dergâh* dergisinde, hem de başka mecralarda romanlardan yola çıkarak, özellikle Sanayi Devrimi ve sonrasını analiz eden yazılar kaleme aldınız. Bu yazıları da *Roman Diliyle Siyaset* ve *Roman Diliyle İktisat* ismini verdiğiniz kitaplarda bir araya getirdiniz. Önce okur yanınızdan başlayalım; başından beri iyi bir roman okuru muydunuz, yoksa romanlar ancak son zamanlarda mı ilgi alanınıza girdi?

Kendimi bildim bileli en büyük zevkim 'hikâye' dinlemek veya okumaktı. Fakat kader beni okuyup yazmaktan çok, hikâyeleri yaşamaya zorladı. 1960'ların ortalarında, vali konağına bitişik ilkokulumuzun genişçe bir sınıfına misafir olan Ağrı İl Halk Kütüphanesi sayesinde çocuk hikâye ve romanlarını erken yaşta okuma fırsatı buldum. Ortaokul ve lisedeyse, o meşhur "roman özeti" çıkarma furyasına yakalandım. *Acımak, Sinekli Bakkal, Çalıkuşu, Yaban, Dokuzuncu Hariciye Koğuşu* gibi romanları hatırlıyorum o yıllardan. Kemalettin Tuğcu kitaplarını seviyeme (!) uygun bulmazdım. Tuhaftır, ilkokul yıllarında bile "kocaman bir adam" olduğum hissiyle okuyup yazardım. Bunda, arkadaş ve öğretmenlerimin beni pohpohlaması kadar, okuduğum romanların da gizli bir payı olmalı. Daha küçük yaşlarda babamdan dinlediğim Hz. Ali ve Battal Gazi cenkleri, bir bakıma romanlarla taçlanıyor, beni doğu yarımküresinden batı yarımküresine taşıyordu.

Lise yıllarında ideolojik ayrışma başladı ve Battal ile muarızları gibi biz de iki cenk ocağından birini seçmeye zorlandık: Ya devrimci, ya ülkücü olacaktık. Üçüncü bir tercih yoktu. Dindar aile ortamı ve Hz. Ali/Battal Gazi aşkım beni ikinci kümeye sürükledi. İki yıl kadar devam ettiğim ülkü ocaklarından Necip Fazıl yüzünden ayrıldım! Ocakta Alaattin Korkmaz, Tekin Küçükali gibi, diğer ülkü ocaklarında fazla rastlanmayan, entelektüel seviyesi gayet yüksek abilerimiz vardı. Duvar gazetemiz muhteşemdi. Ama başkalarının yazıları birkaç hafta asılı dururken, benim Necip Fazıl ve Sezai Karakoç'tan alıntılarla dolu yazılarım ertesi gün indirilmiş olurdu. Tekin abi sonunda baklayı ağzından çıkardı: "Bunlar dinci yazarlar, biz dindar ama milliyetçiyiz; arada fark var." Aradaki farkı tabii ki Necip Fazıl lehine yorumladım ve ocaktan ayağımı kestim. (Birkaç yıl sonra İstanbul'da dinlediğim Üstad'ı 'ülkücü olmuş' bulmak, beni derinden yaralasa da, şuurumu biledi. İnanç ve fikir ile siyaset arasındaki ilişkilerin kaypaklığını çok erken bir yaşta fark etmiş oldum!)

Cemil Meriç sayesinde hem sol düşünceye, hem Kemal Tahir, Attila İlhan gibi 'düşünen' romancılara, hem de genelde dünya romanına açıldım. Meriç, Balzac'ı tutar, Zola'dan hazzetmezdi; ben Zola'yı sanki daha fazla benimser oldum. Balzac kadar sanatkâr olmadığını hissediyordum; ama toplumsal sorunları daha açık tartışıyor ve kaybedenlerden yana daha net tavır alıyordu. *Sefiller*'i de okuduktan sonra kendimi "dindar bir solcu" olarak hissetmeye başladım. Hugo'nun sosyalist olup olmadığını bilmiyordum; ama sağcılarımız bu tür kitapları okumadıklarına göre, solcu olmalıydı. (Devir değişti pek tabii. Bugün bildiğim üç *Sefiller* çevirisinden biri Ötüken tarafından yayınlanandır!)

Neden dindar solcu?

Çünkü metafizik bir şüphe içinde değildim. Allah'a inanmak hususunda hayatımın hiçbir anında şaşkınlık yaşamadım. Bu yüzden, öyle bitki ve hayvan örnekleriyle Allah'ı binbir yolla ispat şaklabanlıklarına da hiç meylim olmadı. Allah yoksa, başka ne vardı? Marx'ı okudukça, din-karşıtı söyleminin büyük ölçüde, adaletsiz iktidarların desteği (ve hatta kendisi haksız bir iktidar odağı) olagelen Kiliseyle bağlantılı olduğunu hissediyor; sınıfsal sömürü, yabancılaşma vb konulardaki çözümleme ve yargılarına ise hayran kalıyordum. Kapitalizmin hem saçmalığını, hem de tarihsel bakımdan kaçınılmazlığını; aynı şekilde, kendi iç çelişkileri yüzünden yıkılıp, yerini sosyalizme bırakacağını.. o kadar ikna edici bir tarzda anlatıyordu ki, söyleminin büyüsüne kapılıp gitmemek mümkün değildi! Fakat ateist sosyalizm ruhumu tedirgin ediyor ve temkini elden bırakmıyordum. Tabiatıyla, dinlerden destek alan liberal/kapitalist muhafazakârlık da gözümden düşmüştü. O gün bu gündür, dinin (tevhid ve tenzih gibi) metafizik ilkeleri dışında, muhafazakâr olan her şeye temkinle yaklaşır oldum. Romanperverliğim, bu çift yönlü temkinin yorduğu kafamı dinlendirme, ruhumu gerilimden uzaklaştırma ihtiyacımla da irtibatlı olmalıdır.

Romanlardan hiç kopmadım, fakat hayat şartlarım beni okumaktan ziyade, romanları yaşamaya yöneltti. Lise birincilerini Hacettepe Tıp fakültesine alıyorlardı; ÖSS puanıyla da Boğaziçi mühendisliği kazanmıştım. Tercihimi İstanbul'dan yana kullandım, ama bir yıl mühendislik okuduktan ve yaz stajında basit bir vites kolu bile yaptıktan sonra idarî bilimlere geçtim. İktisat bölümünü 1980 yazında bitirir bitirmez İstanbul Bankası'nda "planlama uzman yardımcısı" olarak çalışmaya başladım. Tek sebebi vardı bu tercihimin: Okulun verdiği burs kesilmiş ve cebimde 100 lira kadar bir para kalmıştı! Üç yıl sonra askere giderken, "Ekonomik Araştırmalar Müdürü" ünvanıyla ayrıldığım bankamın akıbetini Can Yücel'den dinlemek ister misiniz:

Ah İstanbul ah,
Sen bu günleri de mi görecektin?
Onca saltanattan sonra,
Müflis bir bankaya mı dönecektin?

Rüzgâra göre yön değiştiren Necip Fazıl/Erbakan/Türkeş ilişkileri nasıl siyasî bilincimi bilemişse, üç yıllık bankacılık serüvenim de iktisadî bilincimi uyandırdı. Çok erken bir vakitte anladım ki, modern ekonominin kalbgâhı bankadır ve bir bankayı ancak patronları batırabilir! Zola'nın *Para* romanında, Balzac'ın *Tefeci Gobseck* veya *Nucingen Bankası*'nda, Dreiser'in *Finansçı*'da, Steinbeck'in *Gazap Üzümleri*'nde, Don DeLillo'nun *Kozmopolis*'te yazdıklarının benzerlerini ben aynel yakîn yaşadım. Yaşamayan, ancak 'anlar gibi' olabilir; asla müdrîk olamaz!

***Roman Diliyle İktisat*'ın girişinde diyorsunuz ki, "Kapitalizmin zirve çağında, romancılarımız iktisat bilmez, iktisatçılarımız roman okumaz. Bu kitap bir köprü: Goethe ile Marx'ı, Zola ile Keynes'i, Tanpınar ile Weber'i buluşturuyor. Toplumbilim yaşlandı, merhaba romanbilim!" Romanlar nihayetinde kurmaca metinler. Bu tür metinlere dayanarak tarih, toplum, siyaset ve ekonomi okuması yapmak ne ölçüde mümkündür? Romana, en azından bazı romanlara, romanbilim yahut romantarih demek ne kadar doğrudur?**

Romanbilim ve Romantarih kelimelerini yeni, alternatif beşerî bilim kavramları niyetine öneriyor değilim. Sadece tarihçi ve (başta iktisatçılar olmak üzere) toplumbilimcilerin, talihsizce roman diye adlandırdığımız bu edebî türün 'hikmetine' akıl erdirmelerini istiyorum, o kadar. Talihsizce diyorum, çünkü *roman* kelimesi romantikliği, aşırı duygusallığı ve aşk hayatını çağrıştırıyor. Aslında, hayatımızın diğer kısımları bunlar kadar albenili değilse de, sadece aşk ve duygusallığa odaklı metinler bize biraz 'hafif' geliyor. Bunları bilimsel, akademik ciddiyetimizle bağdaştıramıyoruz. Oysa romanın yaygın adı *fiction*, yani kurmaca. Bu bakımdan şiir, masal, destan, hikâye.. ile akraba. Onlardan en önemli farkı, tarihselliği. Geçmişe ayna tuttuğu zaman bile, bugünü ve burayı anlatıyor. Devlerin, cin ve perilerin değil, *bizim* hikâyemiz.

Tabii, romanı hakkıyla anlayabilmek için, sosyal bilimlerde ciddi mesafe almak lâzım. Büyük şair ve romancılar, adı konmamış tarihçi ve sosyologlardır. Heyecan dozu yüksek ulemayı içtimaiyât. Benim ilk tarihçim Necip Fazıl'dır. Osmanlıları taklit bataklığına sürükleyen Tanzimatçıların *sahteliğini*, Abdülhamid'i tahttan indiren İttihatçıların *beyinsizliğini*, Hilafemize ve harflerimize kıyan Cumhuriyetçilerin *teslimiyetçiliğini*.. ondan öğrendim. Sakarya Türküsü, Muhasebe ve benzeri 'şiirleri' sayesinde de, bu sıfatlar aklımdan fışkırıp ruhuma kök saldı. Sonradan, hükümlerinin çoğunun insafsız, hatta düpedüz yanlış olduğunu düşünsem de, Üstad'a saygım azalmadı. Çünkü benim neslime, haksız otoriteye karşı başını dik tutmayı o öğretti. Neredeyse, tek başına!

Memleket meselelerini anlamamda Necip Fazıl ile Cemil Meriç nasıl anahtar rol oynadıysalar, dünyayı tanımamda Marx ile Braudel aynı rolü oynadılar. "Çelişkilerin ilmi" diyalektiğin tarih ve topluma tatbikini Marx'tan, yapıların insanlar/toplumlar üzerinde uzun vadedeki belirleyiciliğini de Braudel'den öğrendim. Nesnelerin tarihinin, insanların tarihinden daha önemli olduğunu anladım. İnsanlık tarihine İskender, Cengiz, Kanunî veya Napolyon değil; ipek, porselen, baharat, buğday, çay, kahve, kakao, pamuk ve nihayet petrol hükmediyordu. Tuzun tarihi, Roma imparatorluğunun; pirincin tarihi Çin ve Japon imparatorluklarının tarihinden daha önemsiz değildi. Altın her zaman gözdeydi; gümüş, kıtalar-arası ticaretin can suyuydu. İnsanlar, bu nesneler uğruna dünyayı birbirlerine dar ediyorlardı. Tarih, bu uğurda seferber olmuş milyonlarca insanın, an an verdikleri kararların sonucunda biçimleniyordu. "Büyük Adamlar", zaten verilmiş olan bu kararları zamanında öngörüp, onları en iyi "ahenkleştiren" şahsiyetlerdi. Tarihe yön vermiyor, girilmiş yolda kolbaşlığı yapıyorlardı. Tıpkı romancılar gibi, birer "orkestra şefi" idiler; fakat güfteyi de, besteyi de yapan onlar değildi. Tolstoy, *Savaş ve Barış*'ta bu büyük gerçeği veciz bir ifadeyle ölümsüzleştirdi: "Çar, tarihin kölesidir."

Ne var ki, bu nesneler uğruna birbirlerine kıyan insanların makro mücadelelerinin mikro mahiyetini de ancak onların iç dünyalarına girebilmekle kavrayabilirdik. Tarih ve toplumbilim daha çok dış gerçekliğe odaklıydı. Yapısal gelişme ve çatışmaları çözümlemeye çalışıyorlardı. Roman, bu çatışmaların (görünürdeki) öznesi olan insanın içyapısındaki, ruhundaki gelişmeleri çözümlemeye yöneldi. Amacı bakımından, herhangi bir toplum biliminden farklı bir statüsü olmamalıdır. Durkheim, Melanie adlı bir Fransız kadından değil, Jane Austen veya

George Eliot adlı İngiliz hanımların birinden doğmuş gibidir. (Okuduğum romancıları zikrediyorum; onların Fransız muadillerini edebiyat tarihçilerimiz söylesinler!)

Görünüşte, romancılar mucittir, tarihçiler kâşif. Birinciler olmayan şeyleri uyduruyor gibidir; ikincilerse olanı keşfediyorlar. Tarihçiler bu yüzden, tarihsel çalışmaların 'kurgusal' olmadığıyla mütemadiyen övünürler. Ne var ki, eski devirlerin epik şiirleri bile birer tarih idiler, *gerçeklerin* tahkiyesi sayılıyorlardı. Zamanla tarih ile *tahkiye* (öyküleme) birbirinden ayrılmaya başladı. Aristo'nun formülünü kullanırsak, tarih "(geçmişte) olmuş olanı", şiir-kurgu ise "(geçmişte) olabilir olanı" anlatmaya çalışır. Yunan bilge bugün yaşıyor olsaydı, roman-kurgu "(gelecekte) olabilecek olanı" haber verir, derdi. Roman bu niteliğiyle tam da kapitalizme özgü bir edebî ifade biçimidir. Önceki iktisadî sistemler geçmişe ve bugüne odaklı iken; kapitalizm geleceğe odaklı bir sistemdir. Düşünün ki, bütün maddî mal varlıkları birkaç milyar dolar iken, Apple ve Amazon gibi şirketlerin "piyasa değerleri" bugün trilyon doları aşıyor. Bu şirketlerin hisselerine yatırım yapanlar, onların bugününe değil, gelecekte yaratacakları (muhtemel) değere yatırım yapıyorlar. Belirsizliğe, boşluğa oynuyoruz yani. En fazla etkilendiğimiz bir romandan sonra bile, içimizde oluşan boşluk duygusu nereden geliyor sanıyorsunuz?

Metinlerinizde çok sık olmasa da şairlere de uğruyorsunuz. Şiirin de romanlar gibi bir "veri"si var mı? Yoksa şiirin tarihe tanıklığı daha derin ve sembollerle yüklü bir tanıklık mı? Şiir ve romanı bu bağlamda karşılaştırsanız, ortaya nasıl bir tablo çıkar acaba?

Aslında şiire hikâyeden önce başladım. Daha doğrusu, babamdan dinlediğim ilk Hz. Ali cenkleri, manzum hikâyelerdi. "Ali gider Kan Kalesi üstüne / Rabbi kuvvet verir bazusuna, destine." Bunu şu anda uydurdum, ama hep böyle şeylerdi. Ortaokul yıllarımda Akif ile Necip Fazıl'ın sayısız şiirlerini ezbere bilir, Karaköse'nin sokak ve caddelerinde okul arkadaşlarıma yüksek sesle okurdum. İsmet Özel'i tanıyınca, okuduklarımdan çoğunun şiir değil 'manzume' olduğunu idrâk ettim. Ağrı yerine İstanbul'da büyüyüp de, fıtratıma uygun olarak, iktisat yerine edebiyat tahsil etmiş olsaydım, muhtemelen roman yerine şiiri öne alırdım. Romanı bir yönüyle "modern hayatın şiiri" sayıyorum zaten. Modern vurgusu bile her zaman yerinde değil. *Gılgamış*'tan *Ulyses*'e kadar büyük metinlerin çoğu gözümde birer şiir-romandır. Oğuz Kağan destanı bile. Hareketin emsalsiz şiiridir o kısacık metin.

Şiirin (genelde kurgunun) tarih üzerindeki dönüştürücü etkisini gereğince idrâk edemiyoruz. Oysa Thomas Heywood, daha 17. yüzyıl başlarında, Aristo'nun drama temsilleri yoluyla eğitmenliği olmasaydı, İskender, Büyük İskender olamazdı, diyor. Hocası ona geçmişten rol modelleri sunuyordu. Beraber izledikleri "Truva'nın yıkımı" oyununda, İskender Aşil'in tutumundan öylesine etkileniyordu ki, kendini o karaktere göre modelliyordu. Uzun sözün kısası: Kurgu kahraman Aşil *hayalen* yaşa(tıl)mamış olsaydı, İskender *gerçek* dünyayı asla fethetmiş olmazdı. (Bkz. Beverley Southgate: *History Meets Fiction*, Longman Pearson, Londra, 2009.)

Romanlar üzerinde çalışıyorum ama *Roman Diliyle İktisat*'ın girişini bile şiirbilim (!) taçlandırıyor. Son yazıda Sezai Karakoç'un yirmi yaşında yazdığı bir şiirden hareketle, modernlik krizine çarenin "melekleri ekonomiye dahil etmekte yattığını" hissettirmeye çalışıyorum. Rilke ile Yunus Emre de panoramayı tamamlıyorlar. *Roman Diliyle Siyaset* kitabımda ise yeri geldikçe Victor Hugo, Aşık Feymani, Ümit Yaşar, Kemal Sayar, Rudyard Kipling, T. S. Eliot, Nazım Hikmet, Haydar Ergülen, Hüseyin Atlansoy, Osman Konuk ve İbrahim Tenekeci yer alıyorlar. Daha ne yapayım?

Roman tahlillerinde bazen metinler düzeyinde, bazen de metin içlerinde "iki dünya" arasında gidip geliyor,

karşılaştırmalar yapıyorsunuz; Daniel Defoe'nun "Robinson Crusoe"suyla İbn Tufeyl'in "Hay bin Yakzan"ı mesela. Bu iki metinde doğu ve batının dünyayı ve âlemi idrak biçimleri mi saklı?

Kurgu metinler bir yönleriyle evrensel, bir yönleriyle de 'ulusal'dırlar. Belirli bir toplumun, belirli bir zamandaki ruhuna ses verirler. Bireyle, onun iç dünyasıyla meşgul oldukları ölçüde evrensel; toplumsal ilişkileri aydınlatma çabasındaysa büyük ölçüde kültürel yaratımlardır. Tabii, kültürleri kapalı dünyalar şeklinde algılamak doğru değildir. Medeniyetler mütemadiyen birbirlerinden ödünç alıp verirler; kültürel kredisiz medenî hayat mümkün değildir. Ödünç alınan eşya ise, medeniyet onu malzeme olarak kullanır ve serpilip gelişir. Ruh ise, medeniyet kimliğini/kişiliğini kaybeder ve borçlandığı medeniyetin bir şubesi hâline gelir. Tıpkı eski Yunan dünyasında, borcunu ödeyemeyen kişinin, ödünç verene hukuken köle olması gibi. Gerçi eşya değiş tokuşu zamanla ruhu da etkilemiyor değil. Mısır-Mezopotamya-Anadolu ticarî ilişkilerinde, hangi bölge eşya ihracatçısı ise, bir süre sonra, ithalatçı ülkeye "tanrılarını da ihraç etmeye" başlıyor. (Morris Silver: *Economic Structures of the Ancient Near East,* Totowa: Barnes and Noble, 1986.) Dünyanın MacDonald'laşması yeni bir olay değil yani.

Hayy bin Yakzan hikâyesi, Batı literatüründe "ada romanı" diye adlandırılan türün ilham kaynağıdır. Fakat öyle görünüyor ki, başta Daniel Defoe olmak üzere, Avrupalı romancılar bu hikâyenin ruhunu değil, maddesini ödünç almışlardır. Robinson Crusoe malum adaya, "köle ticareti" uğruna çıktığı bir serüvende uğradığı kaza sonunda düşüyor; Hayy ise bir anlamda adanın doğal ortamına doğuyor. Robinson adayı hükmü altına almaya çabalarken, Hayy hayvan âlemiyle bütünleşiyor, bir ceylan tarafından büyütülüyor. Sonra adaya gelen Absal'dan dil öğreniyor, medenileşiyor. Absal şunu keşfediyor ki, onun din vasıtasıyla öğrenmiş olduğu bütün hakikatları, Hayy tabiat anadan öğrenmiştir. Merak bu ya, Hayy ille de şehir hayatını görmek, medenî hayatı deneyimlemek istiyor ve Absal'ı bu hususta ikna ediyor. Fakat şehirde gördükleriyle tam bir düş kırıklığına uğruyor: Görünüşte Kitab'a inanan medenî kalabalıklar, gerçekte sadece mal, mülk ve iktidar peşindedirler. Keder içinde adasına dönüyor. Robinson da nihayette adasından ayrılıyor ama ayrılırken adayı yeni sakinleri arasında paylaştırsa da, tapusunu elinde tutuyor. Sömürgeci, zaman ve mekâna kazık çakmak istiyor! Hiçbir tarih ve toplumbilim kitabı, 19-20. yüzyıl Batı sömürgeciliğini, 18. yüzyıl başlarında yazılmış bu romandan daha çarpıcı ve daha doğru resmedebilmiş değildir! "Gelecekte olabilecek olanı" haber vermek, işte böyle bir şey!..

Roman Diliyle İktisat **kitabında incelediğiniz yazarların çok önemli bir kısmı batılı yazarlar,** ***Roman Diliyle Siyaset*** **kitabınızda ise ağırlık Türk romanına kayıyor. Batılı romancı ile Türk romancısının öncelikleri ve meseleleri galiba birbirinden farklı. Bu karşılaştırmayı mesela romanlarda "kağıt para", "borsa", "spekülatör" gibi sözcükler üzerinden denesek, başlangıcından itibaren romancılarımızın iktisatla alakasını nasıl değerlendiriyorsunuz?**

Dünya, tarihin hiçbir döneminde bu derece iktisadîleşmemişti. Modern zamanlarda hayatın mantığı tersine döndü: İnsanlar, eskiden "yaşamak için" çalışıp kazanıyorlardı. Kapitalist evrede ise, "çalışıp kazanmak için" yaşıyorlar. Roman işte böylesine çivisi çıkmış bir dünyaya ses veriyor. Yirmibirinci yüzyılda iktisadîleşmekten finansallaşmaya geçtik; yahut iktisadîleşmenin nihaî sınırına dayandık. Artık ekmek bile insanları doyurmak için değil, finansçıları doyurmak için pişiriliyor. Frank Norris bunu daha 20. yüzyıla girerken kavramış ve meşhur Amerikan Üçlemesi'ni tasarlamıştı: Ahtapot, Cehennem Kuyusu, Kurt *(The Octopus, The Pitt, Wolf)*. Genç yaşta kaybettiğimiz (1870-1902) bu büyük romancı, ilk romanında Kaliforniya'da üretilen tahılın kazancının nasıl üreticilerden tekelci tüccara/

nakliyeciye aktığını resmediyor. İkinci romanda projektörü Chicago tahıl borsasına tutuyor: Ömründe buğday görmemiş spekülatörlerin, buğdayın fiyatını nasıl yükseltip indirdiklerini ve bu hareketlerin üreticileri nasıl perişan edebildiğini gösteriyor. Mutasavver üçüncü kitapta ise, Avrupa'ya ihraç edilen buğdayın, orada ekmek hâline geldikten sonraki serüvenini anlatacaktı; fakat ömrü vefa etmedi. Edebî denemelerinden Cemil Meriç tadı aldığım Norris, bakalım Türkçeye ne zaman çevrilecek?

Theodor Dreiser, onun ardından kendi Amerikan Üçlemesi'ni yazdı: *Finansçı, Titan* ve *Stoik*. Benim gibi küçük bir banka memuru olarak hayata atılan roman kahramanı Frank Cowperwood, "Amerikan Rüyası"na uygun olarak, finans dünyasının kralları arasına giriyor. Fakat ihtirasına yeniliyor ve güç zehirlenmesine düçar olup kontrolden çıkıyor. 1871 Paniği'inde binlerce kişiyi kendisiyle beraber iflasa sürükleyip kodesi boyluyor; hapisten çıkınca da Philadelphia'dan Chicago'ya geçiyor. Cowperwood ailesi orada başarıdan başarıya koşsa da, toplumdan tamamen kopuyorlar. Sonra sağlığı bozuluyor ve kapısını çalan hiçbir dostu olmuyor. Ölümünden sonra, karısı kendini maddecilikle savaş hareketlerine adıyor. Bizde Banker Kastelli'nin bile romanı yazılamadı. Dreiser'in üçlemesini bari Türk okuyucusuna sunabilseydik!

Bereket versin, John Dos Passos'un Amerikan Üçlemesi Türkçeye çevrildi: *42. Enlem, 1919* ve *Büyük Para*. Birinci kitaptaki kahramanları harekete geçiren düşünce şudur: "Kapitalist düzenden bir şeyler elde edebilenler dolandırıcılardır, kısa sürede milyoner olurlar. Ama John gibi, benim gibi onuruyla çalışan işçiler yüz yıl da çalışsalar ölülerini doğru dürüst kaldıracak parayı bile bir araya getiremezler." İkinci kitapta ABD'nin bankalar tarafından dünya savaşına sürüklenme meselesi mercek altına alınıyor: "ABD'nin savaş dışı kalmak için en küçük bir şansı bile yoktu. Almanlar savaşı kazanıyordu, Avrupa'nın her yerinde işçi sınıfı ayaklanmak üzereydi, Rus devrimi dünya

çapında bir ihtilalin başlangıcıydı, bankerler biliyordu bunu, Wilson biliyordu. Tüm basın satın alınmış, ağzı tıkanmıştı. (Bankacı) Morgan'lar ya savaşacak, ya da iflas bayrağını çekecekti."
Üçüncü kitap, 1929 buhranına giden yolun hakimane tasviridir. Taylor (bilimsel yöneticiliğin başlatıcısı), Henry Ford (otomotiv devi), Veblen (aklı deli, gönlü veli iktisatçı), Frank Lloyd Wright (modern mimar), William Randolph Hearst (basın kralı) ve Edison hiçbir işletme, iktisat veya sosyoloji kitabında bu denli çarpıcı biçimde 'canlandırılmış' değildir. İdeoloji kalpazanlarının maskelerini indirirken de şairleşiyor romancımız:

Ah sağ kanatta konfeksiyon işçileri
Bir de sosyalist dolandırıcılar
Oyuna getiriyorlar işçileri
Dillerinden düşmüyor sosyalizm
Ama uygulamaları faşizm
Elinde dursun istiyorlar patronların
Kapitalizm.

(Daha önce Adam Yayınlarının bastığı kitapların ilk ikisini İş Bankası Yayınları yeniden piyasaya sürdü. Fakat en kritiği olan üçüncü ciltten uzun zamandır ses seda yok. Bakalım 'Atatürk'ün Bankası', kapitalist medeniyetin gözbebeği olan bankacılığın bu büyük eleştirisini yayınlayabilecek mi?)

Her üç romancının da arkasında Marx, Darwin ve Zola yükseliyor. Onlar gibi bilimperest/natüralist gerçekçiler olmakla beraber; eserlerinden Hz. İsa'nın şefkat ve merhameti fışkırıyor. Akılları maddeci olsa da, ruhları Teslis'ten kopamıyor ki, üçü de başeserlerini birer üçleme (*Trilogy*) tarzında kurguluyorlar. Beni de onlara çeken, benzer bir dinî duyarlılık mı acaba?

Bizde bunların muadilleri yok maalesef. Elhamdülillah mı desem yoksa? Roman yazamamak belki de bir sıhhat göstergesidir. Fakat ne yazı ki, sosyo-ekonomik gerçekliğimizin tam da romana uygun kıvama geldiğini görüyorum. Bir süre önce kaleme aldığım bir yazıda, son iki yüzyılın dünya ve Türkiye'sindeki iktisadileşme/finansallaşmayı tasvir ederken, Ahmet ön adlı üç kurgu ustasından yola çıkmıştım: Ahmet Midhat, Ahmet Haşim ve Ahmet Hamdi. Bunları devam ettirecek dördüncü bir Ahmet bulmaktan ümidimi kesince, "bir gâvura" el açmak zorunda kalmıştım: Don DeLillo. (*Dergâh*, Şubat 2018.) Bu dört kurgu ustası, son iki yüzyılın (ve sonuncusu bahsinde galiba gelecek yüzyılın da) iktisadî gerçekliğini hâl diliyle resmediyorlardı. Peki, bizim bugünkü romancılarımızın hangisi için Veblen yahut Keynes bir şey ifade ediyor? Stiglitz veya Akerlof gibi Nobel ödüllü iktisatçıları hiç merak eden var mı? O zaman neyin romanını, nasıl yazacaklar? Veblen'e sempatisini, Keynes'ten ise nefretinin tam yirmi sebebini şiirleştiren İsmet Özel bile onları uyandıramadıysa, benim çığlığım boşunadır!

***Dergâh*'ta yayınladığımız yazılarınızdan, Türk romancılardan Halide Edib'e ve özellikle onun *Sinekli Bakkal*'ına ayrı bir önem verdiğiniz kanaati oluştu bende. Halide Edib modernleşme, batılılaşma meselesine diğer romancılara kıyasla daha fazla nüfuz etmiş bir yazar mıdır? Üstad kabul ettiği Yakup Kadri'den daha mı ileridedir?**

Reşat Nuri kaçak Doğulu sahte Batılı, Yakup Kadri ne Doğulu ne Batılı, Halide Edib hem Doğulu hem Batılıdır. Bir süredir roman kahramanlarını, yaratıcılarından daha fazla önemsemeye başladım. Don Kişot nasıl Cervantes'ten, Faust Goethe'den, hatta beyaz balina Moby Dick nasıl Melville'den daha büyükse, "soytarının hafız kızı" Rabia da Halide Edib'in öylesine fevkindedir. Rabia, modernliğin iki güçlü kahramanı Şeytan ile Soytarı'yı ruhuna sindirmeye çalışırken, mazisinin büyük kahramanı Allah'tan kopmamaya çalışan "iki yüzlü" Türk'tür. Bir yüzü şeytan, bir yüzü melek. Bir yüzü neşe, bir yüzü keder. İstikbâline hem irâde yön verecektir, hem kader. Canını çıkarırcasına kocalığa kabul ettiği Peregrini Osman, kaotik bir dünya savaşını engelleyecek olan (sureta) Müslümanlaşmış Avrupalı'dır:

Biraz Mevlana-yı Rumî, biraz Arnold Toynbee. Halide Edib'in ilk eserlerinde Jane Austen'ın doğallığı, son eserlerinde ise George Eliot'ın filozofluğu var. Yirmibirinci yüzyılın Türkiye'sinde bu çapta bir kurgu ustası tanımıyorum!

Kiralık Konak, Nur Baba veya *Sodom ile Gomore*'nin Yakup Kadri'si Halid Ziya'nın devamıdır. Sahici bir kurgucudur; kahramanlarının hayatlarına müdahale etmez, olması gerektiği gibi yaşarlar. *Yaban* ile *Ankara*'da zanaatının zirvesine yükselir. Keşke *Panorama*'yı hiç yazmasaydı! Son romanında kahramanlarını kuklalaştırıyor. Yazarın siyasî tercihleri, kahramanlarının kişiliklerine siniyor. Bir kurgu ki, kahramanı müstakil değildir ve yazarını gölgede bırakmıyor, henüz roman olmamış yahut romanlıktan çıkmıştır. Tanpınar da bazı siyasî nesirlerinde bayağılaşıyor; kendimi tutmasam, alçaklaşıyor da diyebilirim. Fakat romanlarında bambaşkadır; kahramanlarının seslerini "orkestralamaktan" öteye gitmiyor. Bakhtin, Batı dünyasında 1960'larda tanındığına göre, Tanpınar'ın ondan haberdar olduğunu sanmıyorum. Bence sadece ilk romanı *Mahur Beste*, Bakhtin'in bütün tezini özetliyor.

Yaşayan yazarlardan Mustafa Kutlu'ya özel bir yer veriyorsunuz yazılarınızda. Kutlu'nun metinleri "roman ve hikaye yazıcılığımız"ın resmettiği dünyayı başka türden gören ve gösteren metinler midir?

Dînen mahzurlu bir laf etmiyorsam, nasıl ki Peygamber Efendimiz ümmî bir elçidir, Mustafa Kutlu da ümmî bir hikâyecidir. Yabancı 'dil' bilmiyor olması, adeta ruhunun lekelenmesini, bilincinin kirlenmesini önlüyor. Çocukluğumun dengbejlerine benzetiyorum: Şarkı, şiir, masal, roman el ele vermiş, kederi neş'eyle sarmalamış, karlı bir kış gecesi, çevrelerinde bağdaş kurup oturmuş topluluğa demli bir çay misali ikram ediyorlar. Evet, muhib ve muhatapları 'oturmuş' olanlardır, yürüyüş halindekiler değil. Ruhları ile söyleyip yazdıklarından, hareketten çok sükûna meylederler. "Kanaat Ekonomisi" özlemleri bundandır. Allah var, gam yok!

Mustafa Kutlu bir romancı değildir. Açmazdaki insanımızın yanaklarına gamze, dudaklarına tebessüm konduran bir "uzun hikâye" yazarı, güleryüzlü bir gül satıcısıdır. Halid Ziya'nın değil, Midhat Efendi'nin torunudur. Kapitalizmin aşağılık mecburiyetlerini, nazif ve nezih mü'minlere yakıştırmaz. Alçak yanlarımızı bir Sır gibi saklar. Son konuşmamızda, "Mustafa'cığım, Hududullah ile meşgulüm!" diyordu. Ne zaman değildi ki? Hududullah bilinci (dilerseniz, korkusu) olmasaydı, o zaman iyi bir romancı olurdu; ben de kendisini daha az sever, daha çok önemserdim.

Tehlikeli bir son oldu. Roman yazmak, Hududullahı zorlamak mıdır?

Alternatif bir dünya yaratmakta olduğunu hissetmeden nasıl roman yazabilir ki insan? Bu yüzden, romanı yüceltmiyor; fakat çok önemsiyorum. Yazılması gün gün devam eden, yazılmış ve yazılacak bütün romanların toplamı, modern insan için Kutsal Kitab'ın ikamesidir. Roman, sadece iktisadî bağlamda değil, dinî ve felsefî anlamda da "boşluğa oynayan" insanın görünürde mağrur, hakikatte mükedder sesidir.

Konuşan:
Ali Ayçil (*Dergâh,* Ekim 2018)

Andre Gide *Kalpazanlar*

Gılgamış Destanı

Oğuz Kağan Destanı

Goethe *Faust II*

Balzac *Taşradaki Parisliler*

Zola *Para*

Ahmet Midhat Efendi *Ahmet Metin ve Şirzad*
Müşahedat, Altın Aşıkları

Edebiyatta Para ve Ticaret

"Andre Gide, enflasyonun iktisadî olduğu kadar, fikrî ve edebî bir mesele olduğuna inanıyor. Büyük eseri *Kalpazanlar,* içinde yazılmakta olan aynı başlıklı asıl romanın taklididir! Kalp olduğu ölçüde de iktisadi terimlerle doludur: Piyasa, değer eksilmesi (*depreciation*), enflasyon gibi iktisadî kavramlar kitapta kişilerin yerini tutuyor! Enflasyon piyasadaki fiyatlardan çok, dildeki kelimelerde karşımıza çıkıyor. Dil piyasasında kelimeler o denli çoğalıyor ki, Tanrı'nın kelimeleri işitilemez oluyor! "Başlangıçta Kelam vardı. Fakat Şeytan kaptı onu. Şimdi onun gürültüsü Tanrı'nın sesini bastırıyor." Roman bu baskılamanın en sadık aynasıdır."

Merhaba Hocam. Sizinle edebi eserlerde, özellikle de romanlarda insan-para ilişkisi üzerine konuşmak istiyoruz.

Konuşalım Efendim, hem insan-para ilişkisini, hem de para-insan ilişkisini.

Nasıl yani? Bunlar farklı şeyler mi?

İşte bu soruyla roman dünyasına adım atmış oluyoruz. Paranız az ise siz ona sahipsiniz, çok ise o size sahip olur. İktisatçılar birinci kısmı anlatır ve sizi rasyonel olduğunuza inandırırlar. Romancı için ikincisi daha ilginçtir, çünkü umumiyetle irrasyoneldir.

Para ile başlayalım öyleyse, fazla kafamız karışmadan. Para nedir sizce?

Para bir dildir. Dil nasıl fikri mübadeleyi mümkün kılıyorsa, para da ticari mübadeleyi mümkün kılan (yahut kolaylaştıran) bir aracıdır. Her ikisinin de ortaya çıkışı hâlâ birer muammadır. Fakat ikisi de neticede konvansiyonel, maddi ve semboliktir.

Biraz açsak bu karışık yumağı...

Dil de, para da birer konvansiyondur, yani o araçları kullanan insan topluluğu, bu araçların mahiyet ve değeri üzerinde anlaştığı için onları kullanabilmekte yahut onlar üzerinden fikri ve ticari alışverişlerini gerçekleştirebilmektedir. Dil hem maddi (sesler) hem de semboliktir (harfler, şekiller). Para da hem maddi (altın, gümüş), hem de semboliktir (kağıt ve elektronik işaretler).

Ama sembolün bir "değer" sayılması için, bir şekilde maddi temele sahip olması gerek, değil mi? Yoksa kalpazanlara gün doğar!

Muhtemelen en sonda geleceğimiz *Kalpazanlar* romanına bu vesileyle öncelik verelim o halde. Andre Gide, kendisine fiilen babalık yapmış iktisatçı Charles Gide'in yeğeniydi. Yirminci yüzyıl başlarının en önemli para kuramcılarından biri olan amca, romancımızı yazma sürecinde etkilemiş olmalıdır. Dörtyüz sayfalık romanda kalpazanlıkla ilgili bölüm yirmi sayfayı geçmez ve henüz reşit sayılamayacak çocukların bir oyunu gibi resmedilir.

Kalpazanlığın düşündüğümüz kadar ciddi bir olgu olmadığını mı anlatmak istiyor?

Tam aksine, hakiki kalpazanlığı hayatın diğer alanlarında, özellikle de dilde aramamız gerektiğini anlatmaya çalışıyor! Roman kalp bir paranın bulunmasıyla değil, kalp bir babanın keşfiyle başlıyor. Modernlik bir bakıma "Babanın Ölümü"dür: Gökteki babanın, tahttaki babanın, nihayet evdeki babanın. "Ancak bir piç doğal olabilir!" diyor yazarımız. Sonra keşifler devam eder: Kalp bir yazar, kalp dostlar, en önemlisi de romancının kendisi kalp!

Nasıl yani?

Andre Gide'in yazdığı roman, aslında romanın içinde yazılmakta olan *Kalpazanlar* başlıklı asıl romanın taklididir. Kalp olduğu ölçüde de roman iktisadi terimlerle doludur: Piyasa, değer eksilmesi (*depreciation*), enflasyon gibi iktisadi kavramlar kitapta kişilerin yerini tutuyor! Enflasyon piyasadaki fiyatlardan çok, dildeki kelimelerde karşımıza çıkıyor. Dil piyasasında kelimeler o denli çoğalıyor ki, Tanrı'nın kelimelerini işitemez oluyoruz! "Başlangıçta Kelam vardı. (...) Fakat Şeytan kaptı onu. (...) Şimdi onun gürültüsü Tanrı'nın sesini bastırıyor."

Sizi dinlerken ürperdim biraz. Piçliğin doğallığı, Şeytan'ın sesinin Tanrı'yı bastırması, nasıl bir dil böyle?

Paramız nasılsa dilimiz de öyle artık; ikisi de ürpertiyor. Düşünün dünyada 200 kadar ülke var, bunlar arasındaki bir günlük "maddi" mal alışverişi 50 milyar dolar. Aynı ülkeler arasındaki günlük "sanal" alışveriş, bir bakıma parasal "oyun", 5 trilyon doları bulabiliyor.

Buradaki maddi/sanal ayırımını biraz daha açsak fena olmayacak, nasılsa ürperdik bir kere.

Mesela Japonya'dan otomobil, Brezilya'dan kakao ve Arabistan'dan petrol alıyoruz diyelim. Ülkemize otomobil, kakao ve petrol geliyor; karşılığında Dolar veya herhangi bir para birimi üzerinden ödeme yapıyoruz. İşte bu reel bir ticarettir; mal geliyor, para gidiyor. Bu şekildeki mal ticaretinin küresel hacmi 18 trilyon dolar düzeyindedir: Günde yaklaşık 50 milyar dolar. Aldığımız otomobile biniyor; petrolü enerji olarak kullanıyor; kakao ile de mesela çikolata imal ediyoruz. Hepsi de gerçek, elle tutulur, gözle görülür işlemler.

Madalyonun öbür yüzü ise şöyle: Frankfurt, Londra veya New York borsasından, altı ay vadeli petrol yahut kakao satın alıyorum. Ne petrolü işleyecek tesisim, ne kakaodan çikolata yapmaya niyetim var. Taahhüdüme göre, altı ay dolunca, para benim hesabımdan petrol veya kakao satıcısının hesabına geçecek, onlar da malı yükleyecekler. Benim derdim mal değil tabii. Dolayısıyla, son gün gelmeden maldan kurtulmam lazım. Kâr/Zarar beklentime göre, altı gün veya altı hafta sonra malı başkasına satıyorum. Yani fiiliyatta gerçek bir mal yok; bir oyun sahası ve içinde arı gibi kaynaşan oyunbazlar var sadece. Bu şekildeki cross-border (ülkeden ülkeye) işlemlerin bir günlük hacmi 4-5 trilyon doları bulabiliyor. Özetle, ortada bir mal olmadan (yahut *bir mal varmış gibi*) yürütülen alışverişler, gerçek alışverişin neredeyse yüz misli.

Allah Namus-u Ekber, Para Namus-u Asgar

Keşke *Kalpazanlar*'a en sonda gelseydik. Biz gene başa dönelim mi; bir sembol olarak paranın maddi bir temele dayanması meselesi.

Aslında teorik olarak böyle bir ihtiyaç yok. Para madem bir aracıdır, kendisinin bizzat değerli olması, maddi bir değere bağlanması şart değil. Fakat bu aracıya nasıl itimat edeceğiz? Mesele temelde bir itimat, bir iman meselesidir...

Para ve iman! Bir yaşıma daha girdim.

İbn Rüşd, Allah namus-u ekberdir, diyor, para ise namus-u asgar. Parayı küçültmekle beraber Cenab-ı Hakk'a nispet ediyor! Yani her ikisi de insanlar için birer değer ölçüsü; biri fizik dünyanın, diğeri metafizik dünyanın.

"Değer ölçüsü" üzerinde duralım isterseniz. İktisat derslerinde paranın temelde üç fonksiyonu olduğu söylenir: Mübadele aracı, değer ölçüsü ve değer stoku.

Üniversitelerde oku(t)maya devam ettiğimiz iktisat 19. yüzyıl mamulü özel bir dildir aslında. Başlı başına bir roman. Adam Smith paranın ortaya çıkışını "insan fıtratındaki mübadele eğilimi" ile açıklıyordu. Bir topluluk sayıca artmaya başlayınca, herkes kendileri (yahut aileleri) için gerekli olan her şeyi bizzat yapmamaya, bunlardan biri üzerinde uzmanlaşıp, ürettiği fazlalığı toplumun diğer üyelerinin fazlalıklarıyla *takas etmeye* yöneliyordu. Takasın muhtelif zorluklar çıkardığı bir aşamada ise, herhangi bir maddeyi "ortak payda" haline getiriyorduk (tuz, deniz kabuğu, vb.) Bu sürecin ileri aşamalarında madenler, özellikle de altın ve gümüşü para olarak kullanmaya başlıyorduk.

Mükemmel bir kurgu. Smith de, onu takip eden 19 ve 20. yüzyıl iktisatçıları da, takas şartlarının nasıl oluştuğunu anlatmaya çalıştıkları bölüme istisnasız "Let's imagine" diye başlıyorlar: Şöyle bir toplum hayal edelim... Oysa antropolojik ve tarihi araştırmalar bu görüşün temelsiz bir masal olduğunu ortaya koyuyor. Takas, "topluluk içi" bir işlem olarak hemen hemen hiç görülmüyor, onun yerine hediyeleşme veya çeşitli "yeniden bölüşme" mekanizmaları kullanılıyor. Takas var tabii, fakat birbirine yabancı topluluklar arasında, bir defaya mahsus olup biten bir işlem tarzında yahut bir para sisteminin iflas edip yerine bir yenisinin henüz ihdas edilemediği durumlarda görülüyor. Yani ortaya çıkış bakımından paranın asıl fonksiyonu bir mübadele aracı olması değil, bir değer ölçüsü (yani bir *hesap birimi*) olmasıdır. Yukarıda sizi ürperten gerçeklikler ise, paranın bir "değer stoku" haline geldiği uğraklarla ilintilidir.

Para esasta mübadele aracı değil de değer ölçüsü ise, neyi ölçüyor, neyi hesaplıyor peki?

Borcumuzu. İnsan borçlu doğan bir varlıktır. Önce bizi yarattığı için Allah'a borçluyuz. Sonra bizi üyeliğe kabul eden cemiyete, o cemiyetin siyasi düzenini kuran hükümdara borçluyuz. Bazı hükümdarların hesap pusulasını kabartmak için tanrılık iddiasında bulunmuş olması tesadüf değildir! Çağdaş antropologların vardığı nihai nokta şudur: Borç ile para adeta eşzamanlı teşrif etmişlerdir. Para, borcun nicel olarak ifade edilebilmesini sağlar.

Hocam izninizle bu iktisadi/antropo-teolojik alandan çıkalım, asıl konuşmak istediğimiz alana, edebiyata gelelim.

Gelelim efendim. Paranın değer stoku sayıldığı, dolayısıyla, mal/hizmet ticareti kadar, bizzat para ticareti yapıldığı bir dönemin edebiyat eserlerinin bu nevzuhur alışverişe değinmemesi mümkün değildir. Eskiden para ticaretine tefecilik denirdi, modern çağda "yüksek finans" denmeye başlandı. Fakat güneş altında yeni bir şey yok. Simgeler düzlemine hakim olanlar, sadece reel olana kafası basanları parmağında oynatmaya devam ediyor. Ve bu düzenbazlığa, kurbanlar adına din adamlarından çok şair ve romancılar karşı çıkıyor. Ruhban her yerde umumiyetle araziye uyuyor!

Gılgamış ve Oğuz Kağan

Paraya veya altın ve gümüşe yönelik eleştirilere en kadim eserlerde bile rastlanıyor galiba. Sadece modern çağa özgü bir durum değil.

Her toplumun şehirleşme/ticarileşme düzeyi farklı olabiliyor. Mesela Gılgamış destanı ile Oğuz Kağan destanını altın ve gümüşe bakış açısından karşılaştırmak çok ilginç sonuçlar verebilir. Gılgamış destanı diğerinden 3-4 bin yıl önceki bir toplumda geçmesine rağmen daha modern bir muhtevaya sahip. Uruk şehrinin yüksek surları var, demek ki korunacak bir ekonomik değer biriktirilmiş. Nitekim tufan kopmadan önce binilen gemiye insanlardan ve hayvanlardan önce altın ve gümüş stokları yükleniyor. Oğuz Kağan destanı çok daha yakın bir çağa ait, fakat Orta Asya'da, henüz tam ticarileşmemiş bir ortamdayız. Altın gümüş var elbette, fakat birincil öneme sahip değiller ki, Kağanımız fethettiği bir ülkede karşısına çıkan "duvarları altın, pencereleri gümüş ve çatısı demir" evi kapalı bulunca, açılmasına kadar beklemiyor bile: "Kapalı idi ve anahtar yoktu. Tömürdü Kağul'a buyurdu: Sen burada kal ve çatıyı aç; sonra orduya gel. Bunun üzerine ona Kalaç adını koydu ve ilerledi."

Altını ve gümüşü yükle getir, demiyor. Acaba içeride başka bir şey var mı? Ona bakacak ve gelip orduya katılacak. Asıl mesele, *ilerlemek!* Bu hareket destanını muhakkak okuyun, topu topu on sayfa. Paragrafların çoğu "ve ilerledi" diye bitiyor. Durmak yok, yola devam! Manas, Dede Korkut, bütün destanlarımızda iktisadi tarih açısından çok değerli bilgiler var. Okumayı bilirsek!

Peki, modern çağa gelelim artık. Para edebi eserlerde nasıl bir yankı buluyor.

Modern çağın bütün şiir, roman ve drama yazarlarını birer Aristocu karşı-iktisatçı saysak, yeridir. Aristo, paradan para kazanmayı en "gayrı tabii" faaliyet sayıyor, tefecileri lanetliyordu. Son beşyüz yıla kadar, Aristo gibi düşünmeyen hiçbir din veya sosyal felsefe yok, diyor Max Weber. Hepsinde faiz yasağının bir benzeri mutlaka var. Yahudilikteki açık kapı, yani kardeşinden değil, ama başkasından faiz alabilirsin ilkesi, kapitalizmin can simidi oldu. Buna rağmen, neredeyse istisnasız bir şekilde, modern udeba ribahorlara meydanı boş bırakmadı. Ehl-i Hayal, kötü gerçeğe teslim olmadı.

Kağıt Para, Simyayı Öldürdü

Parayı eserlerinde en fazla işleyen ilk büyük modern edipler İngiliz: Spenser, Jonson, Shakespeare. Fakat bunların hepsinde asıl olan madeni paradır, altın ve gümüş. Kağıt paranın mahiyet ve kaderini, daha kağıt para bir dünya fenomeni haline gelmeden, iktisatçıları kıskandıracak bir bilgelikle ele alan Goethe oldu.

Şair, oyun yazarı, bilimadamı, şimdi de iktisatçı mı Goethe?

Emerson, modernliği *Faust*'un birinci cildi ile başlatıyor. *Faust*'un ikinci cildi ise bana göre modern çağın en özgün iktisat felsefesi kitabıdır. Birinci cilt müflis bir ferdin, Şeytanla yaptığı akit sayesinde bir çıkış yolu aramasının trajik hikayesidir. Felsefe, tıp, hukuk ve "hatta ilahiyat" okumuş, fakat varoluşuna dair hiçbir meseleyi çözemememiş olan Faust, ruhunu Şeytana satarak kesin bilgi ve mutlak haz "satın alır." Modern olmanın esası bu alışveriştir.

İkinci kitap müflis bir sosyal sistemin trajedisidir, ferdin açmazından devletin açmazına geçiyoruz. Askerleri ayaklanmış bir İmparator, öfkeyle ordu komutanını çağırır, komutan isyanın sebebinin maaşların ödenmemesi olduğunu söyler; o zaman maliye nazırına çıkışır, hazine tamtakır, yeterli vergi toplanamıyor, ganimet kesildi, saraydaki simyacılar da işe yaramıyor, diye cevap verir nazır.

Yeterince altın yapıp bütçe açığını kapatamıyorlar yani!

Evet. Goethe de bir simyacıydı, laboratuarında kurşundan altın üretmenin peşini hayatının son demlerine kadar bırakmadı. Jung, *Faust* için hakiki bir simya kitabı diyor. Şiir, baştan sona simya prosesleri üzerine kurulmuş. Kolay değil, ikinci kitap tam kırk yılda yazılmış (Birincisi de yirmi yılını almıştı Goethe'nin.) İmparator tam bir acz içindeyken Mefisto (Şeytan) ile çırağı Faust gelirler ve ellerindeki bir kağıt parçasını imzalaması halinde "bütçe açığı" meselesini çözeceklerini söylerler. Ortamda bir karnaval havası vardır, Haşmetmeab da pek ayık sayılmaz, imzayı atıverir. Hemen o kağıttan binlerce nüsha çoğaltıp askerlere maaş yerine dağıtırlar. Hanımlar mağazalara hücum eder, ekonomi canlanır. Hülasa, birinci ciltte Faust (*birey*) Şeytanla anlaşma imzalayıp ruhunu satmıştı, ikinci ciltte İmparator (*devlet*) Şeytanla anlaşma imzalayıp ruhunu satıyor. Kâğıt para, Şeytanla imzalanan antlaşmadır. Modern devlet böyle bir paktın ürünüdür, modern ekonomi de bir kağıt para ekonomisidir. Simyacılara artık ihtiyacımız kalmamıştır.

Pek kalıcı bir çözüme benzemiyor ama. Boyuna kağıt para basarak açığı kapatmaya çalışırlarsa, enflasyon olmayacak mı? Faust farkında mı bunun?

Soytarının uyarısıyla farkına varır! İmparator, hizmetlerinden dolayı Faust'a istediği kadar para vereceğini söyler, fakat soytarı sorularıyla adeta "toprak iste!" diye fısıldar. O da para değil, toprak ister. Nihayette değerli olanın bir kağıt parçası değil, bizzat tabiat olduğunu akleder. Faust daha ileri gider ve "denizden doldurulmuş" bir arazi parçası talep eder. İmparator şaşkındır, neden normal bir yer değil de ille de doldurulmuş deniz istiyor? "Haddini bilmeyen dalgalara hadlerini bildirmek için!" Yamaca da bir köşk yaptırıp, oradan denizin (tabiatın) nasıl denetim altına alındığını seyredip keyiflenecektir. Sadece küçük bir sorun var: Yamaçtaki kulübecikte oturan yaşlı çift ne olacaktır? Kendilerini yıllardır kazazedelere adayan bu inatçı çift, bir türlü küçücük mülklerini satmak istemezler. "Gerekeni yapın!" diye emir verir Faust, adamları da kulübeyi yakar, yaşlı çift ve konuk tanrı da içinde. Sonra da kabahati üstlenmez, öldürün demedim ki, gereğini yapın dedim!...

Faust II, 1831'de tamamlandı, anlaşılmaz korkusuyla kitabı yayınlatmadı Goethe; ancak ölümünden sonra yayınlandı. Şimdi anlıyoruz ki, kitap 1830 öncesinin değil, onu takip eden iki yüzyılın hikâyesi imiş!

Fransız romancılar da para meselesi üzerinde epey duruyorlar, değil mi?

Gerçekçi romanı Stendhal ile başlatmak yerindedir, modern çağın başat gerçekliği de paradır, ekonomidir. Stendhal, akademik iktisatçılara parmak ısırtacak düzeyde teorik iktisat biliyordu. Fakat benim oyum gene de Balzac'a. Paraya hükmeden ve genelde Yahudi olan ölümsüz tipler yaratmıştır: Gobseck, Nucingen ve bilhassa Muhteşem Gaudissart. Bu sonuncusunun mali enstrümanlarına, 2008 küresel finans krizine yol açan Wall Street bankerleri bile henüz ulaşabilmiş değiller!

Fikir, Maddi Mallardan Önemlidir

***Tefeci Gobseck* ve *Nucingen Bankası* romanlarının 1940'larda tercüme edilip yayınlandığını hatırlıyorum, fakat Gaudissart'ı ilk defa duyuyorum.**

Taşradaki Parisliler romanından söz ediyorum. Ta 1832 yılında, 33 yaşında bir romancı, "geleceğin kazanç kaynağı maddi mallar değil, fikri mallar olacak" diyor, kahramanına "Yetenek İskonto Poliçesi" ihraç ettiriyor ve bir Fikri Yetenekler Bankası oluşturuyorsa, şapka çıkarmak lazım. Kurgu dediğin böyle olur işte; öyle kurgularsın ki, gerçek seni takip eder. Goethe gibi Balzac da "geleceği yazan" tarihçidir. Romanı özetleyecek olursam, birkaç büyük finans kuruluşu ile anlaşan finans kurdu Gaudissart, çantasında yetenek iskonto poliçeleri ve iki dergiye ait abonelik kuponlarıyla Paris'ten yola çıkar. Uğradığı her kent ve kasabada, mesela şöyle konuşmalar yapar insanlarla: Ne iş yapıyorsun? Terziyim. Yılda ne kadar kazanıyorsun? Onbin Frank. Peki, bundan sonra kaç yıl çalışabilirsin? Otuz. Ha, demek ki 300 bin Frank kazanacak kadar kabiliyetin var. Ya maazallah bir kaza olur da, bu yeteneğini kaybedersen? İyisi mi gel, yeteneğini yılda yüzde üç primle sigorta edelim, bir kaza bela olursa, Banka sana 300 bin Frank ödesin. Böyle böyle tam iki milyon Franklık poliçe satıyor.

Bu arada iki dergi için de abone topluyor, dergilerden biri Saint Simonculuğu savunan sosyalist bir yayındır. Yola çıkmadan önce birkaç hafta Saint Simonculuk kursuna gidiyor ve sosyalist fikirleri halka nasıl pazarlayacağını formüle etmeye çalışıyor. Balzac ta 1830'larda, sosyalizmin bile ancak kapitalist pazarlama yöntemleriyle halka ulaştırılabileceğini öngörüyor!

Finans işine geri dönersek, kahramanımızın yolunu sonunda Of gibi bir yere çıkarıyor Balzac. Gaudissart'ı dinleyen ahali "Ula uşak, bu işte ne puştluk var?" diye bakışıyor birbirine, sonra da onu meczup Margiritis'e yönlendiriyorlar. Her kelimeye başka bir anlam yükleyen Meczup, sadece dergiye abone olup, buna mukabil (hem de kendisine ait olmayan) iki bidon şarap satıyor Gaudissart'a. Hülasa, bu işler o kadar incelikli hale gelecek ki, finansçıların dilinden ancak deliler anlayacak, onların hakkından ancak deliler gelebilecek, demeye getiriyor Balzac.

Biraz da Türk romanına geçelim mi, Hocam?

Fransız defterini Zola'sız kapatmak olmaz. Üstelik onun münhasıran *Para* başlıklı bir romanı var. Üçkağıtçı kahramanına dinci bir banka kurdurtuyor!

Eh, bu durumda Zola'sız olmaz gerçekten. Şimdiden merak etmeye başladım.

Tazı Payı romanından hatırladığımız Arristide Saccard, arsa spekülasyonu ve çeşitli numaraları sonuç vermeyip, bakan olan olan kardeşi de elinden tutmayınca, yeni bir "proje" geliştirir. Paris finans dünyası Yahudi tahakkümü altındadır, der. Buna ancak bir Katolik bankası kurarak son verebiliriz. Önce el altından birkaç gazete kapatır ve kamuoyunu hazırlar: "Papalık Roma'da çok zor günler geçiriyor, Katolik dünyanın buna bir çare bulması lazım, falan filan." Derken gazeteler Saccard'ın adamının İstanbul'da Osmanlı sultanı ile görüştüğünü yazarlar. Mali açıdan sıkışık olan Sultan, iyi para verilirse Filistin'i satabileceğini söyler! Tam bu ortamda banka kurulur ve hisselerini dindar Katolik halk kapışır. Hisse fiyatları borsada tez zamanda katlanmaya başlar... Final: Fransız hükümeti mali krize girer, en büyük Yahudi bankerden kredi isterler. O da Bakan beye, kardeşinin dinci bankasını batır, krediyi al demeye getirir. Ve banka batar...

Düşünün Zola gibi asla anti-Semitik olmayan bir toplumcu yazar, 1891 yılında böyle bir kurgu yayınlayabiliyor. Derdi ne acaba? Yazara böyle bir kurgu ilham eden ortam, nasıl bir ortam acaba? *Para* romanı 1947'de çevrilmiş Türkçeye, ne ikinci baskısı yapılmış, ne de kitaptan söz eden olmuş!

Tek Kişilik Memleket

Türkiye'ye gelebiliriz artık, değil mi?

Ahmet Midhat Efendi'ye demek istiyorsun her halde! Çünkü ondan başka para meselesini kavramış gözüken iktisatçı-romancımız yok. O da tam romancı sayılmaz. Halit Ziya yazabilirdi belki, fakat ne kurguladıysa 2. Meşrutiyete kadar kurguladı, sonrası uzun bir sessizlik... Paranın ve parasızlığın sosyal etkilerini resmedenler var tabii, fakat parayı, finansı anlamaya çalışan, Balzac'a nispet edebileceğimiz romancı yok. Tanpınar'ın iktisat bilgisi fazlasıyla makro kalıyor. Biraz Henry James'e benziyor Tanpınar, paranın mahiyetini ve nasıl kazanıldığını değil, daha çok sosyal anlam ve etkilerini işliyor. Şu da var ki, bir edebiyat tarihçisi değilim ben; hele Tanpınar sonrası Türk romanını çok az okuyabildim. Tanımadığım çok romancı var. Haklarını yemeyeyim...

Midhat Efendi'nin neredeyse her hikayesinde iş hayatından esintiler var. *Müşahedat,* Osmanlı teşebbüs zihniyetine dair hala en önemli "gerçekçi" romanımızdır. Ona nispetle Orhan Pamuk'un *Cevdet Bey'i,* Thomas Mann'ın *Buddenbrooklar*'ından Oryantalist bir uyarlama; neredeyse pastiş.

Midhat Efendi, *Ahmet Metin ve Şirzad* başlıklı eserinde (1892), ziraatten kazandığı paraları ya toprağa gömen yahut emin olduğu bir papaza emanet eden İhtiyar Andri ile oğlu Stefano arasındaki tartışmaları işler. Stefano'ya göre: "Bu haller vahşet eseridir. Bakınız Nemçeliler Yaş'ta bir banka açtılar. Parayı oraya yatırmalı. Bir yere para verilecekse oraya çek çekmeli!"

Hesaplarını hâlâ çetele ile görmeye alışık Andri için bütün bunlar anlaşılmaz şeylerdi. Fakat itirazlarına rağmen paralar bankaya yatırılır, çekler gider gelir, sene sonunda para faiziyle beraber biraz da şişer. Stefano bütün bunları babasına izah etmeye çalışıp, kazançlı çıktıklarını anlatmaya çalışsa da, "İhtiyar Andri bu lakırdıları bir masal gibi telakki ederdi. Zira ortada para görmeyip yalnız bir kâğıt üzerinde çizgiler, rakamlar görüyordu ki, Andri için sarı sarı kırmıç altınlarını okşamayınca param var demek kabil değildi."

Anlaşılan Midhat Efendi modern para ve finans sistemini kavrayan nadir edebiyatçılarımızdan biri. Lakin neden bu kavrayış daha ileri derecelere yükselmemiş, adeta onunla beraber mezara girmiş?

Cevabı zor bir soru. Türk aydını benimsemediği bir şeyi anlamaya da çalışmıyor galiba. Avrupa'da bir şeyi benimsememe, anlama ve anlatmaya engel olmuyor. Fransa'da Balzac ve Zola, İngiltere'de Dickens, George Eliot, Gissing, Gaskell, Trollope; Amerika'da Dreiser, Howells, Norris, Dos Passos "yeni sistemi" hiç benimsemeden paraya dair çok büyük romanlar yazdılar. Bizde ise, para sistemi benimsenmemişse, genelde uzak durmak tercih edilmiş. İktisadi gerçeklik romana müsait değildi denemez, çünkü 19. yüzyılın ikinci yarısında İstanbul borsasındaki "hava oyunları" Paris'tekileri aratmaz.

Tek hakiki Avrupacımız Ahmet Midhat Efendi yani?

Avrupacı demek fazla ileri gitmek olur; sistemi anlıyor, fakat değer düzleminde asla benimsemiyor. Yeni para ve finans sistemini kavramasına kavramıştır Üstad, fakat zevk-i selimi bunu meşru görmeye elverişli değildir. Bankere sosyal sistem içinde o kadar zelil bir yer münasip görüyor ki, mesela fahişeler bile ona nispetle temiz kalıyor!

Altın Aşıklarí'nı okudunuz mu? Midhat Efendi'nin iki Fransız tefeci kardeşi anlattığı bu roman, Paris'te yazılsa Zola'yı muhakkak gülümsetirdi. Gerek Balzac gerek Zola neticede bankerleri olumsuz tipler olarak tasvir ederler, üçkağıtçı, hatta kan emici. Lakin toplum içinde gayet itibarlı bir mevkileri vardır, soylularla oturup kalkarlar, yaşlarının çok altında genç ve güzel kadınlarla evlidirler... Midhat Efendi'nin kurguladığı Michel Kardeşler de Balzac'ın tefecilerinden farklı değildir, lakin iş evlenmeye gelince, bakın neler oluyor: Binbir dolap ve hatta cinayet ile küplerini dolduran bankerlerin büyüğü nihayet evlenmeye karar verir, fakat aristokrat ailelerden yüz bulamaz. "Kibar aleminden kız bulamayacaksam, sıgar aleminden bulurum" deyip burjuva kızlarına talip olur, onlar da yüz vermezler. Sıradan halk kızlarına bile fit olur, fakat ne çare. Sonunda bir fahişeyle evlenmeye karar verir, aldığı cevap şudur: "Metresin olarak yaşamaya razıyım. Böyle yaşamakla bahtiyar dahi olurum. Fakat izdivaca gelince bu teklifini kabulden mazurum."

Osmanlı edibi, bu denli aşağılık tiplerin hikâyesini mi yazacaktı? Olacak şey miydi bu? Oysa Avrupa'da roman tam da buydu: Aşağılık içindeki büyüklüğün keşfi...

Konuşan:
Esra Gültekin (*KOCAV Düşünce,* Mayıs 2015)

Tolstoy *Anna Karenina*

Thomas Mann *Buddenbrooklar*

Orhan Pamuk *Cevdet Bey ve Oğulları*

Necip Fazıl

Cemil Meriç

Tanpınar

Kemal Tahir

İsmet Özel

Edebiyat, İktisat ve Siyaset

"Necip Fazıl verdiği cevaplarla değil, sorduğu sorularla ve soruş üslubuyla önemliydi. Tabiatıyla bir ilim adamı değildi üstat, cesur ve kıvrak bir fikriyatçı idi. *Yerli* bir fikriyatçı. Gerçi ondan önce Yahya Kemal "eve dönmüştü" ama rindane bir dönüştü bu. Yahya Kemal ve şakirtleri kaymak peşindeydiler, oysa Necip Fazıl 'has ekmek' istiyordu. Ne var ki, 'yerlilik' tek başına has ekmek pişirmeye yetmiyordu. Ekmekler bozulmuştu ve bozulmanın mahiyetini anlamak için Batı düşüncesini fethetmek gerekiyordu. Hazırlığı yoktu üstadın, sabrı da. Necip Fazıl hâlâ "takvimdeki deniz"dir. Uzaktan seyredilmiş, hayranlık ve bağlılık gösterilmiş, fakat etkisi fikir hayatımızın içine verimli bir tarzda sokulamamıştır."

***Dergâh*'a yazdığın ilk yazılarda edebiyatla, daha doğrusu romanla iktisadî hayat arasındaki ilişkileri irdeliyordun. Bu tarza yönelişin nasıl oldu? Önünde hangi örnekler vardı?**

İktisadi hayat, modern hayatın en önemli veçhesi. Piyasa ilişkilerinin bu denli karmaşık ve bozucu olmadığı çağlarda, roman da yoktu zaten. Mübadele yapıları karmaşıklaştıkça, yani bir anlamda 'maddî hayat'tan 'iktisadî hayat'a geçildikçe, roman varlık kazandı. En çok Balzac'tan etkilendim. Yaşadığı çağı bir ticaret mahkemesinde yargılayan büyük romancı. (Sadece ticaret mahkemesinde mi?) Tolstoy'un *Anna Karenina*'sını okuduktan sonra kararım kesinleşti; romancıların iktisadî hayata dair gözlem ve yorumları üzerinde çalışmam faydalı olacaktı. Romanın kahramanı (yani Tolstoy) 1861'deki azatlık hadisesinden sonra, tarımda verimin giderek düşmekte olduğunu görür. Bir çare bulmak gayesiyle Avrupa'ya gider. Maksadı, ekonomi politiğin o devirdeki mühim simalarıyla konuşmak, bu suretle Rusya'nın üretim meselesine bir çözüm bulmaktır. Birçok iktisat hocasıyla görüştükten, sayısız kitaplar okuduktan sonra şu kanaata varır: Avrupalıların temel meselesi, elde edilmiş bir zenginliği bölüşmektir. Teorileri umumiyetle buna yönelik. Oysa Rusların temel problemi, üretmek. Biz, bu 'serbest kalmış' insanlarımızı nasıl çalıştırıp da zengin olacağımızı bilmiyoruz henüz. Onun için, Avrupalıların yazdığı kitaplar bu safhada işimize yaramaz. Hele bir zengin olalım. O zaman Avrupa'nın ekonomi-politik kitapları işimize yarayabilir... Tabii, bir de Thomas Mann'ın *Buddenbrook Ailesi*'ni zikretmeliyim. Orhan Pamuk, yerli bir Thomas Mann. *Cevdet Bey ve Oğulları*, Türkçenin ilk ciddi girişimcilik romanı, Midhat Efendi'nin ruhunu şâd eden bir roman. Ne yazık ki arkası gelmedi. Herr Pamuk, üçüncü sınıf bir oryantalist olup çıktı.

Bir ara "Goethe ile Smith" başlıklı bir yazı tasarladım. Goethe'nin *Wilhelm Meister'in Çıraklık Yılları* ile Adam Smith'in *Ulusların Zenginliği*'ni karşılaştırmak, her iki kitaptaki işbölümü, uzmanlaşma ve ulusal bilinç konularını tartışmak ilginç olacaktı. Orhan Okay Hocanın himmetiyle Ahmed Midhat Efendi'nin dünyasına girdim. Ülgener Hoca tasavvuf ile iktisadî hayat arasındaki girift ilişkilere ayna tutuyordu. "Birey, burjuva ve zengin" dizisini Kara Kemal ile Ferit Sakarya'ya (zımnen Kemal Tahir ile Adalet Ağaoğlu'na) ithaf etmiştim, sonunu getirememedim. Günlük meşgaleler bu 'yüksek' konulara daha fazla mesai ayırmama engel oldu, hâlâ da oluyor.

***Dergâh*'taki yazılarına ara verdikten sonra *İktisat ve İş Dünyası* dergisini yayımlamaya, başka dergilere siyaset ve iktisat ağırlıklı yazılar yazmaya başladın.**

Son birkaç yılda meydana gelen peş peşe hadiselerle sanki mevcut dünya düzeni değişiyormuş gibi bir izlenim doğdu. Doğu Avrupa'da Komünist rejimler yıkıldı, Sovyet sistemi dağıldı, ardından Körfez Savaşı patlak verdi, Bosna'da katliam başladı, Kafkaslar barut fıçısına döndü, Somali işgal edildi. Bu arada bazı olumlu (?) gelişmeler de meydana geldi pek tabii. Filistin'de Araplarla Yahudiler nihayet uzlaştılar, De Klerk ile Mandela beraber Nobel Barış Ödülünü aldılar. Ve bir dizi yeni kavramla müşerref olduk: Yeni Dünya Düzeni, Tarihin Sonu, Medeniyetler Çatışması.

Böyle bir toz duman içinde, daha sevimsiz de olsa, iktisat ve siyasetin soğuk diliyle okuyucuya ulaşmak, onu baştan çıkarmalara karşı uyarmak aciliyet kazandı. Son iki yıldaki çalışmalarım bu yönde oldu. Şimdi yavaş yavaş eski tarzıma dönmeye çalışıyorum.

Bu iki yılın mahsulatını *Amerikan Yüzyılının Sonu* ile *Piyasa Düşmanı Kapitalizm*'de bir araya getirdin. Oldukça kışkırtıcı başlıklar. Herkes Amerikancı olmaya can atarken, sen Pax Amerika bitti diyorsun. Sonra, piyasa düşmanı olan 'sosyalizm' değil miydi?

Amerikan yüzyılının artık sona erdiğini her aklı başında Batılı düşünür görüyor ve teslim ediyor. Her hegemonyanın muayyen ve mukadder bir ömrü vardır, tıpkı insanlar gibi. ABD şu anda ikinci sınıf bir ulus-devlet olma sürecini geciktirecek tedbirler peşinde. Onun için siyasî-askerî üstünlüklerini sonuna kadar kullanmaya çabalıyor. Ama her çabanın bir maliyeti vardır ve iktisadî gücü gün geçtikçe (Batı Avrupa ve Japonya'ya nispetle) aşınan ABD, çok geçmeden akıntıya kürek çekmekte olduğunu anlayacaktır. Otuz yıl önce dünyanın en büyük 100 sanayi şirketinin dörtte üçü, yirmi yıl önce üçte ikisi Amerikan iken, bugün sadece 30 tanesi Amerikan ismi taşıyor. Dünyanın en büyük 20 bankası arasında neredeyse hiç Amerikan bankası yok. Sadece askerî güce dayanılarak üstünlük sürdürülebilseydi, Kızıl Ordu'lu SSCB'nin bu kadar çabuk çökmemesi gerekirdi.

Kapitalizmin piyasa düşmanı olduğu fikrini Braudel'e borçluyuz. Üstat, büyük bir vukufla "piyasa ekonomisi" ile "kapitalizm"in özdeş değil, karşıt gerçeklikler olduğunu; kapitalizmin esas olarak piyasayı boğan bir sistem olduğunu anlatıp durdu. Kapitalistler tarih boyunca, devleti arkalarına alarak, tekel peşinde koşmuşlardır. Sosyalizm piyasa dışı, kapitalizm piyasa düşmanıdır. Kapitalizm-Sosyalizm karşıtlığı ise asılsız (en azından, önemsiz) bir meseledir. Kapitalist bir dünya sisteminde sosyalist düzenleme olamazdı. 1917 Devrimi, 19. yüzyılın ortalarından itibaren hızla periferileşmekte olan ve bu durumu Japon yenilgisiyle açıkça ortaya çıkan Rusya'nın dünya sisteminden (kapitalist meta ağlarından) geri çekilmesiydi. Bu meselelerin aydınlarımız tarafından yeni baştan ele alınması gerekiyor. Batı'nın tezgâhladığı laik-dindar çekişmesiyle uğraşacağımıza, bu hayatî meseleleri aydınlatmaya ve dünya üzerinde kendimize daha onurlu bir yer edinmeye çalışalım.

Biliyorsun, Özal'la beraber Türkiye'de herkes bir ölçüde liberal oluverdi! Sen ise, iktisadî meşruiyetten söz ediyor, insanımızın ilim ve fikirde olduğu kadar sanayi ve ticarette de

daha üretken olması gerektiğini söylüyor olsan da, bu liberallik 'işine' pek sıcak bakmıyorsun. Bunu nasıl izah ediyorsun?

Kavramları kendi keyfimize göre kullanamayız. Özellikle liberalizm, sosyalizm, bireycilik gibi kelimeler tarihin tapulu mallarıdır. Her birinin tarihsel bir ortaya çıkışı, gelişimi ve nihayet sonu vardır/olacaktır. İdeolojiler kapitalist dünya sisteminin meşrulaştırılmasına yarayan siyasî programlardır. Geçen yüzyılda kasd-ı mahsusa ile geliştirilen üç ideoloji (muhafazakârlık, liberalizm, sosyalizm) kapitalist karakterli Batılı ulus-devletlerin çalışan (mülksüz) tabakalarını siyasî sistemle bütünleştirme gayesine hizmet ettiler. Böylece cebre dayalı hiyerarşik bir tahakküm sisteminin yerini, rızaya dayalı ama yine hiyerarşik bir tahakküm sistemi aldı.Bu sanal serbestlik/reel tahakküm sürecinde muhafazakârlıkla sosyalizm liberal tasarıyı (mülksüzlerin ehlileştirilmesini) hayata geçiren yardımcı ideolojiler oldular.

Yirminci yüzyılın başlarında sıra Batı-dışı ülkelerin işçi ve küçük üreticilerini küresel siyasî sisteme entegre etmeye geldi. Bu süreç ABD ile SSCB arasındaki örtük bir ittifak yahut dayanışma marifetiyle yürütüldü. Bağımsızlığını kazanan her 'halk', dünya meclisinde bu iki güçten birinin kampına alınarak sindirildi ve sistem için tehlikesiz hale getirildi. Liberalizm modern dünya sisteminin hakim ideolojisidir ve Komünist rejimlerin yıkılmasıyla beraber, dünya halklarını sistemin merkezine bağımlı kılan Liberal-Komünist konsensüs temel desteğini yitirmiştir. Başta ABD olmak üzere Batılı güçler, artık bundan sonra Kuzey-Güney çatışmalarında 'kuvvet' kullanmaktan başka bir tercihe sahip değildirler. Güney, özellikle onun en büyük parçası olan İslâm dünyası, ehlileştirilememiştir. ABD bu yüzden, yani dünya sistemini ayakta tutan küresel ideolojinin iflasından ötürü, Orta Doğu ve Afrika'daki karakollarını (İsrail ve Güney Afrika) bir an önce bölgesel düzeyde meşrulaştırma arayışı içine girmiştir. Mandela'dan sonra, yılların 'terörist'i Yaser Arafat'a da Nobel Barış Ödülü verilirse şaşırmayın.

Liberalizmin dünya sisteminin hâkimi deolojisi olmanın yanı sıra, gündelik dilde 'serbestî' ile, 'özel teşebbüs' ile alakalı bir mânâsı var. Mesela, Özal ile beraber artık 'kanaatkâr' bir toplum olmaktan çıkıp hırslı ve 'liberal' bir toplum olmaya doğru gittiğimiz söyleniyor.

Liberalizm, bir ideal olarak, bireyin inisiyatifini, girişim gücünü engellememek demek. Bu anlamda liberal felsefe ilke olarak devlet karşıtıdır; çünkü devlet, bireyin kendini serbestçe gerçekleştirmesine sınırlar koyar. Fakat uygulamada, liberalizm devleti hiyerarşik kapitalist toplumun hakemi haline getirir. Bu suretle siyasî değişme rasyonel, yani kontrollü, kapitalistlerin arzu ettiği ölçü ve yönde bir seyir tutturur. Liberalizm kâğıt üzerinde devleti sınırlayıcı, pratikte koyu devletçidir.

Özal'ın Türkiye'yi kanaatkâr bir toplum olmaktan çıkarıp liberal bir toplum haline getirdiği ifadesiyle, tüketim kültürünün nispeten yaygınlaşması ve bu arada ekonominin bir nebze dışa açılması kastedilmektedir. Ekonominin dışa açılmasına genelde olumlu bakılabilir. Hem Türk işadamları dünyayı tanımaya başlamış hem de Anadolu girişimcisi bu suretle İstanbul burjuvazisi karşısında varlık kazanmaya başlamıştır. Bu burjuvazi kadar 'devletçi' ve 'iç piyasacı' bir sınıf yoktur dünyada. Cirosu trilyonları bulan büyük sanayi şirketlerinin satışlarının yüzde 98'i iç pazaradır. Devlet desteğiyle, yani halkın cebinden palazlanmış ve iç pazara otağ kurmuşlardır. Dışa açılma sayesinde Anadolu sermayesi kendine bir gelişme kanalı bulmuş ve -şimdilik sınırlı ölçüde de olsa- devletçi sermayeyi tehdit eder hale gelmiştir.

Dışa açılma ne kadar iyiyse, tüketim kültürünün hesapsız yaygınlaşması o ölçüde kötüdür. Türkiye üretmeden tüketmeye yöneldi veya yönlendirildi. Kanaat ve şükür Müslümanların tükenmez hazineleridir. Bunlar hem varlıkta hem yoklukta Müslümanı ayakta tutan manevî ilkelerdir. Ben bugünün acil meselesinin varlık içindeyken bu ilkeleri yaşatmak olduğuna inanıyorum. Fert olarak yokluğu, sahip olmamayı (dolayısıyla 'olma'yı) seçen Müslümana saygılıyım. Fakat toplum ('ümmet') olarak görevimizin "şükreden varlıklılar" olmaya yönelmek olduğunu düşünüyorum. Varlık içinde şükretmenin zor olduğuna şüphe yok. Varlık, azdırır. Ama yokluk da isyan ettirir. İnsanlığa hak ile rehberlik edecek, yeryüzünde adaleti gerçekleştirecek bir ümmet, yokluk içindeyken bu görevleri nasıl yerine getirebilir? Müslümanlar bir üretim ahlâkı geliştiremediler. Teknolojiye, sanayiye en fazla karşı çıkan Müslümanlar bile, ne yazık ki empoze edilmiş bir tüketim ahlâkına sahipken, üreterek varlık sahibi olmayı 'olma'nın engeli sayıyorlar. Müslümanın kemal sahibi olmasını engelleyen servet değil, şükürsüzlüktür. Tabiatla ahenk içindeki bir dünyada Müslüman olmanın ne kadar zevkli olacağını değil, bugün ve burada Müslüman olmanın nelerden vazgeçmek ve nelere sahip olmakla mümkün olabileceğini düşünmeliyiz. Sadece sahip olmak ifrat, sadece vazgeçmek tefrittir. İslam ise 'orta yol'dur.

Edebiyata iktisat ve siyaset dilini, iktisat ve siyasete ise edebî bir üslubu yerleştirmeye çalışıyorsun. Biraz Ülgener, biraz Cemil Meriç kokuyor yazıların. Siyasette İsmet Özel çizgisini kolluyorsun. Bize hocalarını anlatır mısın biraz? Kimlerden el aldın?

Okumaya Necip Fazıl'ın kitaplarıyla başladığımı söyleyebilirim. Daha doğrusu, yazdığı her şeyi okuma isteği duyduğum ilk yazar odur. *İdeolocya Örgüsü*'nün birçok bölümlerini, *Çöle İnen Nur*'un mukaddimesini ezberlediğimi hatırlıyorum. Lise yıllarındaki kutup yıldızlarım Peyami Safa ile Sezai Karakoç idi. Üniversite yıllarında dört hocam daha oldu: Tanpınar, Kemal Tahir, Cemil Meriç ve İsmet Özel.

Necip Fazıl verdiği cevaplarla değil, sorduğu sorularla ve soruş üslubuyla önemliydi. Tabiatıyla bir ilim adamı değildi üstat, cesur ve kıvrak bir fikriyatçı idi. 'Yerli' bir fikriyatçı. Gerçi ondan önce Yahya Kemal "eve dönmüştü" ama rindane bir dönüştü bu. Yahya Kemal ve şakirtleri 'kaymak' peşindeydiler, oysa Necip Fazıl 'has ekmek' istiyordu. Ne var ki, 'yerlilik' tek başına has ekmek pişirmeye yetmiyordu. Ekmekler bozulmuştu ve bozulmanın mahiyetini anlamak için Batı düşüncesini fethetmek gerekiyordu. Hazırlığı yoktu üstadın, sabrı da. Gene de 1960-80 nesli Müslümanlık, Batı ve 'yerlilik' bilincini büyük ölçüde Necip Fazıl'a borçludur. Ne yazık ki bu meftuniyet umumiyetle hamasî bir bağlılık şekline büründü, üstadın sorduğu suallere onu aşacak (ve ruhunu şâd edecek) cevaplar verilemedi. Necip Fazıl hâlâ "takvimdeki deniz"dir. Uzaktan seyredilmiş, hayranlık ve bağlılık gösterilmiş, fakat fikir hayatımızın içine verimli bir tarzda sokulamamıştır.

Tanpınar, Yahya Kemal'in 'üstadını gölgede bırakan' talebesidir. Şiirde ona nispetle ne kadar acemi, ne kadar çocuksa, nesirde (yani düşüncede) o kadar üstündür. *Ondokuzuncu Asır Türk Edebiyatı Tarihi*, söz konusu asrın ancak bir bölümünü kapsamasına rağmen, bugüne kadar aşılamayan ve yakın bir gelecekte de aşılma ihtimali bulunmayan bir edebiyat ve kültür tarihidir. Tanpınar olmasa, Cemil Meriç ve Kemal Tahir olmazdı. 'Kırtıpil Hamdi', Necip Fazıl'ın şakirtleri için de büyük bir ışık kaynağı olabilirdi. Ne yazık ki üstadın insafsız hicvi onları bundan mahrum etti. Kemal Tahir ile Cemil Meriç'in klasik edebiyatımıza dair fikirlerini kazıyın, altında Tanpınar'ın fikirlerini bulacaksınız.

Kemal Tahir, imanını kaybetmek suretiyle içinde yaşadığı toplumdan ruhen uzaklaşmış aydınların en tahiri ve en kemallisi. Tahirdir, çünkü kalemini zorbaların emrine vermeyecek kadar namusludur. Kemal sahibidir, çünkü 'yabancılaşmış' aydınlar arasında batıcı Cumhuriyet rejimiyle (dolayısıyla Batı ile) hesaplaşma hususunda en yetkin tavrı takınabilmiştir. *Yorgun Savaşçı, Kurt Kanunu* ve *Yol Ayrımı* yeni rejimin milletten kopukluğunu belgeleyen birer dev eser. Mangalda kül bırakmayan 'sağcı' yazarlarımızdan hiçbiri bu hususta Kemal

Tahir kadar cesur sorular sormamış ve bilhassa onun kadar tatminkâr cevaplar vermemiştir. Kemal Tahirlerin serüveni anlaşılması zor bir dramdır: Sosyalist (yani toplumcu) olmak için toplumdan kopmuşlardır! Sosyoloji ve siyaset bilimi kürsülerimiz Batı siparişi "Siyasal İslam", "Folk İslam" gibi fantezilerle uğraşacaklarına, bu Toplumsuz Toplumcuların kaderine eğilseler daha hayırlı olmaz mı?

Cemil Meriç, gözlerini Paris'te kaybedip Konya'da dünyaya açan çilekeş. "Dünyamıza" diyemiyorum, zira bütün çırpınışlarına, olağanüstü inanma gayretine rağmen Araf'tadır üstad. Müslümandı tabii, ama Kitaptan çok Tarihe bağlanan bir Müslüman. Osmanlı tecrübesi onun için Tarihin Sonu idi, beşer düşüncesinden çok eyleminin şahikası. (Onun için şiirimizi Yahya Kemal'le bitiriyordu. Kuğunun son şarkısıydı o.) Batı'yı seviyordu, Batı'ya düşmandı. Her halükârda onu çok iyi tanıyordu. (Zaman zaman bize okutturduğu sarı sayfalarda, Mehmet Kaplan için söylediği bir sözü hatırlıyorum: "Batı'yı tanıdığım için bana hayran; çok iyi tanıdığım için de düşman.") Necip Fazıl'ın resmettiği Batı, tefessüh etmiş bir dünyaydı sadece: Gerekçesi verilmeyen bir mahkûmiyet. Necip Fazıl ithamdı, Cemil Meriç gerekçe. Meriç olmasa 'sağcı' aydınımız Avrupa'yı belki hiç tanımayacak, hiç anlamayacaktı. *Bu Ülke, Umrandan Uygarlığa, Mağaradakiler* düşünce hayatımızın köşe taşları. Bunlar olmasa ilkokul çocuklarıydık hâlâ. Cemil Meriç, Batı'yı tanıtarak sevdiren, sonra kavratarak uzaklaştıran; bu arada bize kendi dünyamızın inceliklerini keşfettiren mütefekkir.

İsmet Özel soy bir şair ve som bir fikir adamı. Benim için ayırıcı vasfı, zihnî olduğu kadar ahlâkî sağlamlığı. Yirmi yıldır ya 'Marksistliği' veya 'Müslüman oluşu' konuşuluyor. Oysa "kuyuya düşen çocuk"tur o. Kervan göçmüş, dağ başında kalmıştır. (Hepimizin başına gelen bu aslında, ama kaçımız farkındayız?) Varolmanın ciddiliği karşısında ürperdiğinden, varoluşuna ihtimam göstermekte ve hepimize "geç kalmışlığımızı" hissettirmektedir.

Onu şiirde zirve kılan, bu husustaki yalınlığıdır zaten. İsmet Özel Şiiri olmasaydı, dimağımızdaki yapaylık ve damağımızdaki kötü tadlardan kurtulamayacaktık. Kötüye prim vermeyen soylu. (Cemal Süreya için şöyle demişti birgün: "İyileri ihmal etmez / Kötüleri korur." Kötüler tepelenmeliydi!)

Düşüncesinin, Müslümanlar bakımından en az şiiri kadar önemli ve etkili olduğunu düşünüyorum. *Üç Mesele*, ufuk açıcı bir ilk çalışma. 'İslamcı aydınlar' henüz bu kitabın sınırlarından öteye geçebilmiş değiller. *Zor Zamanda Konuşmak* ve *Cuma Mektupları* liberal veya sosyalist etiketli modern büyüler karşısında Türkiye Müslümanlarının siyasî bilinç kaynakları. *Waldo*, Şerif Mardin'in özel bir sohbette (1988) belirttiği gibi, son çeyrek yüzyılda yazılmış yüzlerce bilimsel eserin ulaşamadığı bir yetkinlikle Türk birey ve toplumunun özüne tutulmuş ayna.

Yahya Kemal 'eve' dönmüştü, Cemil Meriç 'şarkıya'. Muhtevadan, özden çok, dekora ağırlık veren dönüşler. İsmet Özel, "kalbine dönen adam". Kendi kalbine ve kendileriyle hakikati paylaştığı insanların kalbine. Evimize ve şarkımıza dönenlerin yeri kütüphanemiz. Onlara hep saygı duyacağız. Kalbimize dönenin yeri kalbimiz. Onu hep seveceğiz. İsmet Özel 'şair' ve 'Müslüman düşünür' olmanın bedelini hakkıyla ödediği içindir ki, yeni nesiller tarafından bu derece benimsendi ve sevildi.

Konuşan:
Mustafa Kutlu (*Dergâh*, Sayı 47, Ocak 1994)

Para, İman ve İngilizce

Osmanlılar paracı değildi, ama paraya ve paranın gücüne aşinaydılar. Modern toplum, parayı maddî eşyanın mübadele ölçüsü olmaktan çıkarıp, adamlığın ölçüsü haline getirmek gibi bir aşırılığa saptı. Bugün *herkes* tüccar gibi düşünüp davranıyor. Para seçkinliğin ölçüsü oldu. Kötü olan, bu. Paracı psikolojiyi Protestan ahlâkına mı borçluyuz, bilmem; belki Yahudilikten, belki göçmenlikten tevarüs edilmiştir. Çinlilerin benimsetemediği kâğıt parayı yaygınlaştıran onlar oldu. Güneyden ve doğudan sıkıştırılmış, kendi içinde de bölük pörçük olup, hastalık ve savaşların pençesinde kıvranagelmiş Avrupa'nın icat ettiği bir kurtuluş teknolojisidir kâğıt para. Modernlik kâğıt paranın ve paracı psikolojinin topluma egemen olmasıdır. Bu psikolojiyle savaş hayatî bir mecburiyet. Ama bunu parayla savaşa dönüştürmeyelim. Paranın günahı yok diyemem; ama ona cepheden saldıranların hiçbiri galip gelmedi!

Daldan dala atlayan temelde "iktisat" ekseninde kalan bir konuşma yapalım dedik. İsterseniz şöyle başlayalım: Orta boy bir Türkçe Atasözleri Sözlüğü'nün "P" harfinde 20 atasözü yer alıyor. Bunların 11 tanesi "para" üzerine. Yani yarıdan fazla. "Para parayı çeker", "Parayı veren düdüğü çalar", "Para ile imanın kimde olduğu belli olmaz" vb. Tüccar olarak tanınan bir millet değiliz. Atalarımız paranın önemini biraz abartmışlar mı?

Hiçbir milletin kudreti paranın gücünü abartmaya yetmez! Ayrıca, 'Türkler' tüccar bir millettir. Felemenk tüccar gemileri 1596'da Cava adasına (Endonezya) vasıl olduğunda, kendilerini karşılayan kafilenin başında mükemmel 'İtalyanca' konuşan İstanbullu bir Türk tacir vardı. Osmanlılar en az Avrupalılar kadar tüccar bir 'devlet' kurdular. Tüccar devlet, servetinin bir kısmını gelir getirici ticari-sınai işlere yatıran, elit sınıfları da bu şekilde davranan, uluslararası ticaret yollarından azami faydalanma (ve dolayısıyla rakiplerini bu yollardan uzak tutma) arayışı içinde olan devlet ise; Osmanlıları Portekiz, Venedik veya Felemenk toplumları ile mukayese etmemizde hiçbir beis yoktur. Bu maksatla geliştirilen Osmanlı donanması, 16. Yüzyıl dünya güçler dengesinin biçimlendirilmesinde en etkili faktördür. Osmanlılar şayet Portekizlileri Hind Okyanusu'ndan sürebilecek kadar güçlü bir donanma kurmaya muvaffak olabilselerdi, Asya dünya-sistemini Avrupalılardan önce kendilerine bağlayabilirlerdi!

Dahilî ekonomide de müslim tebaanın gayr-ı müslimlerden ticari zeka ve beceri bakımından geri olması söz konusu değildir. Süleyman Çobanoğlu'nun *Bu Ülke* programında konuşurken, 'Türkler asker millet değildir!' demiştim. Hemen tepki telefonları gelmeye başladı. Türkler asker değil demekle sanki hakaret etmiştim. Oysa Türklerin asker millet olduğunu söyleyen oryantalistler asıl hakaret kastı taşıyorlar. Bernard Lewis, Türklerin (genelde Müslümanların) askerlik ve çiftçilik dışındaki mesleklerden anlamadıklarını, ticaret ve sanayinin Hıristiyan ve Museviler tarafından yürütülen 'ince' işler olduğunu söylüyor. Halil İnalcık ve diğer Osmanlı tarihçilerinin titiz çalışmaları gösteriyor ki, temelsiz bir iftiradır bu. On dokuzuncu yüzyıla kadar, hiçbir Osmanlı beldesinde Müslüman ahali ticaret ve zanaat işlerinde pasif değildir. Avrupa kapitalizminin imparatorluk yapılarını etkilemeye başlamasından sonradır ki, müslim tebaa tarım ve memuriyet çemberine kıstırılmıştır. Kendilerine Osmanlı mülkünde gayr-ı müslimleri acente edinen Avrupalılar, zamanla Müslümanları devre dışı bırakmayı başarmışlardır. Son iki yüzyılda Osmanlı toplumuna bakan herkes Müslümanları memur veya çiftçi olarak görmekte haklıdır. Ama bunu daha önceki çağlara yaymak mümkün değildir. Osmanlı para tarihini araştıranlar, daha ilk yüzyıllardan itibaren köylerin çoğunun para çatkısına dâhil olduğunu tespit etmektedirler.

Osmanlılar paracı değildi, ama paraya ve paranın gücüne aşinaydılar. Modern toplum, parayı maddi eşyanın mübadele ölçüsü olmaktan çıkarıp, adamlığın ölçüsü haline getirmek gibi bir aşırılığa saptı. Bugün *herkes* tüccar gibi düşünüp davranıyor. Para seçkinliğin ölçüsü oldu. Kötü olan bu. Paracı psikolojiyi Protestan ahlâkına mı borçluyuz, bilmem; belki Yahudilikten, belki göçmenlikten tevarüs edilmiştir. Çinlilerin benimsetemediği kâğıt parayı yaygınlaştıran onlar oldu. Güneyden ve doğudan sıkıştırılmış, kendi içinde de bölük pörçük olup, hastalık ve savaşların pençesinde kıvranagelmiş, Avrupa'nın icat ettiği bir kurtuluş teknolojisidir, kâğıt para. Modernlik kâğıt paranın ve paracı psikolojinin topluma egemen olmasıdır. Bu psikolojiyle savaş hayatî bir mecburiyet. Ama bunu parayla savaşa dönüştürmeyelim. Paranın günahı yok diyemem; ama ona cepheden saldıranların hiçbiri galip gelmedi!..

ABD de Dow Jones Borsası bünyesinde "İslâmî Borsa Endeksi" adıyla özel bir bölüm açılmış. Endekste bulunan 650 şirketin pazar değeri 10 trilyon doları buluyor. Bu şirketlerin

özellikle İslâmî sermaye tarafından seçilmiş olmasının sebebi "Günah endüstrisi"nden uzak olmalarıymış. "Günah endüstrisi" kavramı için ne diyorsunuz?

Borsa, kapitalizmin kutsal kâsesi. Babaannelerimiz büyüye ne kadar akıl erdiriyorsa, iktisatçılar da borsaya o kadar akıl erdirebiliyorlar. Hatta daha az! Dow Jones endeksi 100'den 500'e 39 yılda ulaşabildi. Oysa 5.000'den 10.000'e yükselmesi sadece üç yıl aldı. Kitle histerisini ve insanoğlunun kumar aşkını hilenin gücüyle bir araya getiren borsaya Arap ülkelerinden akan sermaye *İslamî* sermaye değil, petrol-sermayesidir. Petrodolarlar, Müslüman dünyanın 20. yüzyılın ikinci yarısındaki en büyük talihsizliğidir. Petrodolarları doğuran, bizzat sözünü ettiğiniz günah endüstrisidir.

Biraz açalım. Müslüman ve bilhassa Arap dünyasının bugün petrolden önemli bir gelir kaynağı yok. Bu ise kendi marifetleri değil. Suudi kralı veya İran şahının 1970'lerde kendi başlarına petrolün fiyatını bir anda dört kat arttırabileceklerini düşünebiliyor musunuz? Batı dünyasına hizmetlerinin karşılığı olarak birazcık Kuveyt petrolü talep eden Saddam'ın başına neler geldi? Petrol fiyatlarının arttırılması tamamen bir Amerikan manipülasyonuydu ve bir yandan Batı Avrupa ile Japonya'nın sanayi hamlesine ket vurmak, diğer yandan siyasi bağımsızlıklarını kazanmaya başlamış 'Üçüncü Dünya' ülkelerini iktisadi bir cenderenin içine almak maksadını taşıyordu. (Batı Avrupa ve Japonya'nın petrole bağımlılık derecesi ABD ' ye kıyasla çok yüksektir ve petrolü dağıtanlar neredeyse tamamen Amerikan şirketleridir.) Petrol gelirleri dâhili ekonomiler içinde değerlendiril(e)mediğinden, düşük faizlerle Batılı bankalara yatırılmak zorundaydı. Petrol ithalatçısı ülkeler ise bu fonları birkaç misli faizle ödünç almak zorunda kaldılar. Son çeyrek yüzyılda bu şekilde biriken borçların yekûnu bugün 3 trilyon doların üzerine çıkmıştır. Batılı bankaların güya 'İslâmî' fonlarına veya borsaların İslami pencerelerine yatırılan paralar, aslında

Müslüman dünyanın uzun vadeli iktisadi bağımlılığını pekiştiren paralardır. Bunları değerlendirirken güya İslami bir kılıf arayanlar göz boyamaktan başka bir şey yapıyor değiller. Eleştirmeye bile değmez!

GAP sonrası büyük gelişme gösteren Urfa'da Türkiye'nin 6. Atyarışı Hipodromu açıldı. Bu olguyu gelişme göstergelerine dâhil edebilir miyiz?

Kumar nasıl parası olanların afyonu ise, piyango, toto veya at yarışları da para sıkıntısı çeken kitlelerin afyonudur. GAP'la birlikte bir pamuk cennetine dönüşeceği söylenen Urfa'daki ilk iş Hipodrom açmak oluyorsa, pamuğu işleyecek olan tekstil makineleri söz konusu bölgede hiçbir zaman imal edilmeyecek demektir! Türkiye tekstil ve konfeksiyonda rekabet gücünü gün geçtikçe Çin, Bengaldeş gibi ülkelere kaptırıyor. Yakın zamanda Afrika devreye girecek. Makine imalatını göze alamayanlar, kitleleri şans oyunlarıyla oyalamayı birinci iş edinirler. Sanayi ülkelerinde de hipodrom var diyeceksiniz. Evet ama, nerede fabrikalardan önce kurulmuş?

Yargıtay Başkanı Sami Selçuk Türkiye'nin ABD'ye alınması durumunda Avrupa'nın "siper" kazanmış olacağını söyledi. Nasıl yorumluyorsunuz?

Doğru söze ne denir? İki kutuplu sistemin ortadan kalkmasıyla, bölgesel güçlerin manevra alanları genişlemişti. Türkiye, daha esnek ve cesur bir stratejiyle etki alanını genişletebilirdi.1980'lerin ilk yarısında güneye ve doğuya doğru hatırı sayılır bir ticari hamle yapan Türkiye, Sovyet sisteminin çözülmesiyle kuzey ve batısındaki komşularını da ekonomik hinterlandına dahil edebilecek bir noktaya gelebilirdi. Şah zamanında İran'a yılda ancak 12 milyon dolarlık mal satabilen Türkler, 1981'de 1 milyar doların üzerinde ihracatla bu ülkenin en büyük ticaret partneri oluyor; Irak ve Libya'ya yüz milyonlarca dolarlık mal satabiliyordu. Komplocu düşündüğümü söyleyeceksiniz belki, Sistem'in buna rızası olamazdı. Kuzey ve batı (yani Doğu Avrupa) devreye girmeden, güney ve doğu kapıları kapatılmalıydı. Nitekim öyle oldu! Türklerin gerçekten güçlü bir devletleri olsaydı, bu iş bu kadar kolay bağlanamazdı. Dünya âlem kimin tüccar olduğunu o zaman görürdü!

Bunlar gerçekleşmeyince, Türkiye yanaşma statüsüne devam demiş oldu. Düne kadar Ruslara karşı siper konumunda olanlar, şimdi (Müslüman dünya dâhil) bütün Asya'ya karşı Avrupa'nın siperi haline gelmeyi kurtuluşlarının teminatı sayıyorlar. Gaflet parayla satın alınmıyor ki!

Lizbon'da yapılan "AB Zirvesi"nde önemli kararlar alındı. (2010 yılında ABD'yi geride bırakmak gibi). İnternet'in damgasını vurduğu zirve için "dot.com zirvesi" deniyor. İnternet her türlü iş sürecini temelden değiştiriyor. İnternet üzerinden gerçekleştirilen elektronik ticaretin bir "yeni ekonomi"-nin müjdecisi olduğu söyleniyor. İnsan hayatını belirlemede teknolojinin yerini bu çerçevede nasıl görüyorsunuz?

İnternet Ekonomisi veya 'Yeni Ekonomi' daha çok bir Amerikan mamulü. Ben bile son üç yılda satın aldığım kitapların onda dokuzunu İnternet üzerinden ısmarladım. Elektronik ticaret (e-commerce) ve özellikle de işletmeler-arası elektronik iş (e-business) baş döndürücü bir hızla yayılıyor. Bu hadiseyi büyük bir soğukkanlılıkla değerlendirmek ve makul bir tavır takınmak zorundayız. Aksi halde, yarın aşırı (ve faydasız) tepkiler göstermekten başka bir şey yapamaz hale geliriz. Geçenlerde bir sahafta kitap karıştırırken şöyle bir kitaba gözüm takıldı: Mushaf-ı Şerif Radyoda Okunabilir mi? Yazarın ne cevap verdiğini bilmiyorum, ama Kabe'den teravih namazlarının naklen yayınlandığı bir aşamaya geldiğimize göre, teknolojik gelişmeler bizi tepkici değil etkici olmaya zorluyor demektir.

Avrupa bu alanda biraz geriden gidiyor. Japonya da öyle. ABD bu yüzden hegemonik gerileme sürecini yavaşlatacağa benziyor. Topyekûn beşeri hayat bağlamında teknoloji belki bağımsız bir değişken değil, ama görece örgütlü topluluklar teknolojiyi kullanarak hayatımızı değiştirme, yönlendirme tekelini ellerinde tutmaya devam ediyorlar. Red cephesi muhasara altında. Ne sadece red işe yarıyor, ne sadece kabul. Red ve Kabul kategorilerinin ötesine geçecek bir iradeye muhtacız.

Buna bağlı olarak şu haber de dikkat çekti: Ünlü romancı Stephen King bir ilke imzasını atarak son romanını internette yayımladı. Böylece insanlar ilk "e-roman" ile tanıştılar. Büyük ilgi gören uygulamada ilk etap için 400.000'in üzerinde sipariş alınmış, sistem kilitlenmiş. (Yeri gelmişken şu «sistemin kilitlenmesi» için de bir iki şey söyleseniz). Ee, şimdi kâğıdın ve bildiğimiz "kitap"ın pabucu dama mı atılacak?

E-roman kâğıdın ve bildiğimiz kitabın pabucunu dama atmayacak. Görünen o ki, kâğıt ihtiyacı daha da artacak. Bundan on yıl önce, bilgisayar kullanımının artmasıyla kâğıtsız büro sistemine geçileceği ileri sürülmüştü, oysa bilgisayar kullanımı kâğıt ihtiyacını ikiye katladı. Elektronik roman da benzer bir işlev görecek. Kilitlenmeye gelince, sistemin tabiatında var bu. Kapitalizm, 500 yıldır sadece sermaye birikimine kilitli. Fakat kemale ermek üzere. Yerini, tarihteki bütün sosyal sistemler gibi, başka sistemlere terk etmek zorunda. Bunu çocuklarımız değilse bile, torunlarımız büyük ihtimalle görecek. Mesele şu: Gelen sistemin gideni aratmaması için, fert ve cemiyet olarak ne kadar etkici olabiliyoruz? Etkici olamayanlar, maruz ve mahsur kalırlar.

DİE rakamlarına göre Türkiye'de "Hane Halkı Gelir Dağılımı" şöyle bir tablo sergiliyor: Toplumun en fakir %20 kesimi milli gelirden %4.8 pay alırken, en zengin %20'lik kısım %54.8 pay alıyor. Bu tablo Tanzanya'dan daha kötü. Tahsil edilemeyen vergi 6 katrilyona çıkmış. Et-Balık "özelleştirildi" ama sonuç skandal. Buna da "kötü uygulama" diyorlar. Tıpkı "iyi ihtilal-kötü ihtilal" ayrımı gibi. Memleketimizden bu "iktisat manzaraları" için ne diyorsunuz? Türk-İş Araştırma Merkezi tarafından yapılan açıklamada bir ailenin aylık

harcamalarında "Yoksulluk sınırı" 412 milyon olarak tespit edilmiş. Ülkemizde nüfusun büyük kısmı böylesine bir aylık gelirken yoksun. Açıkçası "sürünüyor" muyuz?

Seçkin zümreleri üretken olmayan toplum sistemlerinde, alt tabakalar sürünmeye mahkûmdur. Türkiye'de burjuvazi ile bürokrasi birbirlerinin suç ortağıdırlar. Büyük sermaye, alt ve orta sınıfların beyin ve kas gücüne dayanarak küresel pazardan pay kapmaya (yani başka ülkelerin sermaye sınıflarıyla kapışmaya) talip olacağı yerde, küresel sermayenin yerli işbirlikçisi olmayı seçmiştir. Bu durumda yapılacak hiçbir 'yapısal' reform Türk ekonomisine mesafe aldırmaz. Türk devleti, kısır bir sermaye sınıfının cankurtaranı misyonunu üstlenmekle, kendi yaşama imkânlarını hızla tüketmektedir. Bu durumda halkın yoksulluğunu kime şikâyet edeceğiz?

Japon başbakanı Obüçi 62 yaşında yok ve kalbinde pil taşıyordu. Başbakan geçenlerde aşırı yorgunluktan komaya girerek öldü. Japonya'da gönüllü olarak aşırı çalışma "karo" diye adlandırılıyor. 1990'larda "aşırı çalışmadan ölmek" manasına "karoşi" kelimesi türetilmiş. Bu kelime batı lisanlarına da girdi. 1998'de bu sebeple ölenlerin sayısı 90. Japonların bu "çok çalışına hastalığı"nı neye bağlamalı?

Japonya'da her şirketin bir aile olduğu söylenir. Tıpkı Çin'de her ailenin bir şirket olması gibi. Niçin fazla çalıştıklarını sorsanız, herhalde ailemizin istikbali için diyeceklerdir. Hedefsiz yahut yanlış hedefli bir aşırı çalışma elbette marazidir. Ama Japonya'ya sadece bu gözle bakmak, onu gelişigüzel övmek kadar yanlıştır. Hollanda, İngiltere ve Japonya: Dar alana sıkışmış yüksek bir nüfusun, ciddi bir marifet sergileyerek büyük kara devletlerini alt edebileceklerinin az sayıdaki numuneleridir bunlar. Acımasız dünya siyasetlerini gayr-ı insanî bulup bunları aşağılayabiliriz; fakat daha işe yarar olan, 'yükselişlerinin' esrarını araştırmak ve müstakbel bir dünya sisteminin oluşum sürecinde bu bilgiden yararlanmaktır. Yoksa söz konusu yükselişin gerçekte bir düşüş olduğunu tekrarlayıp durmakla herhangi bir fayda temin etmiş olmayız.

İlahiyat Fakültelerimizden birinde yaşlı bir hocaya soruyorlar: Bu kadar doktora yaptırdığınız kişi var. Bunların bir kısmı profesör oldu, ama içlerinde kaliteli bir akademisyene rastlanmıyor! Mesela şu zat için ne diyorsunuz? Hoca'nın cevabı: İmanı zayıftır ama İngilizcesi iyidir! Cep telefonu ile yarışan bu İngilizce merakına ne diyorsunuz?

Söz Japonlardan açılmışken, Japonların iyi İngilizce konuşan yurttaşlarına asla güvenmediklerini (ciddi bir Japon toplumbilimcisine dayanarak) söylemeliyim. Yabancı bir dili, o millete büyük bir sempati beslemeden öğrenmek mümkün değildir. Uzun yıllar Türkiye'de kaldıkları halde, birçok Amerikan ve Avrupalının Türkçeyi niçin Tarzanca konuştuklarını başka nasıl izah edebiliriz? Maalesef, şu anda bir Türk üniversitesinde İngilizce İktisat ve Yönetim Düşüncesi okutuyorum! İlk derste talebelerime bu işin ne kadar mantıksız olduğunu (Türkçe olarak!) anlatmakla bu tuhaflığı ne kadar bertaraf ettim, bilmiyorum. Hâkim medeniyetin dilini öğrenmek elbette yanlış bir şey değil, fakat bunu adam olmanın şartı olarak görmek oyunu baştan kaybetmektir. Cemiyete İngilizcesi iyi, ama imanı ve Türkçesi çok daha kuvvetli fertler kazandırmalıyız.

Konuşan:
Mustafa Kutlu (*Dergâh*, Sayı 124, Haziran 2000)

Goethe *Faust*

Michael Ende *Momo*

Tanpınar *Sahnenin Dışındakiler*

Yakup Kadri *Ankara, Panorama*

Halide Edib *Sinekli Bakkal*

Zola *Tazı Payı, Para*

Peyami Safa *Matmazel Noraliya'nın Koltuğu*

Conrad *Karanlığın Yüreği, Nostromo*

Emperyalizmin Gerçek Yüzü Romandadır!

Tanpınar, Yakup Kadri ve Halide Edib edebî siyaset sosyolojimizin üç temel direğidir. *Sahnenin Dışındakiler*, ulus yaratmadaki kısırlığımızı camii'nin köklü etkisiyle irtibatlandırıyor: "Camii, içtimaî jeolojinin merkeziydi" diyor. Meselenin kalbinde Allah vardı ve mabedin yerine marketi (piyasayı) ikame etme girişimi toplumun bilincini yaralıyordu. *Ankara* yazarı içinse olay daha basitti: Tanrı-Atatürk *ulus ol*! demiş, ama cemiyet bir türlü ulus karakterine bürünememişti. Yakup Kadri'nin ve Tanrı-Atatürk'ünün sustuğu yerde Halide Edib söze başlıyor ve İnkılab'ın fikrî ve iktisadî açmazını "Şeytan'ın inâyetiyle" aşmaya çalışıyordu. *Sinekli Bakkal*, modern Türk edebiyatının *Faust*'uydu! İçtimaî jeolojinin merkezini mabetten markete kaydırıyor ve topluma şu mesajı veriyordu: "Türkoğlu, medenî ve güçlü olmak istiyorsan, Şeytan'ın hakkını ver!" Fakat, Halide Hanım "unutamayan ulusçu"ydu. Bir yandan da, en geniş anlamda "Türk Milleti"nin ruhuyla bütünleşmiş olan Allah'ı gücendirmemenin çârelerini arıyordu. Ulusu arzuluyor, milletten vazgeçemiyordu.

Gençlik sizin için neyi ifade ediyor?

Gençlik benim için 'delikanlılık' demek. Kanın deli olması, damara sığmaması. Cinsiyet ayırımı yapmadan söylüyorum, pek tabii; delikanlıları kadın erkek diye ayırmıyorum. Hizaya girmemek, Don Kişot olabilme kabiliyetini yitirmemek, gençlik budur! Don Kişot, son dört yüz yılın en delikanlı kurgu kahramanıdır. Gerçek bir idealist. Aşk, dostluk, feragat dahil bütün duyguların ve insanlar arasındaki her tür ilişkinin paraya çevrildiği yoz bir çağda, hakikatı ancak bir delinin haykırabileceğini simgeliyor. Akıllı genç, çoğu zaman, eğitilerek haksız düzene boyun eğdirilen genç demektir. Adalet duygusu iptal edilmiş, hadım edilmiş genç demektir. Don Kişot, çılgın bir adalet nöbetçisidir. Ondan nöbeti devralmaya aklı ve kalbi hazır olan delikanlılara genç demek lazım. Gençlik bir yaş meselesi değildir. İnsanların çoğu yirmisine kadar bebek, yirmibirindeyse bunak olurlar!

İktisatla edebiyatı birleştirmeye çalışıyorsunuz. Niçin?

Modern hayatın ana meşgalesi iktisadî faaliyettir. Ortalama bir dünya vatandaşının siyasî faaliyeti üç-beş yılda bir oy kullanmaktan ibarettir; oysa yüz kişiden doksanı her gün sabah sekiz akşam altı bir şirketin çarkları olarak çalışmak zorundadır. Onun için, Smith, Marx, Veblen, Keynes, Hayek gibi iktisatçıları ciddi biçimde kavrayamayan, ne roman yazabilir bence, ne de şiir! Modernlik, üç kurgunun üst üste çakışmasıdır: Kâğıtpara, Ulus ve Roman. Kâğıtpara'yı tek kelime olarak yazıyorum, çünkü bu icat para değil, simyadır. Ulus da, millet değildir. Bir toplum geçmişini unutabilirse, ulus olabilir. Millet ise, hatırlayarak gerçekleştirilen bir birliktir. Unutarak ulus, hatırlayarak millet oluruz. Bu gerçekliği eserlerinde en iyi yansıtabilenler Halide Edib, Tanpınar ve Kemal Tahir gibi romancılarımızdır.

Marx'ın daha sokakta oyun oynadığı bir dönemde, Goethe modern ekonominin sırrını *Faust II*'de ifşâ ediyordu: Kâğıtpara, kapitalist ekonominin kanıdır ve "emeksiz değer yaratma" girişimidir. Ancak bu, kısa vadeli bir "sanal altın" yaratma eylemidir; orta ve uzun vadede, sanal refahın maliyetini halk ödeyecektir. Kâğıtpara, hükümdarlara sınırsız borçlanıp, anapara ve faizi halkın sırtına yükleme imkânı vermektedir. Özgür bireylerden oluştuğunu vehmettiğimiz modern uluslar, insanları, kâğıtpara mekanizmasıyla borçlandırılmış yük hayvanlarına dönüştürmektedir. Bu 'gerçeği', toplumbilimcilerden önce, Goethe, Balzac, Zola, Dickens gibi 'kurgucular' fark etmiştir.

Tarihi biz genelde geçmiş ile irtibatlandırırken, siz onu hep gelecekle içiçe ele alıyorsunuz. Bu bana çeyrek asır önceki bir kitabınızın başlığını hatırlattı: *İstikbal Köklerdedir.*

Tarih, geçmişte yaşadıklarımız değil, gelecekte yaşamayı düşlediklerimizdir. Ulu Hakan da, Kızıl Sultan da aynı kişidir ve *tarihsel* zaman içinde değil, *düşsel* zaman içinde 'yaşamış'tır. Olgu değil, kurgudur. Abdülhamid veya Mustafa Kemal, et ve kemikten insanlar değil, özlemlerimizin ete kemiğe bürünmesidir. Özlem, arzu ve çıkarlarımızın. Bu yanıyla Gılgamış'a benzer tarih, "üçte ikisi Tanrı etinden, üçte biri insan." Tarihin de üçte biri hayattır, üçte ikisi roman!.. Kemal Tahir, *Yorgun Savaşçı* romanına şu sarsıcı ifadeyle başlıyordu: "Siz benim geçmişi aradığımı sanıyorsunuz. Yanılıyorsunuz. Ben sizin geleceğinizi aramaktayım."

FETÖ'nün romanını da 80 yıl önce Robert Musil yazdı diyorsunuz!

Bu meşum örgütün mahiyetini medyatik kafalı hiçbir araştırmacı-tarihçinin, *Niteliksiz Adam* başlıklı romanıyla Musil kadar ikna edici biçimde açıklayabildiğini sanmıyorum. Avusturyalı romancı, devasa bir mekanik aygıta benzeyen paralel örgütün hem meczup liderinin, hem de *niteliği olan ama adam olmayan* elemanlarının psikolojisini hepimizden iyi resmediyor. Lider ise, nereye gittiğini bilmediği için, o kadar hızlı mesafe katedebiliyor!

***Roman Diliyle Siyaset* kitabınızın bence anahtar kelimeleri ulus ve emperyalizm. *Roman Diliyle İktisat* kitabınızın ise kâğıtpara ve kapitalizm. Okuduğunuz romanları, bu kavramlar arasındaki irtibatı göstermede kullanıyorsunuz.**

Kullanmıyor, onlardan öğreniyorum. Roman, bir kurgu olarak, kâğıtpara ve ulus kurgularını tamamlıyor. Kâğıtpara, para tarihinde yepyeni bir uğraktır. Ekonomiye simyayı sokmuş, emeksiz değer yaratımını mümkün kılmıştır. Bunu en iyi kavramış düşünür ise bir iktisatçı değil, şair/romancı Goethe'dir. Bu meseleyi *Faust II* ve *Momo* (Michael Ende) üzerinden tartışıyorum. Fakat biz daha kâğıtparanın mahiyetine tam akıl erdiremeden *bitcoin* zuhur etti: *hikâyepara.* Bakalım onun romanını kim yazacak?

Sahi, nasıl bakıyorsunuz siz bu *bitcoin* meselesine?

Diyanetle aramı açmayın! Caiz değil diye fetva verdiler hemen. Gerekçeleri kısmen doğru. Koyinlerin büyük bir kısmı resmen kumar aracı; kumar ve dolandırıcılık. Fakat *bitcoin* denen koyin dahil olmak üzere, bir kısmı da, insanlık tarihinin en büyük zulüm ve sömürü aracı olan kâğıtparaya karşı bireyleri koruyucu bir malî enstrümana dönüşebilir. Sırf devlet çıkarları yüzünden, böyle bir insanî potansiyelin bastırılması caiz değildir!

Ulus meselesine dönelim izninizle. Tanpınar, Halide Edib ve Yakup Kadri üzerinden ilginç bir okuma yapıyorsunuz.

Edebî siyaset sosyolojimizin üç direğidir bu kurgu ustaları. *Sahnenin Dışındakiler*, ulus yaratmadaki kısırlığımızı camii'nin köklü etkisiyle irtibatlandırıyor: "Camii, içtimaî jeolojinin merkeziydi" diyor Tanpınar. Meselenin kalbinde Allah vardı ve mabedin yerine marketi (piyasayı) ikame etme girişimi toplumun bilincini yaralıyordu. *Ankara* yazarı içinse olay daha basitti: Bir gün gelip de öleceğini aklından bile geçirmediği Tanrı-Atatürk *ulus ol!* demiş, ama cemiyet bir türlü ulus karakterine bürünememişti. Yakup Kadri, *Ankara* romanında başlattığı rejim eleştirisini *Panorama*'da keskinleştirir. Ebedî Şef ölmüş, onun yerini alan Millî Şef ise yazarımızı derin bir düşkırıklığına uğratmıştır. Bir park yerine dikilen Atatürk büstüne dert yanıyor: "Akıbetimiz ne olacak? Şimdi yine bir uçurumun kenarına geldik. Söyle, selamet yolu nerede?" Yakup Kadri'nin ve tunçtan Atatürk'ünün sustuğu yerde Halide Edib söze başlıyor ve İnkılab'ın fikrî ve iktisadî açmazını "Şeytan'ın inâyetiyle" aşmaya çalışıyor!..

Nasıl?

Sinekli Bakkal, modern Türk edebiyatının *Faust*'uydu! İçtimaî jeolojinin merkezini mabetten markete kaydırıyor ve topluma şu mesajı veriyordu: "Türkoğlu, medenî ve güçlü olmak istiyorsan, Şeytan'ın hakkını ver!" Fakat, Halide Hanım "unutamayan ulusçu"ydu. Bir yandan da, en geniş anlamda "Türk Milleti"nin ruhuyla bütünleşmiş olan Allah'ı gücendirmemenin çârelerini arıyordu. Ulusu arzuluyor, milletten vazgeçemiyordu.

***Sonsuz Panayır* romanını da çok önemsiyorsunuz.**

Sinekli Bakkal edebî siyaset sosyolojimizin temelini oluşturuyorsa, bu roman da edebî iktisat sosyolojimizin direklerinden biridir. Bugün yazılsa, sadece İki Binler yerine Yirmi Binler diyecek, romanın diğer kısımlarına dokunmayacaktık! Romanın nüvesi olan "Şeytanla çatışma sanatı"nın hazmı zor olduğundan, Emile Zola ile Peyami Safa'yı yardıma çağırdım. Zola, 1860'ların Paris'ini resmetmeye çalıştığı *Tazı Payı* romanında, siyasetin nasıl servet avcılığına dönüştüğünü irdeliyor; Peyami Bey ise *Matmazel Noraliya'nın Koltuğu*'nda emek/sermaye dengesine dayalı bir adil düzen öneriyor. Bu türden *kurguları* "Cumhuriyet Dönemi

İktisadî Gelişmesi"nin birinci derecedeki *tarihî kaynakları* arasında sayıyorum.

Zola'nın *Para* romanı sanki günümüzün Kudüs meselesini 1890'lardan haber veriyor gibi!

Zola'nın bu romanı hem Fransız sömürgeciliğinin hakimâne kritiği, hem de sömürgeciliğin iki temel kaynağının tarafsız ifşâsıdır: Din ve borsa. Paris borsası üzerinden, dinibütün Katolikleri yolacak finans üçkâğıtçıları olmasa, *Şark'ı ilerletme suretiyle talan etme* projeleri rafta kalırdı. Peyami Safa ise, *Biz İnsanlar* romanında, Avrupa emperyalizmine karşı çıkma maskesi altında, Rus emperyalizminin değirmenine su taşıyanları deşifre ediyor. Bu iki romanın "paralel" okunması, günümüzdeki birçok gelişmeyi de aydınlatacak imkânlar sunabilir. 'Fransızlar' (Avrupa + ABD) ve Ruslar bugün de Şark'ı *demokratikleştirme yoluyla talan etmeye* çalışmıyorlar mı?

Kitabın ikinci bölümünde daha çok Joseph Conrad ile muhatap oluyoruz. En sonda da Jules Verne ile.

Bunlar tarihî bir gerçeğin altını çiziyorlar bence: Emperyalizmin gerçek yüzü romandadır! Conrad'in iki romanını ele alıyorum sadece: Avrupa emperyalizminin Afrika serüveni (*Karanlığın Yüreği*) ve Amerikan emperyalizminin Latin Amerika serüveni (*Nostromo*). Birincisi sömürgeci yüreğin karanlığını aydınlatırken, ikincisi yatırım görüntülü liberal sömürgeciliğin içyüzünü ifşâ ediyor. Aynı zamanda, yerli kurtarıcıların sömürgeciler kadar talancı olabileceğini de. Emperyalizmin yeni bir yüz (daha doğrusu, yüzsüzlük) ile bölgemizi kuşatmaya çalıştığı bir tarih döneminde, bu *kurgulardan* öğreneceğimiz sayısız *gerçekler* var!

***Roman Diliyle İktisat* kitabınızı konuşmaya fırsat bulamadık. Başka zaman inşaallah. *Karanlığın Yüreği*'nin mesajı ile noktalayalım söyleşimizi.**

Bu romanın ana kahramanı Kurtz, ruhu delirmiş Avrupa'dır: Adı Almanca, anası İngiliz, babası yarı Fransız. Bütün dünyayı yutmak isteyen, açgöz, kıyıcı, şeytanî Avrupa. Her şeyi kendine çeken azgın bir hortum: "Benim fildişim, benim şubem, benim nehrim..." Her şey onundu, diyor Conrad, fakat önemli olan "onun kime ait olduğu, karanlığın kaç tane gücünün ona sahip çıktığıydı." Sadece kapitalist girişimci ve emperyalist devlet adamlarını karanlığın güçleri arasında sayarsanız, yanılırsınız. 19. Yüzyılda, liberal filozoflar da liberal sömürgeciliğin bayraktarlığını yapıyordu: James Mill, beyaz-olmayan halkların özgürlük ve demokrasiye lâyık olmadığını söylerken, oğlu John Stuart Mill, liberal ilkelerin "aşağı halklara" uygulanamayacağını belirtiyordu.

Bu bağlamda daha çok Hindistan sömürüsü meşrulaştırılırken; onlardan yüz yıl kadar önce John Locke ile David Hume, Amerikan kıtasının sömürülmesini Liberal İncil'e göre haklılaştırmaya çabalıyorlardı. Locke, Amerikan yerlilerinin köleleştirilmesini, hatta düpedüz tenkilini normal görüyordu; çünkü yerlilerde *mülkiyet* duygusu yoktu. Toprağı gereğince kullanmıyor, israf ediyorlardı! Hume ise koyu deri renginin ahlâkî ve zihnî aşağılık işareti olduğunu, Tanrı'nın maalesef bir değil, birçok insan türü yaratmış olduğunu söylüyordu. Conrad'in romanları sadece 19. yüzyıl iş ve devlet adamlarıyla değil, modern Avrupa siyaset felsefesiyle de epik bir hesaplaşmadır.

Konuşan:
Yusuf Temizcan (*Genç,* Mayıs 2018)

Robert Musil *Niteliksiz Adam*

Tanpınar

Cemil Meriç

Halide Edib

Zola

Balzac

Romancı, Geleceğin Tarihini Yazar!

"Medyatik kafa anlık düşünür; zaman çerçevesi birkaç günden birkaç yıla uzanır. Akademik kafa zaman perspektifini genişletir; yıldan onyıla, nadiren yüzyıla uzanır. Sistemik kafa, içinde bulunulan tarihsel sistemi, (muhtemel) başlangıcından itibaren izlemeye ve hareket yasalarını keşfetmeye çalışarak günümüzde vardığı noktayı tesbite çalışır. Bunu ne kadar başarılı yapabilirse, sistemin müstakbel yörüngesini de o kadar doğru öngörebilir. Bu kafanın zaman perspektifi yüzyıldan binyıla uzanır. Cervantes'ten Balzac'a, Zola'dan Tanpınar'a kadar büyük romancıları bu gruba dahil etmekle kalmıyor; bunların zaman zaman ehl-i hikmet saflarına karıştıklarını hissediyorum."

Son yıllarda bütün yazılarınızı "romanlar üzerinden" yazıyorsunuz. Bu bir kaçış mı? Ne'den, neye veya nereye kaçıyorsunuz?

Hem keşif, hem kaçış. Hayatımız sanallaştıkça, asıl gerçeğin kurgularda yattığını keşfeder (gibi) oldum. Roman gerçeğinin, hayat gerçeğinden daha sıcak, daha anlamlı, daha 'gerçek' olduğunu hissetmeye başladım. Hakikatsız kalmış bir dünyanın gerçeğini en iyi, yanlışlıkla 'roman' diye adlandırdığımız öykülemede buldum.

Roman kelimesini uygun bulmuyorsunuz yani?

Fazla duygusallık kokuyor. Büyük romanlar için, romanbilim kelimesini kullanmayı öneriyorum, gerçekliği tarihten ve diğer toplumbilimlerden çoğu zaman daha başarılı yansıtabildikleri için. Modern sosyolojinin üç kurucu babası Marx, Durkheim ve Weber'e 'bilimadamı' derken, onlara ilham kaynağı olan Balzac, Dickens veya George Eliot'a romancı demek, önemlerini küçültüyor gibi. Geleceğin tarihini yazıyor bunlar!

***Roman Diliyle Siyaset* kitabınıza Kemal Tahir ve Robert Musil ile giriyorsunuz. Neredeyse bir asır önce yaşamış Avusturyalı bir romancının FETÖ olgusunu günümüzün akademisyenlerinden ve medya yorumcularından daha doğru açıkladığını söylüyorsunuz. Biraz abartmıyor musunuz?**

Yıllar önce, üç tür kafadan söz etmiştim: Medyatik, akademik ve sistemik kafa. Bunlardan ötesi, ehl-i hikmet. Medyatik kafa anlık düşünür; zaman çerçevesi birkaç günden birkaç yıla uzanır. Akademik kafa zaman perspektifini genişletir; yıldan onyıla, nadiren yüzyıla uzanır. Sistemik kafa, içinde bulunulan tarihsel sistemi, (muhtemel) başlangıcından itibaren izlemeye ve hareket yasalarını keşfetmeye çalışarak günümüzde vardığı noktayı tesbite çalışır. Bunu ne kadar başarılı yapabilirse, sistemin müstakbel yörüngesini de o kadar doğru öngörebilir. Bu kafanın zaman perspektifi yüzyıldan binyıla uzanır.

Cervantes'ten Balzac'a, Zola'dan Tanpınar'a kadar büyük romancıları bu gruba dahil etmekle kalmıyor; bunların zaman zaman ehl-i hikmet saflarına karıştıklarını hissediyorum.

Musil'i ele alalım öyleyse. FETÖ olgusunu nasıl öngörüyor?

Robert Musil, *Niteliksiz Adam* romanını 1921-42 arasında yazdı. Kurgusunda, mevcut devlet yapısına ilave bir Paralel Örgüt tasarladı. Bu örgütün nitelikleri ve işleyiş tarzı, Türkiye'nin meş'um paralel örgütüne model oluşturabilecek tarzdadır. Roman öyle kurgulanmış ki, Paralel Örgüt'ü aslında kimin, nasıl, ne zaman kurguladığı bile aşikâr değildir. "Bir şeyler olmalı!" fikri eyleme katılan herkesin ortak kanısı iken, neyin olması gerektiğini kimse bilmiyor. Eylemin baş tasarımcısı Kont Leinsdorf şöyle diyor: "Zararı yok, asıl önemli olan, bir aygıtın olmasıdır! Aygıt varsa çalışmak zorundadır; çalıştığı için hızlı gider; direksiyonunda kimse bulunmasa bile, belirli bir yolu, hatta çok etkileyici ve özel bir yolu geride bırakır."

Paralel Eyleme katılanlardan sadece ikisi ne istediğini biliyor ve her ikisinin de eyleme nasıl katıldığı belli değildir: Büyük Alman sanayici Arnheim ile Avusturyalı general Stumm. Birincinin hedefi "paralel eylem" sayesinde Galiçya'daki petrol alanlarına sahip olmak; ikincinin hedefi ordu için malî kaynak sağlamaktır. Yani orta yerde düşünsel/kültürel hedefler peşinde koşan çok sayıda aktör gözükürken, Alman sermayesi ile Avusturya ordusu kendi özel hedefleri peşinde koşmaktadır. Birinciler kaotik bir fikirler ağı içinde bocalarken, ikinciler net hedeflerine ulaşırlar.

Nitelikleri Var, Ama Adam Değiller!

FETÖ uzun yıllar, ülkenin en yetenekli gençlerini özel bir eğitim faaliyetine yönlendiren bir hareket olarak algılandı. Bu parlak beyinler, bir fesat odağının kuklaları haline geldiklerini kavrayamadılar mı? Bu nasıl mümkün olabilir?

Parlak ama aptallaştırılmış beyinler! Romancımıza göre, parlak beyinleri aptallaştırmak, paralel örgütün mümtaz marifetidir. Şöyle diyor: "Aptallık, içten içe yetenekle karıştırılabilecek kadar yeteneğe benzemeseydi, ve dışa karşı da ilerleme, deha, umut, iyileşme gibi görünmeseydi, o zaman herhalde kimse aptal olmak istemezdi ve ortada aptallık diye bir şey de kalmazdı. En azından onunla savaşmak kolay olurdu. Aptallığın ne yazık ki son derece baştan çıkarıcı ve doğal bir yanı vardır. Aptallığın kendine uyduramayacağı hiçbir düşünce yoktur, her yanıyla devingendir ve sırtına hakikatın bütün giysilerini geçirebilir."

Örgüt üyeleri parlak ama aptal. Peki ya lider?

Musil'in kurgusu bu yönüyle de muhteşemdir. Paralel eylemin mucidi Kont Leinsdorf, örgütü bir "hizmet hareketi" olarak tasarlamıştır: Avrupa'daki halklar güya maddeci bir demokrasi anaforuna kapılmış, "ehl-i dünya" olmuşlardır. Kont, bunlar için hem bir uyarı, hem de yeniden özbilinçlerine varma göstergesi olabilecek yüce bir simgenin peşindedir. Peki, İmparator bu yüce misyonun farkında mıdır? Ekselansları 88 yaşındadır ve "yaşama ilişkin inancına göre, büyük şeyler yapan bir adam, genelde bunu neden yaptığını bilmez! Bir adam, nereye gittiğini ne kadar bilmiyorsa, o kadar ilerler!"

FETÖ ile irtibatlandırırsak, eylemin mucidi ile hareketin lideri konumundaki yaşlı kişi farklı mı? Lider, pek de nereye doğru gidildiğini bilemez durumda mıdır?

Roman gerçeği ile hayat gerçeği arasındaki köprüyü, her okuyucunun kendi bilgi ve tecrübesi ile kurması beklenir. Musil'in kurgusu bana bir kehanet gibi gözüküyor; kendimi tutmasam, keramet diyeceğim. O kadar ortak yanlar var ki! Mesela Kont'un amaçlarının başında, *politikayı gereksiz kılmak* geliyor. FETÖ'nün bariz vasfı da bu değil mi? Ordu, polis ve yargıda iyice örgütlendikten sonra, siyaseti iptal etmeye yönelmediler mi? Romandaki Paralel Örgüt, siyaseti gereksiz kılmak amacıyla "toplumun her kesiminden, *özellikle de ekonomik alandan* insanları kendine çekiyor, en rahat yalan söyleyebilenleri." Takiyye üstadı banka müdürü Leo Fischel, "İnsan ancak yalan söylediğinde hep bir adım ilerliyor" diyor. Sayın Cumhurbaşkanımız FETÖ'yü "Tabanı ibadet, ortası ticaret, tavanı ihanet" bir yapı şeklinde özetlemişti. Onu dinlerken Musil'i okuyor gibiydim!..

Romanın adı neden *Niteliksiz Adam*?

Ana kahramanımız Ulrich, örgütün parlak beyinlerine kıyasla niteliksiz de ondan! Paralel eyleme kapılanların dünyası "adamsız nitelikler"den, "yaşayanı olmayan hayatlar"dan oluşuyor. Orta yerde, büyük aygıtın çalışmasına yarayacak sayısız nitelik var, ama adam değiller. Ulrich niteliksiz de olsa, adam! FETÖ'yü bundan daha net izah edebilen bir sosyolojik çalışma yayınlandı mı dersiniz?

ABD, Ucuz Müttefik İstiyor!

İzninizle, romandan hayata geçelim. FETÖ'nün 15 Temmuz darbe girişiminin arkasında ABD'nin olduğu çok söylendi. Çeyrek yüzyıl önce yayınlanan *Amerikan Yüzyılının Sonu* başlıklı bir kitabın yazarı olarak siz de böyle mi düşünüyorsunuz? Kont Leinsdorf, ABD mi?

Komplocu düşünmeye yatkın bir insan değilim. Sözünü ettiğiniz kitapta da, tamamen yapısal gelişmelerden hareketle, Amerikan hegemonyasının son bulduğunu; sistemdeki konumunu sürdürebilmek için ABD'nin artık ekonomik değil, askerî yollara başvuracağını belirtmiştim. 2000'lerde, Afganistan'dan Irak'a uzanan gelişmeler bu öngörüyü –maalesef- haklı çıkardı. Gene yapısal bir analizle, ABD'nin bir müttefik olarak Türkiye'den vazgeçme lüksü olmadığını; fakat talepkâr bir Türkiye değil, ucuz bir Türkiye istediğini söyleyebilirim. Bunun için de, Türk devletinin içten çökertilmesi, olabildiğince zayıflatılması gerekiyordu. FETÖ bu projenin taşeronu oldu.

Madem ilke olarak ABD, Türkiye'den vazgeçmeye niyetli değil, neden onu zayıflatmak istesin ki?

Amerikan hegemonyasının son bulması demek, kapitalist sistemin merkezinde fazla sayıda rakip oyuncunun ortaya çıkması demektir. Rekabet artınca, kazanç azalır. Dolayısıyla, ister ABD veya AB, ister Çin olsun, merkezdeki oyunculara daha "düşük fiyatlı" müttefikler lazım. Türkiye ise özellikle 2000'lerdeki siyasî istikrarı ve iktisadî performansıyla, 1 trilyon dolarlık bir ekonomi haline geldi. İster istemez talepkâr olacak, deyim yerindeyse, ittifak ilişkilerinde "yüksek fiyat" isteyecekti. FETÖ başarılı olsaydı, ucuz Amerikan müttefiki bir Türkiye'de daha sorunsuz yaşıyor olacaktık. Şimdi sorunlu ama onurluyuz!..

Yakın gelecekte, Amerikan müttefiki olmayan bir Türkiye mi olmalı temel tercihimiz?

Hayır! İttifak, iki ülkenin de lehinedir. Ve iki taraf da bunu bilmiyor olamaz! O halde, pazarlık sıkı geçecek demektir. Türkiye, bugüne kadar alanda varlığını hissettiremediği için, masada eli zayıftı. Atatürk ve İnönü'nün de asker olduklarını hesaba katarsak, Cumhuriyet tarihimizde ilk defa sivil bir başkomutan Türk ordusunu yönetiyor. Benim gençliğimde Demirel, "her milletin bir ordusu var, bizde ise ordumuzun bir milleti var" diyordu. Çocuklarımın gençliğinde artık "milletin bir ordusu var!" diyebilmek, büyük bir bahtıyarlıktır. Biz Osmanlı'nın devamıyız, ama sistemik kayışlardan ötürü yönümüzü doğuya çevirmemiz gerekiyor. Bunun için de 'Batı sistemi' ile Kasr-ı Şirin'imizi oluşturmalıyız.

Hissettirmeden bir roman havasına girdi söyleşimiz. Biraz açalım bu görüşleri lütfen!

Osmanlı sistemi "Batıya akan" bir oluşumdu; onun için arkasını sağlama alması gerekiyordu. İran ile yüz yıllık bir kapışmadan sonra, kalıcı barış yapılarak, arkamız sağlama alındı. Şimdi Türkiye sistemi, bütün dünya ile beraber, "Doğuya akmak" zorunda: Kaynaklar ve pazarlar Asya'da artık. Onun için arkayı sağlama almak, AB ve ABD ile kalıcı barış içinde olmak lazım. ABD ile eski tarzda müttefik olmayabiliriz; hiçbir zaman tam bir AB üyesi de olmayabiliriz. Ama bunlarla çatışma içinde olmamamız gerek. Onlar için de, bizim için de faydasızdır bu.

Unutarak Ulus, Hatırlayarak Millet Oluruz!

İki kitabınızda, yaklaşık 40 romancının 60 romanını irdeliyor; daha doğrusu, siyasi ve iktisadi hayatımızla irtibatlandırıyorsunuz. Bunlardan sadece bir tanesi üzerinde konuşurken, yerimiz doluverdi. Başka hangi meseleleri gündeme getiriyorsunuz roman üzerinden?

Modernlik üç kurgunun üst üste çakışmasıdır: Kâğıtpara, ulus ve roman. Kâğıtpara, para değil, simyadır. Emeksiz değer yaratma enstrümanı. Bu sayede kralın borcu, halkın borcu haline getirilir. Ulus, millet değil, sanal bir cemaattir. Unutarak ulus, hatırlayarak millet oluruz. Ve bütün bu karmaşık iş ve ilişkiler en yetkin ifadesini toplumbilimde değil, romanbilimde buluyor. Cemil Meriç, 19. yüzyılın bütün sosyologları bir Balzac etmez dediğinde, üstad abartıyor demiştik. Şimdi, az söylemiş diyoruz. Modernliğin ulus ve emperyalizm ayaklarını *Roman Diliyle Siyaset* kitabında irdeliyorum. Halide Edib ile Tanpınar'ı uyuklayarak okuyageldiğimiz için, ulus olmanın inceliklerine akıl erdiremedik. *Sahnenin Dışındakiler* yazarı, "içtimaî jeolojimizin merkezi camii idi" derken; *Sinekli Bakkal* yazarı bu merkezi mabetten markete kaydırma peşindeydi. İmamı huysuz, mescidi kasvetli, ama bakkalı şen mahallede, soytarı Tevfik'in hafız kızı Rabia'nın ateist (eski rahip) Peregrini Osman Efendi ile izdivacı modernlik tarihimizin özetidir. Rabia'nın oğlunu tanıyan var mı bugün?

Tanpınar ve Halide Edib dışında Kemal Tahir, Yakup Kadri ve Peyami Safa'yı çok önemsiyorsunuz. Yabancılardan da Zola ile Conrad'ı.

Zola'nın 19. yüzyılın son çeyreğinde yazdığı romanların, ABD'den Türkiye'ye kadar birçok ülkede 20. yüzyıl boyunca adeta yeniden yazıldıklarını düşünüyorum. Ben ilk kitapta sadece *Para* ve *Tazı Payı* romanları üzerinde durabildim. *Roman Diliyle İktisat* kitabında ise, kâğıtparanın hareketlendirdiği modern ekonominin toplum ve değerler üzerindeki etkilerini tartışıyorum.

Zola'nın *Kadınların Cenneti,* Balzac'ın *Sönmüş Hayaller*'i, Tanpınar'ın *Mahur Beste*'si... Bence bu kitabı hiç konuşmayalım şimdi; ayrı bir söyleşi konusu olsun. Conrad üzerinden ise sömürgecilik/emperyalizm meselesini ele alıyorum.

Maşallah, hızınıza yetişmekte zorlanıyoruz. Sanıyorum her ay dört beş dergide kesintisiz yazıyorsunuz!

Ben aslında kitap yazıyorum. Dergiler, çalışma hayatımı disiplin altına alıyor. Milletten ulusa düşüşümüzün vicdan azabını daha çok *Dergâh* dergisindeki yazılarımda dile getirmeye çalışıyorum. Sömürgeci zihniyetin romanlardaki yansımalarını en iyi *Derin Tarih*'te sergileyebiliyorum. *Nihayet* dergisinde kapitalizmin manevî, ahlakî tahribatına ayna tutmaya gayret ediyorum. *Arka Kapak*'ta roman ve hukuk, roman ve din konularına ağırlık veriyorum. *Derin Ekonomi*'de ise, roman tadında girişimci portreleri çizmeye çalışıyorum.

Yeni kitaplar sırada o halde!

Yirmi yıl kitap yazmadım ama bol miktarda yazı biriktirdim. Şimdi bunları kitaplaştırma zamanı. Mutfaktaki yedi kitaptan beşi yeni, ikisi ilavelerle yenilenmiş: *Yönetebilen Türkler, Makul Yönetici, Meşru İktisat, Roman Diliyle İş Hayatı, Amerikan Yüzyılının Sonu, Milletin Yurdu Tarihtir, İstikbal Köklerdedir*

Konuşan:
Havva Yılmaz (*Yeni Şafak,* Kitap Eki, 11 Nisan 2018)

Kemal Tahir *Yol Ayrımı*

Tanpınar *Sahnenin Dışındakiler*

Halide Edib *Sinekli Bakkal*

Romana Uzak Duran Ne Tarihi Anlar, Ne de Toplumu!

"Türkiye'de ulusçu elit, Soğuk Savaş boyunca ülkeyi ancak "Batıya hizmet teklif etmekle" koruyabileceklerine inandı ve her on yılda bir "haddini aşan" millî iradeye darbe indirdi. Sonra Türkiye, özellikle ekonomik açılımlarıyla, artık yanaşma statüsünde kalamayacağını hissettirmeye başladıkça, ulusçu elit bile Batılı efendilere ağır geldi. Bu arada Türkiye'de önce paralel bir Nurculuk, ardından paralel bir Din, nihayet paralel bir Devlet kurma arayışında olan FETÖ, Batıya hizmette ulusçu elitin yerini alabileceğini kanıtlamaya başladı. FETÖ, Batıya yanaştıkça, ulusçular 'Doğucu' olmaya yöneldiler. Ortak paydaları, tarihten ve milletten kaçıştır. "Tarihsel haklardan" vazgeçiştir."

"Tarih, geçmişte yaşadıklarımız değil, gelecekte yaşamayı düşlediklerimizdir" diyorsunuz. Biraz açalım bu sözü lütfen.

Kitap-dergi yayıncılığında ve televizyon dizilerimizde tarihten geçilmiyor. Bu sebepsiz değil. Muhteşem Yüzyıl ile başladık, Diriliş ve Payıtaht/Abdülhamid ile devam ediyoruz. Çünkü Türkiye güçlenip Sistem'den hak talep etmeye başlayınca, merkezdekiler de payıtahtımızdan pay istemeye başladılar. Büyük romantarihçimiz Kemal Tahir yarım asır önce bugünleri öngörmüştü. *Yol Ayrımı* romanında bir yandan Cumhuriyet'in ilk on yılının muhasebesini yapıyor, bir yandan da Türk milettine müstakbel vazifesini hatırlatıyordu: *Tarihsel haklarından vaz geçme!*

Romanı hatırlayalım: İdealist Kemalist gazeteci Murat, yeni rejimin on yılda içine girdiği, Serbest Fırka'ya halkın gösterdiği olağanüstü teveccüh sayesinde artık en acemi göze bile aşikâr gelen açmaza bir türlü akıl erdiremiyor: "Farkına varmadan gelip bir çıkmaza girdik. Halk Partisi iktidarda olduğu halde, çoktan yenik düşmüştür. İşte bunu anlayamıyorum, buna hiçbir anlam veremiyorum" diyor. Tecrübeli İttihatçı Doktor Münir'e göre, yenilginin, yorgunluğun, düşüşün asıl sebebi, rejim değiştirme gücünün 'tarih değiştirme' hakkına dönüştürülmek istenmesidir. Oysa hiçbir nesil, bir milletin tarihsel haklarından vazgeçme hakkına sahip değildir! "Bir dünya imparatorluğu, yüzyıllar boyu, yüzlerce nesillerin birleşik gayretiyle, kanları, canları, malları pahasına doğmuş, kökleşmiş, gelişmiş, yaşatılmıştır. Tarihin bir döneminde, herhangi bir nesil, tek başına bu tasfiyeye karar verebilir mi? Veririm derse, bu kararın meşruluğu hangi vesikalarla ispatlanır?"

Kemal Tahir'e göre, 1908'in padişahçı İttihatçıları imparatorluğu yıktılar, 1923 Kuvayı Milliyecileri ise bir dünya imparatorluğunun miras hesaplarını tasfiyeye oturdular. Öyle ki, Lozan antlaşmasının bütün oturumları beş buçuk ay sürdü. "Mahzenler dolusu arşivleri düşünün, buradaki çeşitli anlaşmaları, bunlardaki incelikleri getirin gözünüzün önüne. Delegelerimiz incelediler mi bunları? Kılı kırka yardılar mı? Hayır! Dört milyon üçyüz seksen bin küsur km karelik bir imparatorluğun yediyüz yıllık hesapları tasfiye edildi beş ay içinde... Buna tasfiye denmez. Mirası reddettik, hem de borçlarından bir kısmını kabul ederek reddettik. Değil bir dünya imparatorluğunun mirası, bir mahalle bakkalının mirası bile bu kadar kısa zamanda tasfiye edilip karara bağlanamaz."

Yani bugün tarihî mirasımızı hatırlayıp, hak talebinde mi bulunduk? Türkiye'nin son yıllarda, meşhur Musul-Kerkük meselesi dahil olmak üzere, herhangi bir özel hak talebinde bulunduğunu hatırlamıyorum!

Sadece Musul ve Kerkük mü? O kadar sınırlı mı olacaktı tarihsel hak talebimiz? Bence Türkiye diye adlandırdığımız toplum/devlet sistemi güçlendikçe "hâl diliyle" daha ileri taleplerde bulundu. Mesela "Komşularla Sıfır Sorun!" dedi. Bu bir yanıyla son derece masum ve insanî bir talepti, self-determinasyon gibi. Fakat, siyaset felsefesi bağlamında, Wilson ne derece idealist idiyse, Erdoğan/Davutoğlu da ancak o kadar idealisttiler. Derin bir realizmle birleşmiş bir idealistlikti onlarınki. Bu insanî talep, aynı zamanda Türk ekonomisinin coğrafî derinlik kazanmasını içeriyordu. Trilyon dolarlık ekonomimiz, Avrupa'nın ortasındaki Almanya gibi, doğal pazar genişlemesini yaşayacaktı.

Ama sistemik güçler buna sert cevap verdiler.

Hem de içimizdeki odakları bize karşı kullanarak! Yeniden bir yol ayrımındayız bugün. Bu yol ayrımı, 80 yıl öncekinden farklı değildir. 'Batıya' hizmet teklif ederek küçük ve yanaşma bir Türkiye'yi ayakta tutmak isteyenlerle, "tarihsel haklarından" vazgeçmek istemeyen Büyük Türkiye sevdalıları gene karşı karşıyadırlar. Birinciler uzun yıllar sadece tasfiyeci ulusçulardan oluşuyordu. Bunlar yüreksizliklerini, politik gerçekçilikle maskeliyorlardı. Roman kahramanının dediği gibi: "Ne yapabiliriz ki? İmparatorluğun tarihsel hakları bugünkü dünyada artık silahla savunulabilir mi? Nasıl güç yetirebiliriz bu kadar zorlu düşmanlara?" Kemal Tahir'in cevabı, tarihe altın harflerle nakşedilmeyi hak etmektedir: "Haklar her zaman silahla savunulmaz. Hakkımız olanlara önce mutlaka sahip çıkardık. Fırsat kollayarak beklerdik. Sırası geldikçe yeniden pazarlık teklif ederdik. Hesaplaşma isterdik. Güç yetmeye geldi mi, elimizden zorla alınanı zorla geri alamazdık belki ama, bize zorla da 'Bağışladık' dedirtemezlerdi. Diyelim ki, bıçağın altına yatırdılar da dedirttiler, hatta işkenceyle bir şeyler de imzalattılar. İlk fırsatta böyle bir imza reddedilir. İşkencecilerin yakasına yapışılır. Yoksa bu durumda 'Yurtta sulh, cihanda sulh' diye şişinerek dolaşılmaz. Yunan, üst üste yenildiği halde, *Megalo İdea*'dan vazgeçiyor mu?"

İzninizle, roman gerçeğinden hayat gerçeğine geçelim. Kimlerdir bu teklif sahipleri?

Ulusçu elitle Fetöcü alçaklar. Bu ulusçu elit, Soğuk Savaş boyunca ülkeyi ancak "Batıya hizmet teklif etmekle" koruyabileceklerine inandı ve her on yılda bir, "haddini aşan" millî iradeye darbe indirdi. Sonra Türkiye, özellikle ekonomik açılımlarıyla, artık yanaşma statüsünde kalamayacağını hissettirmeye başladıkça, ulusçu elit bile Batılı efendilere ağır geldi. Bu arada Türkiye'de önce paralel bir Nurculuk, ardından paralel bir İslam, nihayet paralel bir Devlet kurma arayışında olan FETÖ, Batıya hizmette ulusçu elitin yerini alabileceğini kanıtlamaya başladı. FETÖ, Batıya yanaştıkça, ulusçular 'Doğucu' olmaya yöneldiler. Ortak paydaları, tarihten ve milletten kaçıştır. "Tarihsel haklardan" vazgeçiştir.

Peki, ortada yüzlerce tarih kitabı varken, neden gerçeği kurgulardan hareketle anlatmaya çalışıyorsunuz? Romancı ile tarihçi arasında ne gibi farklar bulunuyor?

Sadece tarih değil, bütün toplum ve hatta fen bilimleri kurgudan ibarettir. Kutsal Kitap dışında, kurgu olmayan hiçbir şey yoktur. Muharref Ahd-ı Atik'i okuyun, romanlardan farkını göremezsiniz. Modern siyaset felsefesinin temeli *tabiat hâli* ve *sosyal sözleşme* gibi iki kurgudur. Modern iktisatın zembereği *görünmeye el* kurgusudur. Tarih bir anlamda gerçekleşmiş romandır. Roman ise, gerçekleşebilir tarihtir!

Hayden White'a göre, genel olarak tarihçiler gerçeklerin araştırılarak "bulunduğunu" düşünürler, oysa hakikatte "gerçekleri, sordukları sorularla inşâ ederler". Binaenaleyh, çağdaş tarihçi "Joyce, Yeats, Ibsen gibi şiir, oyun ve roman yazarlarının edebî tekniklerinden" çok şeyler öğrenebilir. Tarih yazmak, delilleri seçmeyi ve boşlukları doldurmayı içerir. Dolayısıyla, "yazılan tarihler" sadece olaylar hakkında değil, sayesinde bu olayları tasavvur ve tahayyül edebileceğimiz "mümkün ilişki kümeleri" hakkındadır. Yani esas mesele, keşf yahut inşâ ettiğimiz olayları birbirlerine bağlayabilmektir; onları anlamlı kılabilmektir.

Farkında olsa da olmasa da, tarihçi "bazı fikir ve eylemlerin diğerlerinden daha doğru yahut meşru olduğunu" önerir. Kendi değer ve önyargılarını olaylara söylettirir. Romancı, tarihe dayanarak kendi olaylarını oluştururken; tarihçi zaten oluşmuş olan olaylar kaosundan, *anlatmak istediği hikâyenin unsurlarını seçer.* Keith Jenkins bu hususta daha ileri giderek, yazılan tarihlerin geçmişin "daha doğru yahut daha iyi" kayıtları değil; bazı insanların diğerleri üzerinde tahakküm kurmasına yarayan "sabitleştirilmiş iktidar yapıları", "kuvvet alanları" veya "işe yarar kurguları" olduğunu söyler. Eserleri, geçmişteki olgulardan çok, kendi hayatlarının tarihidir. Hülasa tarih, geçmişe değil bugünümüze ayna tutan edebî bir faaliyettir. Romana uzak duruş, tarihi ve toplum bilimlerini yoksullaştırır.

"Unutarak ulus, hatırlayarak millet oluruz. Yüreğinin üstünde çakılı duran şeyi söküp atamayan toplumlar ulus olamaz, buna karşılık millet olabilme imkânını elde tutarlar." Kitaptaki bu cümleler ulus ile millet olabilmenin farkını anlatıyor. Bizim romancılar arasında sizce bu farkı en iyi anlatan kim?

Bu farkı onlar değil, ben anlatıyorum. Romancı sadece gerilimi yansıtır, akademik analiz yapmaz. En iyi romancılar, toplumun ve bireyin yaşadığı gerilimleri, içinde bulundukları çelişki ve ikilemleri en doğru yansıtabilenlerdir. Bunu başarabildikleri ölçüde, 'yarattıkları' kahramanlar ölümsüz olur. Cervantes ölümlü, ama Don Kişot ölümsüz değil mi? *Sinekli Bakkal*'ı iyi okuyabilseydik, soytarının hafız kızı Rabia'nın Halide Edib'ten daha önemli olduğunu anlardık. İki yüzü var çünkü; biri ulusa, diğeri millete dönük!

Ben bir ilim adamı olarak, ne kavram ne de gerçeklik düzleminde ulusa karşıyım. Tam aksine, ulus 'projesi' Avrupa tarihi bağlamında bir başarı hikâyesidir. Son 300 yılda, 1500 kadar feodal beylikten 30 dolayında ulus/devlet ortaya çıkardı ve Avrupa'yı güçlendirdi. Aynı süreçte Orta Doğu ve Afrika'da da 30'ar dolayında ulus teşekkül etti. Neticeye bakıp, Avrupa, Orta Doğu ve Afrika'nın her birinde 30 kadar ulus var; demek ki "ulusluk çağdaş koşulların gereğidir" diyemiyoruz maalesef. Çünkü bizim bölgemizdeki 30 ulus, bir büyük devletin 30 parçaya bölünmesinden ortaya çıktı. Osmanlı, Avrupalı sömürgecilerin midesine sığmayacak kadar büyüktü. Afrika'da ise on binin üzerinde kabile vardı; sadece (bugünkü) Nijerya'da 200 dil konuşuluyordu. İncil'i hangi kabilenin diline çevireceklerdi? (Malum, İncil olmadan, sömürgecilik kendini meşru ve sevimli gösteremezdi!) Her kabileye ayrı bir elçi mi göndereceklerdi? Bu binlerce kabileyi, rahatlıkla yönlendirilebilir 30 kadar ulusta topladılar. Her ulusun devleti, yeni yönetime başkaldıracak asileri tepeleyecek kadar güçlü, efendilere itiraz edemeyecek kadar da aciz olmalıydı. Bu sürecin hakikatını da en iyi Chinua Achebe, Şeyh Hamidu Kan, Ngugi wa Thiongo gibi romancıların kurgularından öğrenebiliyoruz. Romansız gerçekler, bizi hakikata ulaştırmıyor!

Ulus/millet farkını bizim romanlarımız üzerinden anlatacaktınız...

Tanpınar, *Sahnenin Dışındakiler* romanında, *millet* hayatının merkezinin *mabet* olduğunu; Halide Edib ise *Sinekli Bakkal*'da *ulus* hayatının merkezinin *market* olduğunu göstermeye çalışıyor. Tanpınar, belki unutmak isteyen; ama halkının unutamadığını 'gören'; Halide Edib ise bir türlü 'unutamayan' ulusçulardı. Bu romanları yeniden okumanın vaktidir. Konuşmanın en başında işaret ettiğimiz üzere, kitap-dergi ve sinema dizilerimiz, bu ülke insanlarının milletten ulusa düşüşün acısını unutmadıklarını ve hâlâ millet olmaya çabaladıklarını gösteriyor. Bugünün Halide Edib ve Tanpınar'ını tanıyan var mı?

Konuşan:
Erkut Tezerdi (*Karar* Kitap Eki, 25 Nisan 2018)

Neden, Neyi, Nasıl Okuyalım?

Bilimler dünyanın ve toplumun "dış gerçekliğini" kavramada yardımcı olur. Şeytan'ın doğrudan müdahil olduğu "iç gerçekliğin" esrarı ise şiir, hikâye ve romanlardadır. Fizik okuyarak dünyayı/evreni, toplumbilim okuyarak toplumu/insanlığı; her iki durumda da başkasını, ötekiyi; şiir/öykü/roman okuyarak da *kendimizi* tanıyabiliriz. Kendini tanıma arayışı içinde olmadan Kitab'ı okumaya çalışanlar, bir dizi formül ezberlemekten öteye gidemezler!

Neden Okuyalım?

Medenilik, alınyazımız. Tarihçilere göre, medeniyet son kertede *Şehir* ve *Yazı* demektir. Hatem-ül Enbiyâ'nın şehirli/tüccar bir topluma gönderilmesi ve Allah'ın (ona ve bize) ilk emrinin *Oku!* olması, tarihin akış 'mantığı' ile uyumludur. Bir önceki büyük dinde, mesaj elçinin kendisiydi. Hz. İsa, Allah'ın kelimesiydi. Son dinde, Kelamullah elçi değil, ona verilen Kitap'tır. Hülasa, Dîn'in son halkası olarak İslâm, Allah'ın ve insanın, hayatın ve ölümün hakikatını kavramak için, okumayı farz derecesine yükseltmiştir. "Bana bir harf öğretenin kırk yıl kölesi olurum!" şiarı, son medeniyetin şiiridir. Hz. Musa'da 'ses' ile açığa vurulan Hakikat, adeta zamanın temposuna uyarak, Hz. Muhammed'de 'harf'e dönüştü. Son medeniyet, hurufat medeniyetidir.

Son medeniyet mi? Evet, medeniyet bir "yaşama ve yaşatma sanatı" ise, İslâm son medeniyettir. Bu yakada insanları yaşatma azmi olmayanların, öteki yakada yaşatılma umutları da olamaz. Allah'ın kullarını hatırlamayanları, Allah da hatırlamaz. Son medeniyetten talan ettiklerini Yunan-Roma mirasıyla harmanlayan modern Avrupa, medeniyeti bir "yoketme sanatı"na dönüştürdü. Hem bu yıkıcı anti-medeniyete direnebilmek, hem de yeni bir yaşatma sanatı geliştirebilmek için, okumak şart!

Ne Okuyalım?

Yunus, ideal cevabı vermiş: "Okumaktan ma'ni ne?/ Kişi, Hakk'ı bilmektir!", Dinimizin anahtar kavramı, Hakk'tır. Ayet-i kerimede, "Hüve'l-Hakk" buyuruluyor: O, Hakk'tır. Mutlak yahut benzersiz Gerçeklik. Bilimsel/Felsefî okumalarımız, Gerçekliğin mahiyetini kavramamıza yardımcı olur; beşerî ve toplumbilimsel okumalarımız ise, dünya sürgünündeki diğer hemcinslerimizi tanımaya ve anlamaya. Anlamazsak, haklarına riayet etmeyebiliriz. Yunus'un ikinci dizesi virgülsüz de okunabilir: Okumaktan maksat, "kişi hakkı" bilmektir. Sürgün, sürgünün hâlinden anlamalıdır. Ebediyete ayarlı tahsilimizin karnesindeki en kritik not Fizik yahut Matematik değil, "Hâl ve Gidiş" notumuzdur. Bu dersten geçemeyen, ne burada kalabilecek, ne anayurduna kavuşabilecektir!

Anayurdumuz, Cennet'tir. Yoksa bu kadar özler miydik? Cennet'ten dünyaya düşüşümüzün sebebi, merak yahut *hubris*: tanrı pozu takınmak. İnsanî varoluş bu bakımdan paradoksaldır: Yasak meyveyi (Bilgi ağacını? Uluhîyetin sırrını?) merak ettiğimizden sürgün cezası yedik ve ancak merakta ayak direyerek ana yurdumuza dönebiliriz. Bu seferki merakımız, ayartılmanın mahiyetine dairdir. Okumak, bu sefer Şeytan'ın oyunlarını deşifre etmektir.

Bu bağlamda edebî okumaları, diğer bütün 'bilimlerin' önüne koyuyorum. Bilimler dünyanın ve toplumun "dış gerçekliğini" kavramada yardımcı olur. Şeytan'ın doğrudan müdahil olduğu "iç gerçekliğin" esrarı ise şiir, hikâye ve romanlardadır. Fizik okuyarak dünyayı/evreni, toplumbilim okuyarak toplumu/insanlığı; her iki durumda da başkasını, ötekiyi; şiir/öykü/roman okuyarak da *kendimizi* tanıyabiliriz. Kendini tanıma arayışı içinde olmadan Kitab'ı okumaya çalışanlar, bir dizi formül ezberlemekten öteye gidemezler!

Nasıl Okuyalım?

Tecrübeme binaen, gençlere yedi sır vereyim: Önce yöntem. Usulsüz ilim olmaz. Bol ünvanlı, anlı şanlı bir hocayı saatlerce dinliyorsunuz; iki saat konuştuktan sonra, "bu kadar derin bir mevzuyu, bu kadar kısa zamanda nasıl anlatayım?" diye bir de şikâyet ediyor. Oysa TED konuşmalarında, işinin ehli insanlar, en çapraşık meseleleri 15 dakikada anlaşılır kılabiliyor. 'Okumayı' bilmeyen, anlayamaz. Anlamayan, anlatamaz.

İkinci sır, çokyönlülük. İki sırrı birleştiren revaçta bir ifadeyle, metodik bir disiplinlerarasılık. Fakat genelde bununla toplumbilimlerin kendi aralarındaki paslaşmalar kabul ediliyor.

Tarih ile siyaset, sosyoloji veya antropoloji disiplinlerini iç içe geçirmek gibi. Bunlara dinî bilimleri de ilave edenler oluyor. Fakat bence asıl disiplinlerarasılık, toplum bilimleriyle beşerî bilimler arasındaki yakınlaşmadır. Siyaset ve iktisatı bu yüzden "roman diliyle" okumaya çalışıyorum.

Üçüncü sır, paylaşım. Agorasız çatı katı, fikir üretmeye yetmez. Okuyup düşündüklerimizi, paylaşmalı ve tartışmalıyız. Bizim gençliğimizin talihsizliği, yeterli tartışma ortamı bulamayışımızdı. Bilim ve Sanat Vakfı böyle bir arayıştan doğdu. Bugünkü gençliğin talihsizliği ise, henüz okuyup düşünmeden, aklına gelen her şeyi sosyal medyada "yazabilmesi"dir. Herkes kendi kalemine âşık; okumadan âlim, yazarak zalim.

Dördüncü ve belki en önemli sır ise, bilginin merkezîliğine inanarak okumaktır. Bilgiyi siyaset ve iktisat (iktidar ve para) için bir araç sayanlar, gerçekte okumaz; çıkarlarına ayarlı önyargılarını doğrulayacak malumat ararlar. Ve bilgi, o malumat bolluğu içinde buharlaşır.

Hepsi bu kadar, desem, "hani yedi sır?" der misiniz? Eh, sırların cümlesini medya üzerinden konuşmak da olmaz ki! Cins şair bir kez daha imdadıma yetişsin bari: "Yunus yedi sır söyledi / Evet, üçünü gizledi / Onu dahi deyiverem / Gelip halvet soranlara."

Cins, Temmuz 2018

Ağrı'dan Boğaziçi'ne...

Ramazanda koca üniversitede oruç tuttuğumu bir tek Alman hoca anladı! Akşam yemeği iftardan 10-15 dk kadar önce bitiyordu, ben de son beş dakikada yemeğimi alıp, çeyrek saat kadar bekliyordum. Beklerken Hermann Hesse kılıklı Prof. Fuchs yarıladığı yemeğiyle yan taraftan benim masaya kaydı. "Oruçlu musunuz?" Evet, dedim. "Ne güzel, maneviyatın ayakta durması ne muhteşem bir şey. Size teşekkür ediyorum!" Şaşırmış, doğrusu biraz da işkillenmiştim. Samimi miydi söyledikleri? Sonradan epey samimi olduk Profesör Fuchs'la. Hesse'yi yıllar sonra okuduğumda, Fuchs'un maneviyat özlemini daha iyi anladım. Bir tür "Doğu Yolculuğu"na çıkmıştı o da.

Boğaziçi'ndeki ilk günlerinizi hatırlıyor musunuz? Neler hissetmiştiniz Ağrı'dan Bebek'e vasıl olduğunuzda?

Boğaziçi'ne 1974 Eylül ortalarında geldim. Adresi Bebek olarak aklımda tuttuğumdan, Eminönü'nden bindiğim Sarıyer otobüsünden Bebek'te indim ve Bebek Kapı'ya kadar yürüdüm. Kapıya geldiğimde, aşırı yorgunluk deyin, hayat acemiliği deyin, ilk şoku yaşadım: "Üniversite dedikleri bu küçücük bina mıydı? Oraya kaç kişi sığardı ki?" Güvenlik görevlisi halime acımış olacak ki, asıl üniversite yukarda, ister yürü, ister burada bekle biraz, gelen arabalardan birine binersin, dedi. Yukarıyı tasavvur edemesem de, herhalde fazla "yukarı" değil, diye düşündüm. Gaflet işte! Yürü babam yürü, bitmek bilmez bir yokuş. Neredeyse yolun yarısında, ulan böyle üniversitenin!, deyip geri dönmek işten bile değildi! ☺

Ağrı'da tercih sıralaması yaptığımızda, Boğaziçi adını işitmiş değildim. Uyanık bir arkadaşın telkiniye olacak, BÜ Mühendislik fakültesini 3. sıraya yazmışım, asteriks işaretine dikkat etmeden. Trafikçilerin aksi kanaatteyim: *Bazı dikkatsizlikler hayat kurtarır!* İşareti okumuş olsaydım, okul harcının 5000 lira olduğunu anlar ve kesinlikle tercih etmezdim!

Kayıt sırasında o parayı istediler tabii. Cebimde topu topu 300 lira var. "Yani kaydımı yapmayacak mısınız?" dedim. Nasıl demişsem, beni hemen burs komisyonuna yönlendirdiler. Komisyon üyeleriyle çabucak kaynaştık. Yüzlerce kolej talebesi arasına Ağrı'dan bir kardelen geliyor! Kaç kardeş olduğumuzu sordular, yedi dedim, "bir de bacımız var!" Herkes yerlerde tabii. Netice: Beşbini almadıkları gibi, bana ayrıca aylık 450 lira yemek, yıllık 250 lira kitap bursu "yazdılar"!

Kız yurdunun arkasındaki spor salonunu (sonradan yapılan balonu kastetmiyorum, o yoktu zaten!) yurt haline getirmişler, üst ve alt katlarda 40-50 kişi kalıyoruz. Yatak yorgan hiçbir şeyim yok. Sürveyana git dediler. Ya son sınıf ya master öğrencisi olacak, Mehmet Kabasakal ile tanıştım. Bana iki battaniye verdi, birini altıma birini üstüme serip hafta sonuna kadar idare ettim. Sonra işi hallettik.

O ilk dönemde Ramazan nasıl geçiyordu Boğaziçi'nde? Rahat oruç tutabiliyor muydunuz, iftar, sahur?

Ramazan yeni mi başlamıştı, sonuna mı geliyorduk, tam hatırlamıyorum. Hatırladığım, koca üniversitede (koca dediğime bakmayın, yatılı ve gündüzlü, bütün öğrencilerin sayısı 820 idi) oruç tuttuğumu bir tek Alman hoca anladı! Akşam yemeği iftardan 10-15 dk kadar önce bitiyordu, ben de son beş dakikada yemeğimi alıp, çeyrek saat kadar bekliyordum. Beklerken Hermann Hesse kılıklı Prof. Fuchs yarıladığı yemeğiyle yan taraftan benim masaya kaydı. "Oruçlu musunuz?" Evet, dedim. "Ne güzel, maneviyatın ayakta durması ne muhteşem bir şey. Size teşekkür ediyorum!"

Şaşırmış, doğrusu biraz da işkillenmiştim. Samimi miydi söyledikleri? Ağzımdan laf mı almak istiyordu? Sanki büyük bir örgütün elemanıydım da, Hitler'in gizli polisi bana kur yapıyordu. Sonradan epey samimi olduk Profesör Fuchs'la. Hesse'yi yıllar sonra okuduğumda, Fuchs'un maneviyat özlemini daha iyi anladım. Bir tür "Doğu Yolculuğu"na çıkmıştı o da.

Her şeyde hemen bir roman havası yakalıyorsunuz. Okuma serüveniniz çok erken başlamış olmalı...

Ağrı'da,Taşlıçay'ın bir köyünde doğmuşum, dört yaşına kadar ilçede yaşadık. Ben daha dört yaşındayken komşumuz Mevlüt öğretmen bana alfabeyi belletmişti. İlkokula giderim, fakat ortaya gitmem diyordum.

Sebep?

İlkokul evimize çok yakındı, ortaokul ise kasabanın öbür ucunda. "Eve dönünceye kadar bana avsir kalmaz!" diyordum. *Avsir*, az etli bol patates ve soğanlı yaygın yemeğimizdi. O zamanlar beş kardeştik ve sofraya geç oturan avucunu yalardı! Beş yaşındayken şehir merkezi Karaköse'ye taşındık. Okuma aşkım, babamın akşamları okuduğu *Siret* adlı kalın kitaptan kaynaklanıyor. Kitap'ta Hz. Peygamber çok dolaylı olarak zikrediliyordu. Asıl kahramanlarımız Hz. Ali ile Battal Gazi idiler.

İlkokula 7 yaşında başladım. Talihe bakın, Ağrı İl Halk Kütüphanesi yıkılmış, geçici olarak bizim okulun genişçe bir dersliği kütüphaneye çevrilmiş. Okumayı söker sökmez kütüphaneye dadandım, saatlerce okumaya başladım. Kütüphanede birer nüsha ders kitabı da olurdu ve ben ilkokulda ortaokul kitaplarından, ortada lise kitaplarından ders çalışırdım.

Kütüphanelerde ne de olsa resmi gözetimden geçmiş kitaplar olur. Hep onlarla mı beslendiniz?

Beni "paradigma dışı" kitaplara yönelten, Ahmet abim oldu. Erzurum İmam Hatip'te okuyordu. Gelişlerinde Necip Fazıl'ın, Sezai Karakoç'un, Nuri Pakdil'in, Rasim Özdenören'in, Erdem Beyazıt'ın kitaplarını getirirdi. Benim gözümde Necip Fazıl dünyanın gelmiş, geçmiş, gelecek en büyük yazarıydı. Çoğu kitaplarını ezberlercesine defalarca okurdum. Orta son sınıftan itibaren yavaş yavaş siyasi ortam hareketlenmeye başladı. Kendimi Ülkü Ocakları'nda buldum. Lisede ve akşam sanat okulunda çok yetişkin ülkücü hocalar vardı, sıradan tipler değillerdi. Ama neticede kavmiyetçi bir zihne sahiptiler. Benim aşırı Necip Fazıl, Sezai Karakoç eğilimim onları rahatsız ediyordu. Güzel bir duvar gazetesi çıkarırdık. Necip Fazıl'dan şiirler, *İdeolocya Örgüsü*'nden pasajlar, Sezai Karakoç'un bazı yazılarını koyardım. Başka yazılar bir hafta asılı kalırken benimkiler hemen sökülürdü. Necip Fazıl yüzünden Lise 2'de Ülkü Ocakları'ndan koptum.

Köken olarak Kürt bir aileden geliyorsunuz. Ülkü Ocakları'nda sorun yaşamadınız mı?

Ağrı'da halk arasında "Kürt sorunu" yoktu. Kürt, Acem, Laz gibi sıfatlar doğaldı, kimse bunları "Türklük" için birer dinamit saymazdı. Babama Kürt Kâmil, ilkokul birinci sınıf öğretmenimize Acem İdris deniyordu. Annem köyde büyüdüğü için Türkçe konuşamaz, annemin halası Cemile Nene ise Kürtçe bilmezdi. Acem İdris beni çok seven bir hocamızdı. Bir gün beni tahtaya kaldırıp "Biz Kürt müyüz Türk müyüz?" diye sordu. Biraz düşündükten sonra, "Evde Kürt'üz okulda Türk'üz" dedim.

O beni çok seven hoca çok üzüldü, bozuldu, beni azarladı. "Bu nasıl cevap. Hepimiz Türk'üz" diye. Yedi yaşımda, bugünkü açılım politikalarına istikamet verebilecek, çok mantıklı bir cevap verdiğimi sanıyorum.

Ağrı Lisesi mezunu olarak Boğaziçi Üniversitesi'ni nasıl kazanabildiniz? İktisat bölümünü bilinçli bir tercihle mi seçtiniz?

Neler oluyor hayatta! Üniversiteye Çanakkaleli Matematik hocamız Necati Ünsal sayesinde girebildik. Aslında profesör olabilecek biriydi; kanatları vardı adeta. Fakat o kanatlarla kendisi uçacağına, bizi uçurdu. Dönem arkadaşım Çetin Kaya Koç, dünyanın önde gelen kriptoloji profesörlerinden biri oldu. Gece gündüz çalıştırdı bizi Necati Hoca. O yıl en az bir düzine Ağrı lisesi mezunu birinci sınıf üniversitelere girmeye hak kazandı. Ben de Boğaziçi mühendisliğe girdim. Aklımda özel bir şey yoktu, boyuna kitap okuyor ve tıptan kaçıyordum. "Bir iki sene bakarız olmazsa başka üniversiteye geçerim" diyordum. Bir sene mühendislik okuduktan sonra iyi bir mühendis olamayacağımı anladım ve İktisat/İşletme tarafına geçtim.

İstanbul'da da Necip Fazıl aşkınız devam etti mi?

Necip Fazıl yüzünden ülkü ocaklarından kopmuştum. İstanbul'a geldikten bir süre sonra Üstadımız ülkücü oldu! Bende de sol düşünceye eğilimler başlamıştı. Dinî inancım hiçbir zaman sarsılmadı ama işin sosyal yönü bakımından Kemal Tahir'i, Attila İlhan'ı, hatta doğrudan Marks'ın kitaplarını okumaya başlamıştım ve söylediklerinin ciddiye alınması gerektiğini hissediyordum. Derken Cemil Meriç'le karşılaştım. Tüm kitaplarını yutar gibi okudum. Kendisiyle tanışmak da nasip oldu. Bütün bu sağ, sol vb. fikirler zihnimde yerli yerine oturmaya başladı. Cemil Meriç benim kutup yıldızımdır!

Konuşan:
Şeyma Özel (*Ahvâl*, Boğaziçi Üniversitesi Öğrenci Dergisi, Mayıs 2016)

Yazılar

Cervantes

Don Kişot

"Çocuklar için hazırlanan kısa Don Kişot kitapları mahzun şövalyeyi gülünçleştirirken, hesapçı Sanço'yu yüceltiyordu: Akıllı insan, hesabını kitabını bilendi! Yarım asır sonra, *Don Kişot*'un tam çevirisini okuduğumda, anlıyorum ki Don Kişot'un asıl mesajı hesapla değil, kitapla ilgilidir. Şöyle diyor adeta: Akıllı insan hesabını değil, Kitab'ını bilendir! Unamuno'ya göre, Mahzun Yüzlü Şövalye haklıydı: Dünyayı kötülüğe boğan azman devlerin olduğu yerde Sanço'ya ve bizim gibi basit ölümlülere yel değirmenlerini gördüren, sadece ve sadece korkuydu. Don Kişot, yüz yıl erken doğmuş bir Rousseau idi; bütün sorunların kaynağında özel mülkiyeti görüyordu. Düşük dereceli bir aristokrat da olsa, Don Kişot bu yönüyle, soyluluktan sosyalistliğe geçen Saint-Simon'un da habercisiydi. Büyük kahramanlar önce kurgulanır, sonra gerçekleşir!"

Yel Değirmenleri Gerçek Devlerdir!

Çocukluğumun evdeki kahramanı Hz. Ali, okuldaki kahramanıysa Don Kişot idi. Birincisi güçlü ve ciddi; ikincisi aciz ve komik. Babamın *Sîret* adını verdiği ve Ağrı'dan ayrıldığımız 1974 yılında Molla Celâleddin'e hediye ettiği kalınca bir Osmanlıca kitaptan okuduğu cenklerde Hz. Ali (ra), kullanıldığında uzayıp kısalan *Zülfikâr* adlı çift ağızlı muhteşem kılıcıyla, her çatışmada on binlerce kâfiri doğruyordu. Hayber Kalesi'nin kapısını tek koluyla koparıyor, Allah ve Peygamber düşmanlarına göz açtırmıyordu. Gayretkeş bir Şii tarafından yazılmış olduğunu sonradan idrâk ettiğim 'Bizim Sîret'e göre, kabataslak bir hesapla, Hz. Ali en az bir milyon müşrikin canına okumuş olmalıydı.

Don Kişot'la tanıştığımdaysa yedi yaşındaydım. Ne Ağrı'da bir kitapçı vardı, ne de o yaşlarda kitap satın alabilecek cep harçlığım. İlkokul birinci sınıfı bitirmiş bir öğrencinin kendi başına İl Halk Kütüphanesi'ne gidip kitap okuması da tasavvur edilemezdi. Fakat talihe bakın ki, kütüphane binası yıkılmış, yenisi yapılıncaya kadar kütüphane, okumakta olduğum Atatürk İlkokulu'nun genişçe bir sınıfına nakledilmişti. Kütüphane müdürü ise komşumuz Hüseyin Gökçe idi. Öğretmenimiz 'Acem İdris'ten sınıfı birincilikle bitirdiğimi duyunca, bana okumam için birkaç kitap verdi ve kütüphaneye sık sık gitmezsem "Büyük Adam olamayacağımı" tembih etti. Kitaplardan iki tanesini çok iyi hatırlıyorum: *Ali Baba* ve *Don Kişot*. Her biri 15-20 sayfa kadar da olsa, benim için esrarengiz bilgi mağarasının 'açıl susam açıl'ı oldular.

Sonraki yıllarda biraz daha kalın Don Kişot kitapları okuduğumu hatırlıyorum. Notlarıma göre, eksiksiz tercümesini ancak 2011 yılı Mart ayında okuyabilmişim, tam 55 yaşında! Önceki okumalarımdan aklımda kalan, Don Kişot'un yel değirmenlerine savaş açan bir safdil, hatta düpedüz meczup olduğuydu. Komik ama kararlı ve sebatkârdı; hiç pes etmiyordu. Yel değirmenleriyle savaş metaforu sadece belleğimde yer ettiği için önemli değildi elbette. Kitabın postmodern yazarlara parmak ısırtacak nitelikteki ikinci cildinde, Don Kişot kendi serüvenlerinin kitaplaştırılmış olduğunu öğrendiğinde, "bakalorya sahibi" Sanson Carrasco'ya okuyucuların en çok *hangi kahramanlığını* övdüklerini sorduğunda, aldığı cevabın ilk sırasında yel değirmenlerine meydan okuması yer alıyordu. Cervantes de benim gibi düşünüyormuş!

Çocukluğumun bu iki şövalyesinin 'hakikatını' uzun yıllar sonra Hamidullah ve Unamuno adlı iki 'yabancı' ustadan öğrendim. Otuzlu yaşlarımın ortalarında, Üsküdar'da Eminönü vapurunu beklerken, ne alırsan 2 lira raflarından *Hz. Peygamber'in Savaşları* başlıklı bir kitap aldım. Almaz olaydım! Muhammed Hamidullah adlı, uzun yıllar Türkiye'de dersler vermiş, haydi biraz Oryantalistlik yapayım, ilim ciddiyeti bakımından Pakistan'lı olmaktan çok Paris'li bir tarihçi, ilk dönem İslam tarihinin bütün savaşlarının bilançosunu çıkarmış. Bedir ve Uhud dahil olmak üzere, büyük küçük kırk dolayındaki savaş yahut çatışmada, aklımda kaldığı kadarıyla, toplam 146 şehit verilmiş ve 244 müşrik öldürülmüş. Yuvarlayarak 150'ye karşı 250 diyelim.

Asla daha fazla değil! Vapurda başım dönmeye başladı. Aman Allah'ım, Hicret sonrası 622-632 arası o "uzun onyıl"da, bu kadar mı kâfirin canına okunmuş? Hz. Ali'nin Zülfikârla doğradığı milyonlar, işgüzar tarihçiler tarafından kayıtlara geçirilmemiş olabilir mi?

Hesabını Değil, Kitabını Bil!

Muhtelif kısaltılmış versiyonlarını okuduğum, çocukluğumun Don Kişot'ları ise esas olarak yel değirmenlerine savaş açan meczuplardı. Hemen hepsinde çocukça bir mizahın yanısıra, şu *akılcı* dersler veriliyordu: 1. Yel değirmenleri, insanlığa yararlı teknik icatlardır ve "geri kafalı" insanlar ne yazık ki bu basit gerçeği fark edemiyorlar. 2. İnsan, gücünün çok ötesindeki varlıklarla çatışmaya girmemelidir. Girerse, yel değirmeninin Don Kişot'u ve atını yerlere savurması gibi, helâk olup gider. Sanço gibi sağduyulu olmak, en akıllıca yoldur. 3. İnsanın davranışına şan, şeref gibi yüksek idealler değil; geçim ve çıkar hesapları yön vermelidir. Akıllı insan, hesabını kitabını bilendir! Yarım asır sonra, artık çocuk versiyonlarını değil de *Don Kişot*'un tam çevirisini okuduğumda, anlıyorum ki Don Kişot'un asıl mesajı hesapla değil, kitapla ilgilidir. Şöyle diyor adeta: Akıllı insan hesabını değil, Kitab'ını bilendir!

Unamuno'ya göre, Mahzun Yüzlü Şövalye haklıydı: Dünyayı kötülüğe boğan azman devlerin olduğu yerde Sanço'ya ve bizim gibi basit ölümlülere yel değirmenlerini gördüren, sadece ve sadece korkuydu. "Azman devler bugün artık bize yel değirmenleri biçiminde değil, lokomotifler, dinamolar, türbinler, buharlı gemiler, otomobiller, kablolu kablosuz telgraf, makineli tüfekler ve yumurtalıkları ameliyatla alan aletler biçiminde görünüyor; hepsi de aynı zararı vermede anlaşmışlar. Korku ve sadece Sanço'vari korku bize buhar ve elektriği yüceltmeyi esinliyor. Korku ve sadece Sanço'vari korku bize mühendislik ve kimya azman devlerinin önünde diz çöktürüp, onlardan merhamet dilendiriyor. Sonunda, aşırılık ve bıkkınlıktan yılan insan türü, uzun ömür vaat eden bir iksir imal etmekte olan devasa bir fabrikanın eşiğinde, kendini canavara teslim edecektir. Dayaktan canı çıkmış Don Kişot ise ayakta kalacaktır, çünkü sıhhati kendinde aramış ve yel değirmenlerine hesap sormuştur." (Miguel de Unamuno: *Our Lord Don Quixote,* Princeton University Press, 1967, s. 57-8.)

Birinci kitabın 8. Bölümündeki yel değirmenleri bahsini hatırlayalım: Don Kişot (DK) ve silahtarı Sanço Panza (SP) ovada ağır adım yol alırken otuz kırk yel değirmenine rastlarlar. Şöyle der DK: "Talihimiz, olayları bizim isteyebileceğimizden de daha iyi bir şekilde yönlendiriyor. Bak şuraya, arkadaşım Sanço, ileride otuz ya da biraz fazla, azman dev var. Onlarla savaşıp hepsini öldürmek niyetindeyim, elde edeceğimiz ganimetle zenginleşmeye başlarız. Bu kötü tohumları yeryüzünden silmek hayırlı bir savaştır, Tanrı'ya büyük hizmettir." Hangi devler? diye sorar SP. "İşte şu gördüklerin, şu uzun kollu yaratıklar; kiminin kolları iki fersaha varır bunların." SP ne kadar dil döküp de onların dev değil, yel değirmenleri olduğunu; kola benzeyen şeylerin de değirmen taşlarını döndüren kanatlar olduğunu anlatsa da, DK görüşünde direnir: "Serüven konusunda tecrübeli olmadığın belli. Bunlar dev; sen korkuyorsan kenara çekil, bu arada dua et; ben kıyasıya dövüşmeye gidiyorum tek başıma." (Roza Hakmen çevirisi, cilt I, YKY, 2006, s. 84.)

Bu kritik bölümden birkaç ders çıkarıyorum: 1. Ganimetsiz savaş yoktur. 2. Devler esas olarak yeryüzünden sökülüp atılması gereken "kötü tohumlar"dır. Dolayısıyla onlarla mücadele Tanrı'ya hizmettir. 3. Düşmanların sayısını bile tam hesaplamaktan uzak yüksek idealizm karşısında soğukkanlı rasyonalizm kuru ve tatsızdır. 4. Korkan, kenara çekilmeli, ama hiç değilse dua etmelidir. 5. Büyük kavgalara bazen tek başına girilir.

Kalbimiz Kırılmasın, Yeter!

Girilir ama çoğu zaman da yenik çıkılır. Atıyla beraber yerlerde sürüklenip yaralanan DK'a kalkması için yardım eden SP fırsatı kaçırmaz: "Efendim, ben zat-ı âlinize söylememiş miydim, iyice bakın, onlar yel değirmeni diye; bunu ancak başında kavak yelleri esen biri fark etmezdi." Yenik DK pes etmez; çünkü Sanço'ların asla fark edemeyeceği "yenilgi yenilgi büyüyen zaferler"in bilincindedir: "Sus, arkadaşım Sanço, çünkü savaşa ait şeyler, başka olaylardan daha fazla sürekli değişime tâbidir. Odamı ve kitaplarımı çalan büyücü Freston, bu devleri değirmene çevirdi; onları yenmenin şanını elimden almak için. Bana olan düşmanlığı bu kadar büyük işte. Ama eninde sonunda, onun fesat ilmi benim kılıcımın iyiliği karşısında yenik düşecektir."

Başında kavak yelleri esmek, Türkçe'de kulağa çok hoş gelen şairâne bir çeviri. İspanyolca özgün hâlini bilmiyorum, ama cümlenin İngilizce çevirisi şöyle: "Only a person with windmills in his head could ignore the fact." Yani gerçeği fark etmeyen, içinde yel değirmenleri dönen bir baştır. İşte Unamuno tam da bu noktada şairleşiyor:

"Elbette, dost Sanço, elbette, ancak başında yel değirmenleri dönen biri 'gerçeği' göremez: öğüten ve enerjileriyle duyularımıza gıda, ruhumuza un üreten değirmenler. Ancak başında öğütücü değirmenler dönen bir adam heyulâlara, yel değirmenleri biçiminde saklanan azman devlere saldırabilir. Mekanik ve dinamiği, kimya ve buharı ve elektriği insan, kafasında taşımalıdır dostum Sanço, sonra bunların içinde hapsolduğu alet ve mekanizmalara saldırmalıdır. Yalnızca, kafasında kimyanın ezelî özünü taşıyan, maddenin parçacıklarının duygusal niteliklerine dair evrensel yasayı nasıl duyacağını bilen, evrenin ritminin kendi kalbinin ritmi olduğunu hisseden, yalnızca bu adam ilaçları yapma ve dönüştürme yahut makinaları kurma sanatından korkmaz. Bu serüvenin en acı verici kısmı Don Kişot'un mızrağının kırılmasıydı. O devlerin bize bütün yapabileceği budur işte: Mızrağımızı kırabilir, fakat kalbimizi kıramazlar."

Bu yazının ücreti olarak (!) gelecek nesillerden iki isteğim var: 1. Kırık mızraklı fakat sağlam kalpli Don Kişot'un, bizim gibi Sanço'laşmış kafaların anlamakta zorlandığı bir umut ve iyimserlikle söylediği son sözler kulaklarımızda ebediyen çınlasın isterim: "Eninde sonunda, (büyücülerin) fesat ilmi benim kılıcımın iyiliği karşısında yenik düşecektir." 2. "İlim şehrinin kapısı" Hz. Ali'nin, kılıcıyla binlerce müşriki doğradığı cenk kitapları yerine, onun Allah elçisinden gerçekte ne öğrenmiş olduğu edibâne *kurgulansın* isterim.

Yeni Çağın Kahramanı Sanço Panza

Tarihsel kahramanların "çağ açıp, çağ kapattıklarına" inandırılmış olduğumuzdan, bir kurgu kahramanın çağ açmış olabileceği bize pek inandırıcı gelmez. Oysa "Mahzun Yüzlü Şövalye" Don Kişot'un açgöz ve açıkgöz silahtarı Sanço Panza'nın modern çağın ilk habercisi olduğuna bahse girebilirim. Don Kişot eski çağın ideallerini yaşatmaya çabalayan, Sanço ise yeni çağın kapısını kurcalayan kişidir. Don Kişot'un ölümün eşiğinde tam anlamıyla Sanço'laşması boşuna değildir. Ömrü tükenen, YENİ İNSAN'a yol verecektir. Modern dünya, idealist meczupların plansız ıslahat dünyası değil; realist açgözlerin hesapçı hasat dünyasıdır. Bu bakımdan; Tarih, kadimin romanı; Roman da modernin tarihidir. Roman çağında tarihçilik, çoğu zaman düzen hizmetkarlığıdır. Hakikat, tarihsel belgelerden çok, roman'tik sözdedir.

Aristokrat efendisiyle idealist bir ilişkiye girmiş gözüken Sanço, işler sarpa sardıkça burjuva dünyasına yakışır realist önerilerle, yeni bir dünyanın ayak seslerini işittirir. Bir keresinde, keşişlerle mücadeleden yaralı ayrılan efendisine yaralarını sarmasını söyler. "Kulağınızdan çok fazla kan akıyor. Heybemde sargı beziyle biraz beyaz merhem var." Sargı bezi ve merhem mi? Bir gezgin şövalye, bu nevzuhur malzemelere muhtaç olabilir mi? Don Kişot'un aklına gelip de yanına (büyülü) Fierabras balsamı alsaymış, yaraları yüzünden ölümden korkmasına gerek olmazmış. Olur da savaşta ortadan ikiye bölünse bile, vücudunun yere düşen yarısını hâlâ at üstünde duran yarısına tam bitiştirip, balsamdan iki damla içirildi mi, turp gibi olurmuş. Sanço bu açıklamayı şaşkınlıkla dinlese de, büyük hesap peşindedir: "Madem böyle bir şey var, ben şu andan itibaren vaat edilen cezirenin valiliğinden vazgeçiyorum. Üstün hizmetlerimin karşılığı olarak tek istediğim, bana bu olağanüstü sıvının tarifesini vermeniz. Bunun on dirhemi, nerede olursa olsun, iki riyalden fazla eder. Benim de ömrümü dürüstçe ve rahat geçirmek için başka bir şeye ihtiyacım yok." Hesap gayet açık; Sanço, kendisine fethedilecek ilk cezirenin valiliğini vaat eden daha önceki *aristokratik* sözleşmeyi feshedip, yeni bir *kapitalistik* anlaşma öneriyor. Proje çok kazançlı gözükse de, eşek sırtındaki 'cahil' burjuvamız en kritik ayrıntıyı asla atlamıyor: "Ama bir şey soracağım: Balsamın hazırlanmasının *maliyeti* yüksek mi?"

Sanço bu derece hesabî iken, Don Kişot şövalye romanları okuma uğruna avlanmayı ve çiftliğinin bakımını ihmal ettiği gibi, bir soyluya hiç yakışmayacak şekilde, "dönümlerce arazi satıp, şövalyelikle ilgili kitaplar" satın alıyor. Sonra kendini öylesine okumaya veriyor ki, "gecelerini baştan sona, gündüzlerini de sondan başa okuyarak" geçiriyor. Sonuçta, "okuduğu hayal icadı alemin gerçek olduğu, kafasına öyle bir yerleşiyor ki, onun gözünde, dünyada daha gerçek bir öykü olamaz." Öyküden hayata geçiyor sonra; okuduklarını yaşamayı kuruyor kafasında. Tıpkı kitaplardaki gezgin şövalyeler gibi, "zırhını kuşanıp atına binerek dünyayı dolaşacak, serüven peşinde koşacak, bütün haksızlıkları düzeltecek, tehlikeleri göğüsleyecek ve bu sayede ebedi şan ve şöhret kazanacaktır." Yola çıkmadan önce muhtelif hazırlıklar yapıyor ama *hiçbir plan yapmıyor.* Büyük dedelerinden kalma paslı zırhları temizliyor, miğferine kartondan bir siperlik yapıyor, atına ne isim vereceği üzerinde dört gün, kendine vereceği ad üzerindeyse sekiz gün düşünüyor. "Aşık olacağı bir kadın bulmaktan başka bir eksiği" kalmıyor. O da olmayıversin, demeyin sakın: "Sevdasız bir gezgin şövalye, meyvesiz bir ağaç, ruhsuz bir beden gibidir." Yakın bir köydeki çiftçi kızına daha önce âşık olmuş, durumu hiç belli etmemiş, kızın da haberi olmamıştır. Onu soylu bir hanıma dönüştürerek Dulcinea del Toboso diye adlandırıyor. Bir de şövalye ünvanı alabilse, artık doludizgin serüvenlere atılabilecektir.

Kahramanımız şövalye ünvanı alacaktır ama modernlerin gözbebeği olan iki P'den yoksundur: Plan ve Para. Gözükara bir şövalye de olsa, *belirgin bir hedefi yoktur*: Atı hangi yolu izlemek istiyorsa, peşinden gidecektir. Bir yolculuk başka türlü nasıl serüven olabilir ki? Kapitalist girişimlerin de riskli serüvenler olduğunu söyleyecek olanlar, Schumpeter'e akıl danışsınlar: Risk, hesaplanmış tehlike demektir; hesapsız atılım değil. İlk gece konakladığı handa (ona göre şato, pek tabii), hancı kendisinden para sorunca, "hiç parası olmadığını, çünkü okuduğu gezgin şövalye hikayelerinde para taşıyanına rastlamadığını" söylüyor. Hancı, yanılıyorsun diyor; "para ve temiz çamaşır gibi, taşınması gerektiği bu kadar açık olan şeyleri, yazar gerekli görmediği için hikayelerde yazılmasa da, taşınmaz sanmamalıdır. Kitapları dolduran bütün o gezgin şövalyelerin, başlarına ne geleceğini bilmediklerinden, keseleri dolu olur."

Belirsiz Makam Yerine Belirli Ücret!

Aristokratik kelamın büyüsüne az çok kapılmış olduğundan, yenilgiler karşısında Efendisinden vazgeçmeyen Sanço, serüvenler net bir kazanç ortaya koymayınca yeni fikirler geliştirir. Don Kişot kendisine, "Sana vaat ettiğim armağanların, bağışların da zamanı gelecek. Olmazsa da, hiç değilse hizmetinin bedeli ödenecek," dedikçe, Sanço efendisine, onun anlayacağı dilden, kibar ama tuzak sorular sormaya başlar: "Zat-ı âlinizin söyledikleri iyi güzel de, benim merak ettiğim, olur da bağışların zamanı gelmez, ücrete başvurmak zorunda kalınırsa, (Altın çağda) bir gezgin şövalye silahtarı ne kadar kazanıyordu? Aylık mı hesaplanıyordu, yoksa duvarcılar gibi gündelik mi?" Don Kişot, Kitaba göre düşünen ve yaşayan bir soyludur. Okuduğu şövalye kitaplarının hiçbirinde *ücret* kavramına rastlamamıştır. Kitapta yeri olmayan bir öneri, huzur bozucudur!

Sanço'ya boşuna modernliğin habercisi demiyorum; inovatif kazanç önerilerinin ardı arkası kesilmiyor: "Düşünüyorum da, zat-ı âlinizin bu ıssız yerlerde, yol kavşaklarında peşine düştüğü bu serüvenlerin ardında koşmak, *pek az kazançlı.* Buralarda, en tehlikeli serüvenleri başarıyla atlatıp zafer kazansanız bile, ne gören var, ne duyan. Bu da zat-ı âlinizin amacına ve hakettikleri karşılığa aykırı düşüyor. Bu sebeple, bence, zat-ı âliniz itiraz etmezseniz, gidip savaş halindeki bir imparatorun ya da büyük bir hükümdarın hizmetine girmemiz daha iyi olur." Menger'den Wieser'e uzanan Avusturya iktisat okulunun fırsat maliyeti (*opportunity cost*), İngiliz Joan Robinson'ın ise aktarım kazancı (*transfer earning*) başlığıyla çağdaş iktisat kuramına kazandırdığı kavramı meğer Sanço Panza üçyüz yıl evvel geliştirmiş de, iktisatçıların haberi olmamış!

Yolda bir bavul görürler. Don Kişot bavuldaki *şiir defterine* kapılıp giderken, Sanço bir mendilin içindeki *altınları* kapıverir. Dürüst gezgin şövalye, sahibini bulup bavulunu verelim diyor. Kendisi dağın bir yanından, Sanço ise diğer yanından gidip, adamı bulacaklardır. Sanço tek başına korkacağını ileri sürüp yan çizmeye çalışır. "Zat-ı âlinizden ayrıldığım an, korku bin türlü hayalle yakama yapışır." Öyle olsun, der Mahzun Yüzlü Şövalye. "Cesaretimden yararlanmak istemene çok sevindim. Ruhun bedeninden çıksa bile, yeterli cesaretin olacak böylece. Şimdi arkamdan gel, şu tepenin etrafını dolaşalım, belki adamı buluruz." Bu soylu davranışa karşı, Sanço altınlara konmak, ama bu arada da dürüstlük görüntüsünü korumak peşindedir: "Aramasak daha iyi olur, çünkü bulursak ve tesadüfen adam paranın sahibiyse, belli ki geri vermem gerekecek. Onun için, işgüzarlık yapmadan, gerçek sahibi daha az tuhaf ve zahmetli bir yoldan ortaya çıkıncaya kadar, ben parayı namusumla tutsam daha iyi olur. Belki de o zamana kadar harcamış olurum; hesap kendiliğinden temizlenir." Aristokrat ile burjuva arasındaki farkı anlamak için, o kocaman toplumbilim ciltlerini devirmek gerekmiyormuş. Don Kişot ile Sanço'nun farkı, döndürmeye yetiyormuş kapitalist çarkı.

Altın Çağın Münadisi

Don Kişot, yüz yıl erken doğmuş bir Rousseau. Bütün sorunların kaynağında özel mülkiyeti görüyor. Düşük dereceli bir aristokrat da olsa, Don Kişot bu yönüyle, soyluluktan sosyalistliğe geçen Saint-Simon'un da habercisidir. Silahtarına Hesiod'vari hitap etmekten büyük haz duyuyor: "Eskilerin Altın Çağ dedikleri çağ ne mutlu bir çağmış. İçinde bulunduğumuz Demir çağda bu kadar değerli olan altın, o talihli çağda kolaylıkla bulunabildiği için değil; o çağda yaşayanlar SENİN ve BENİM kelimelerini bilmedikleri için. O kutsal çağda her şey ortaktı; günlük besinini elde etmek için, kimsenin tatlı, olgun meyveleriyle kendisini davet eden sağlam meşelere elini uzatıp koparmaktan başka bir iş yapması gerekmezdi. Kayaların yarıklarında, ağaçların oyuklarında, çalışkan ve becerikli arılar devletlerini kurar, hiçbir çıkar gütmeden, uzanan her ele, tatlı emeklerinin verimli mahsulünü bağışlardı."

Emile Zola nasıl 19. yüzyıl sonlarında *Kadınların Cenneti*'nde tüketim kapitalizminin ortaya çıkışını betimliyorsa, neredeyse üç asır öncesinden Don Kişot, bu zihniyetin egemen olmadığı Altın çağı göklere çıkarıyordu: "O zamanlar sadece huzur, sadece dostluk, sadece uyum vardı. Saf, güzel bakireler vadiden vadiye, tepeden tepeye, başları açık, üstlerinde, namus gereği her zaman örtülmesi gerekenden fazla yerlerini örtecek giysilerden başka şey olmadan, gezerlerdi. Süsleri de, şimdikiler gibi, Sur firfiriyle, çeşitli şekillerde çarpıtılmış ipekle allanıp pullanmış süsler değildi. Sarmaşıklara örülmüş birkaç yeşil pıtrak yaprağından oluşurdu. Belki de bu süslerle, günümüzde saraylı hanımların, aylaklık meraklarıyla öğrendikleri tuhaf, aşırı icatlarla dolaştıkları kadar gösterişli ve gururlu dolaşırlardı." İyi de, yüzyıllar öncesinde olan bitenlerden bize ne? Hanım evde yeşil pıtrak değil, süslü elbise bekliyor. Mahzun Yüzlü Şövalye celalleniyor: "Dostum Sanço, şunu bilmen gerekir ki, Tanrı beni bu Demir çağda, Altın çağı geri getirmem için yarattı."

Don Kişot ile silahtarı köylerine dönerler. Karısı Sanço'yu görür görmez, ondan önce eşeğin iyi olup olmadığını sorar. Sanço, eşeğin efendisinden daha iyi olduğu cevabını verir. Sorgulama devam eder: "Peki, silahtarlıkta ne kazandın? Bana bir elbise getirdin mi? Çocuklarına pabuç getirdin mi?" Öyle anlaşılıyor ki, son cümlede yazının başlığını tashih etmem gerekiyor: Yeni çağın kahramanları: Sanço ile karısı.

Akıllı Don Kişot Neye Yarar?

Don Kişot'un son bölümünü hep hüzün ve öfke içinde okumuş, kaşlarımı çatmışımdır! Gönlü bu denli yüce bir meczubu, giderayak akıllandırmanın manası var mı? Cervantes, kahramanını tam anlayamadı mı, onun yüksek budalalığına ayak mı uyduramadı, yoksa "Akıl Çağı"nın eşiğindeki okuyucularına rüşvet vermek zorunda mı kaldı? *Don Kişot*'u "küçük çaplı bir yazar" olan Cervantes'in değil, *Sidi Hamid bin Engeli* maskesi takmış Mançalı Şövalye'nin kendisinin yazmış olabileceğini düşünen Unamuno'nun yardımıyla, bu gizemli düğümü çözmeye çalışalım.

"Ya yenilgilerinin hüznü yahut Tanrı'nın muradı ile" hummaya yakalanan Aşk ve Adalet Nöbetçisi, tam altı gün yattıktan sonra, kendisini kontrol eden hekimin "artık umut yok" teşhisiyle Sanço ve diğer dostlarının gözyaşına boğulması üzerine, yalnız bırakılmasını istedi ve tam altı saat deliksiz uyudu. Uyanmaz olaydı! Tanrı'ya sonsuz merhametinden ötürü şükrettikten sonra, ağzından şu uğursuz sözler döküldü: "Artık şuuruma kavuştum; zihnim, *iğrenç şövalye kitaplarını* maalesef sürekli okumam yüzünden üzerine inen cehaletin karanlık gölgelerinden kurtuldu, aydınlandı." Yok ya, başa gelene bak! Peki biz tam 880 sayfa uyutulduk mu? Aşksız ve Adaletsiz bir dünyaya Akıl bu denli gerekli idiyse, ölümün eşiğinde mi başa gelmeliydi?

Son bölümün Don Kişot'u bir nevi Sanço Panza'dır; aklın, bilincin, tedbirli davranışın mümessili. Giderayak, ayrıntılı ve çok hesaplı bir vasiyetnâme bile hazırlıyor. Yel değirmenleriyle savaşan meczup şövalye gidiyor, onun yerine, Aydınlanma çağını haber veren filozof bir münadi geliyor: "(Şövalye kitaplarının) saçmalıklarını, yalanlarını açıkça görüyorum artık; tek üzüldüğüm, gerçeği görmekte bu kadar gecikmiş olmam; yanlışımı tamir etmeye, ruhuma ışık tutacak kitaplar okumaya vaktim yok." Üç kâğıtçılığın dikalâsı! "İyi kitaplar" okumaya madem vaktin olmadı, nasıl aydınlanabildin öyle? Altı saatlik uykuyla, hangi menzile ulaşabilir insan? Neyse ki, bilinçlenen kahramanımız ruha ışık tutacak *kitaplar* olduğunu yadsımıyor. Asıl meselesi, deli olmadığını, aklının başına geldiğini insanlara hissettirmek. "Bu dünyada deli namı bırakacak kadar kötü bir hayat sürmediğimi gösterecek şekilde ölmek isterim. Evet, deli oldum, ama ölürken deliliğimi teyid etmek istemem." (Cervantes: *La Mancha'lı Yaratıcı Asilzade Don Quijote,* çev. Roza Hakmen, Yapı Kredi, 2006, s. 881.)

Don Kişot'un (Cervantes'in değil, Don Kişot'un!) yedinci göbekten torunu Miguel de Unamuno, 20. yüzyıl başlarında, adım attığımız lanetli çağın "cinneti bile anlamadığından" yakınıyordu. 1905 yılında kaleme aldığı "Don Kişot'un Mezarı" başlıklı yazısında, modernlerin deliliğin bile arkasında gizli bir sebep yahut iktisadî saik aradıklarından şikâyet ediyordu. "Akılsızlığın aklı" bu lanetolası çağdaşlar için bir gerçek olmuştu. "Her eylemin bir varlık sebebinin olduğu bir kez gösterilince, ki o sebebi şipşak buluveriyorlar!, eylem bütün değerini yitiriyor. Mantığın onlara yaptığı iyilik budur işte; domuz mantık!"

Her adımda şunu soruyorlar: Onu niye yaptı? Hiç Sanço Panza 'Don Kişot yaptıklarını niçin yaptı?' diye sordu mu? "Öyle inanıyorum ki, Don Kişot'un mezarını, onu işgal eden üniversite mezunlarının, vaizlerin, berberlerin, dük ve rahiplerin elinden kurtarmaya yönelik bir kutsal sefer düzenleme vakti gelmiştir. Cinnet Şövalyesinin Mezarını, Akıl şampiyonlarının iktidarından kurtarmamız lazım."

Don Kişot'u Cervantes'ten Daha İyi Anlayabiliriz!

Unamuno daha sonra bu yazısını ilginç bir kitabın mihveri haline getirdi: *Efendimiz Don Kişot.* Neredeyse ikibin yıllık Kilise'nin "Efendimiz İsa Mesih" şiarına karşı, modern bir ilahiyatın ayak sesiydi bu. Kişotizm yeni bir dindi. Bu dinin iki üstün tarafı vardı: Kurucu yahut peygamberi, Cervantes değil pek tabiî, Don Kişot, gerçek bir insan değil, salt bir kurgu idi. İkinci üstünlüğü de, peygamberinin gülünç bir adam olmasıydı. "Herkesi güldüren ama asla şaka yapmayan bir Şövalye." (*Our Lord Don Quixote,* Princeton, 1967, s. 13.)

Unamuno, bu yorumlarını bir dosta anlatıyor gibi aktardıktan sonra, dostunun verdiği cevapla sarsılıyor: "Hepsi iyi de, Don Kişot'un mezarını bulup, onu işgal eden üniversite mezunlarının, vaizlerin, berberlerin, dük ve rahiplerin elinden kurtarmak yerine; asıl Tanrı'nın mezarını bulup, onu işgal etmekte olan mü'min ve münkirlerin, ateist ve deistlerin elinden kurtarmamız gerektiğini düşünmüyor musun? Mezarını işgalden kurtardıktan sonra, O'nun bizi diriltip hiçlikten kurtaracağı ana kadar orada durup, büyük umutsuzluk içinde feryad ü figan ile yüreklerimizi gözyaşları içinde paralamamız icap etmiyor mu?" Bu zorlu sorunun köşeye sıkıştırdığı *Sis* yazarı, bu yüzden Don Kişot ile Sanço'yu "onları yaratan, yahut daha doğrusu, onları ülkesinin manevî derûnundan bulup çıkaran" Cervantes'ten daha iyi anlamamız gerektiğini ve *anlayabileceğimizi* iddia ediyor. "*Sis* romanında Augusto Peres nasıl benim kurgumdan bağımsız ise, Don Kişot ile Sanço da Cervantes'in şiirsel tasarımından öylesine bağımsızdırlar."

Aklıbaşında Şövalye, vasiyetnamesini ayrıntılarıyla açıkladıktan sonra, şövalyelik kitaplarını son bir kez daha şiddetle lanetliyor ve, ölümünde hazır bulunan noterin tanıklığı ile, "huzur içinde ve Hıristiyanca" ölüyor. Rahip, noterden "La Mança'lı Don Kişot adıyla bilinen" İyi Yürekli Alonso Quijano'nun eceliyle öldüğüne dair bir şahadet belgesi düzenlemesini rica ediyor. Neden mi? "Seyyid Hamid Badincani dışında bir yazarın sahtekârca kendisini diriltip, hakkında bitmez tükenmez kahramanlık hikâyeleri yazması ihtimalini ortadan kaldırmak" için! Cervantes, Sanço'nun, Don Kişot'un yeğeninin ve kâhya kadının ağıtlarını kaydetmese de, Sanson Carrasco'nun yazdığı kitabeyi atlamıyor:

> Burada yatan
> güçlü asilzade,
> öyle yiğit,
> öyle fevkalâde,
> yenemedi bu yüzden,
> hayatını ölümle.

Ölüm, hayatı yenemiyor ve (asıl yazarımız) Seyyid Hamid (Unamuno'ya göre, Don Kişot), kalemine şöyle diyor: "Ey benim tüy kalemim, seni bu askıya asacağım, kibirli ve düzenbaz tarihçiler seni kirletmek için bu askıdan indirmedikçe, çağlar boyunca yaşayacaksın." Aşk ve Adalet erleri olan kurgu ustalarının, Aklın yeniçerisi "kibirli ve düzenbaz tarihçiler" ile ezelî ve ebedî mücadelesini, *Don Kişot*'tan başlayan bir romanlar dizisi üzerinden 'okumak' lâzım. Akıllanan meczupların neye (veya kime) yaradığını kavramak o kadar kolay mı?

Herman Melville

Sağlam Adam

Modernlik, İsa'yı uyutmak ve sahneyi binbir yüzüyle Şeytan'a terk etmektir. Edgar allan Poe, "İnsan, dolandıran bir hayvandır ve insandan başka dolandırıcı hiçbir hayvan yoktur" diyordu. Gerçek şu ki, "sağlam adam" diye nitelendirilen dolandırıcı, 19. yüzyıl Amerika'sında gün geçtikçe görünür hale gelen bir tipti; kalabalık şehirlerin *burjuvazisinin ve banknotlarının* eseriydi. Melville'in romanındaki ilk sağlam adam Hz. İsa'yı andırıyor ve İncil'den ayetlerle, birbirlerine sadakati sarsılmış yolcuları merhamete davet ediyor. Kimseyi ikna edemiyor. O kadar çabalıyor ki sonunda takati kesilip bir merdivene kıvrılıveriyor. Romanın yayınlanış tarihi 1857; akılcı kapitalizmin yükselişi karşısında merhamet çağrılarına cevap alamayan İsa artık istirahate çekiliyor. Onun yerini, kesin bilimlerin başında gelen "tırtıkçılık"ta uzmanlaşmış "sağlam adamlar" alacaktır!

Sağlam Adam Hangimiz?

Orucun beni tutmakta olduğunu derinden hissettiğim bir günde 'sağlam adamlık' üzerine yazmaya çalışıyorum. İki hadis-i şerif süslüyor hafızamı: 1. Oruç, sabrın yarısıdır. 2. Sabır, imanın yarısıdır. İktisatçı yanım hemen nihaî hesabı çıkarıyor: Oruç, imanın çeyreğidir. Çok şükür. Akışkan postmodern çağda, imanın çeyreğini sağlama almak az iş değildir! Diğer üç çeyrek, kâmil bir "itimat toplumu" haline gelmeden ikmal edilebilir mi? Türkçesi: Birbirimize iman etmeden, Allah'a iman edebilir miyiz?

Bana bu satırları ilham eden, modern dolandırıcılığı destanlaştıran Herman Melville'in *Sağlam Adam* başlıklı romanı oldu. Fakat ondan önce, Thomas Mann'ın ünlü dolandırıcısı Felix Krull'dan aklımda kalan bir fikri paylaşayım. İnsanlarla "gönül bağı" içinde olmayı çok arzu etse de, onlara karşı "bilinçli bir soğukluk" duymaktan kendini alamayan kahramanımızın zihni *değiştirilebilirlik* fikriyle meşguldür. Gariban garsonlarla kalantor otel müşterilerini birbirleriyle değiştirmeyi kuruyor kafasında. Ona göre, bu 'rollerin' değişik olması, zenginlikten kaynaklanan bir rastlantıydı. "Paranın getirdiği asalet rastlantısal bir asalettir ve değişebilir." (*Dolandırıcı Felix Krull'un İtirafları*, Can, 2014, s. 278.)

Damarlarında "kredi-para"nın aktığı yeni "ekonomi-toplum"un ana ilkesi artık *değişim* idi. Kadîm dünyanın şiarı olan *istikrar* eskiyivermişti. Emerson, Thomas Mann'ın bu yarım kalmış romanından yüz yıl kadar önce yayınladığı "Şair" başlıklı denemesinde (1844), modern şairin esas işinin değişimi, akışı, dönüşümü (*metamorphosis*) *görmek* olduğunu söylüyordu. Şairin konuşması tabiatın akışıyla akıyor, aklı eşyaya dalıyor, dönüşüm durmak bilmiyordu. Sürekli dönüşüm, akış, esneklik, plastiklik... İmgelemin niteliği akmasındadır, diyordu Emerson, donmasında değil: Tek günah, sınırlamadır. "Öze-Güvenmek" başlıklı denemesindeyse bu fikrini en uç noktaya götürüyordu: Hayat için ip uçlarını tabiattan almalıyız ve tabiat kesintisiz değişimdir. "Şu anda üzerinde durduğumuz yüzey sabit değil, kaygandır. O halde kayalım onunla beraber. ... İnsan bir çiftçi, profesör veya mühendis değil, hepsidir. Rahip, bilgin, devlet adamı, üretici ve askerdir. *Bölünmüş* veya toplumsal durumda bu işlevler bireylere bölüştürülür, her biri kendine düşeni yapmayı amaçlar. Toplumun durumu, gövdeden koparılan organların çalımla ortalıkta dolaşan canavarlara dönüşmesi gibidir: iyi bir parmak, bir boyun, bir mide, bir dirsek, fakat asla tam bir adam değil. İnsan böylece bir şeye, birçok şeylere dönüşmüş olur." (Tony Tanner: *The American Mystery*, Cambridge, 2000, s. 82-3.) Şeyleşen insanlar, birbirlerine yabancıdır. Kimseye itimat etmez, sadece kendilerine güvenirler.

Edgar Alan Poe, Emerson'un bahsettiği "gören şairler"den biriydi muhakkak. 1843 yılında yazdığı "Kesin Bilimlerden Biri Sayılan Tırtıkçılık" başlıklı denemesinde "Karga araklar, tilki aldatır, çakal oyuna getirir, insan ise tırtıklar" diyordu. Tırtıkçılığın (dolandırıcılığın) bileşenleri dakiklik, menfaat, sebat, ataklık, gözüpeklik, özgünlük, densizlik ve sırıtmaydı. "İnsan, dolandıran bir hayvandır ve insandan başka dolandırıcı hiçbir hayvan yoktur." Tanner'a göre, Melville'e ilham ve hatta ana fikri veren,

Poe'nun bu yazısıdır. Gerçek şu ki, "sağlam adam" (*confidence man*) diye nitelendirilen dolandırıcı, 19. yüzyıl Amerika'sında gün geçtikçe görünür hale gelen bir tipti. Halttunen sağlam adamların kalabalık şehirlerin *burjuvazisinin ve banknotlarının* eseri olduğunu belirtiyor. "Başlangıçta bir içgüdü olarak samimiyete duyulan duygusal istek, açık toplumda *yersizlik* ve yabancılarla dolu kent dünyasındaki *anonimlik* hakkında türetilen tehlikelere karşı bir savunma stratejisiydi: Bu iki koşulun sağlam adamları ürettiğine inanılıyordu." Sayıları çok muydu? Halttunen'e göre, New York'taki faal suçluların yüzde onu sağlam adamdı. (Herman Melville: *Sağlam Adam,* İletişim, 2015, s. 33.)

İtimatsız Bireyler, Uçuşan Kimlikler

Peki, oruçlu bir Müslümanın, dolandırıcılığa dair bir romanı bu mübarek günde ciddiye alıp okuması, bu yetmezmiş gibi, bir de hakkında yazı yazması makul müdür? Makuldür çünkü o yıllarda cins bir isim haline gelmiş olan dolandırıcı Jeremy Diddler, geleceğin ortalama Amerikan bireyini ve galiba şimdi artık *ortalama dünya bireyini* haber veriyordu. Melville'in dostu Evert Duyckinck *Literary World* dergisinde, tutuklanan bir 'Jeremy Diddler' hakkında şu kafa karıştırıcı yorumu yapıyordu: Bu dolandırıcı *adamcağızın* "bir insanın diğerine güveni kadar basit bir nitelikten" böyle bir kazanç çıkarması, erdemin ve insanlığın soyunun tükenmemiş olduğunu göstermektedir. Tırtıkçının varlığı, insanlığın muhasebe defterinin hem aktif hem de pasifinde yer alır. Hem hayır hem şerdir. "Bu ahir zamanlarda bile, sertleşen medeniyete ve gazetelerin uyarmalarına rağmen, insanların hâlâ *kandırılabiliyor olması* iyi bir şeydir, insanlık için bir ümittir." Bu ifadelere şaşırmışsak, yukarıda işaret ettiğim "ortalama dünya bireyi" hâline gelmişiz demektir. Birey bile değil, uçucu, soyut bir kimlik. Duyckinck'in yorumunun sonu bu akışkan varlığın gerçek yüzünü ifşâ ediyor:

"*Her daim* tetikte bekleyen, *hiçbir zaman* pabucu ters giydirilemeyen, *hiçbir* hikâyenin acıma duygusunu uyandıramadığı adam, pişkin bir suçludan pek farklı sayılmaz. Dolandırıcılıktan uzak duruyor olabilir, ama bu adamın ahbaplarıyla ilişkilerine dikkat edin; ne onlar adama güvenir, ne de adam onlara. İnsanlar içinde soğuk bir yaşam sürer; çarşılarda ve toplumsal hayatta bir buzdağı gibi gezinir. Umalım ki, onun kendisi gibi ölümlülere göstermediği güveni ahirette Tanrı ona göstersin!" Göstermezse, işi gayet yaş. Derdimiz 'ebedî hayat' ise, iftarı beklerken ben bu romanı satır satır içerim arkadaş. (Romanın oruç bozmadığını da öğrenmiş oluyoruz, böylece!)

Hz. İsa, Sadakat ve Merhamet

Kurgunun birinci bölümü, Mississippi üzerinde seyreden bir buharlı gemiye binen "dilsizin biri" hakkındadır. Nisanın ilk günü ve şafak vaktidir, krem rengi giyinmiştir. "Titicaca Gölü'nde beliren Manco Capac misali," St. Louis şehri rıhtımında birdenbire peydah olmuştur. Yanında ne sandık vardır, ne de valiz. Uğurlayıcısı bile olmayan bir yabancıdır. Dikkat ediniz: Daha başlangıçta Ahmaklar Günü (Nisan Bir) şakasına benzeyeceği hissettirilen bir dolandırıcılık romanına, Hz. İsa temsili ile giriyoruz! Manco Capac, Peru'daki İnka hanedanlığının kurucusudur ve "insanlığı kurtuluşa erdirmek için babası Güneş Tanrı tarafından dünyaya gönderilmiştir." Dilsiz'in ayak bastığı St. Louis ise, Amerika'nın Ankara'sıdır: "19. yüzyıl ortasında güney ile kuzeyi, doğu ile batıyı birbirine bağlayan yollar üzerinde kavşak görevi gören, henüz tüm kıtaya yayılmamış Amerikan ulusunun sembolik merkezi konumundaki bir yerleşim yeri." Gemimizin adı Sadakat'tir (*Fidele*) ve yolcuların itip kaktığı dilsiz kahramanımız İncil'den levhalarla gösterisine başlamıştır: "Merhamet, aklına hiçbir kötülük getirmez. Merhamet, her şeye inanır. Merhamet, asla mağlup olmaz." (Korintliler, 1-13.) *Merhamet* kelimesi hep sabit duruyor, diğer kelimeleri aralıklarla değiştiriyor. Sağır da olduğunu öğrendiğimiz dilsizin bu ahiret kokulu levhalarına karşı, gemi berberi buram buram dünyevîlik kokan şu levhayı asar: "No Trust!" Ticarî bağlamda "Veresiye Yok" diye çevirebileceğimiz bu ifade, derin bir itimatsızlığa ses veriyor: Kimseye Güvenmem! Para peşin, kırmızı meşin.

Mississippi dünyayı, Sadakat gemisi de Amerika'yı temsil ediyorsa, Melville'in gözünde Amerikan halkı büyük dönüşüme uğramış, uhrevî tüm endişelerden sıyrılmıştır. Merhamet levhalarından dolayı dilsizi münasebetsiz bularak itip kakanlar, berberin soğuk tavrını gayet akılcı bulmaktadır. Geminin 1200 millik bir yolu vardır ve "her iskelede inenlerin yerine yeni yolcular alır." Yani gemi "her daim yabancılarla dolu olmakla birlikte, bunların arasına hiç durmadan, bir bakıma daha da yabani yabancıları katar veya birini diğeriyle takas eder." Hıristiyan veya Müslüman hacı kafileleri gibi, burada da yerli/yabancı her çeşit insan vardır: İş adamları ve keyif ehli, salon beyleri ve orman kaçkınları, hayvan avcıları ve şöhret avcıları; eş arayanlar, altın arayanlar, mutluluk arayanlar, hakikat arayanlar. "İnsan denen o göçmen canlının binbir çeşidinin her birini bir araya getiren hercaî bir meclis."

Kafileyi bir ormana benzetiyor Melville. Kayından ladine kadar çeşitli ağaçlar nasıl sarmaş dolaş ise, yolcuların "suretleri ve esvapları" da öyle birbirleriyle kaynaşmıştır. "Bir Tatar kafilesi gibi rengârenk, ilkel bir teslimiyet ve güven içinde." Teslimiyet ve güven varsa, umut tükenmemiş demektir. "Batının o canıtez ve birleştirici ruhu hüküm sürüyordu burada, birbirine en uzak ve tezat bölgelerin ırmaklarını hasbelkader bir araya toplayıp kendinden emin tek bir kozmopolit akıntıya katıp götüren Mississippi misali."

Henüz romanın onuncu sayfasındayız. Bugün bütün dünya "tek bir kozmopolit akıntıya" dönüştüğüne göre, romandaki karakterler üzerinde tek tek dursak, yeridir. Ayrıca, karakterler dediğime bakmayın; belki de hepsi bir tek tırtıkçıdan ibarettir. Çaresiz alçak! Gogol'ün, *Sağlam Adam*'dan 15 yıl önce yazdığı *Ölü Canlar*'daki *modernlik* tasvirini hatırlıyor musunuz? "Alçak bireylerin yüksek toplumu!" Bakalım serüvenin sonunda, ben sağlam adam değilim diyenimiz olacak mı?

İsa'dan Sonra Şeytan!

Çocukluğumda Sülün Osman hikâyelerine bayılırdık. Ağrılının biri Sirkeci'de dolaşırken, yüksek bir binaya bakmaktadır. Elinde bir makbuzla Sülün Osman çıkagelir: "Kaçıncı kata bakıyorsun hemşerim?" Ağrılı gariban biraz kem küm ettikten sonra, 3. kata der. "Ver bakalım 3 lira!" Hikâyenin finali daha çarpıcı: Akşam, kaldıkları handa arkadaşlarına o günün kısa bir muhasebesini yapar hemşerimiz: "Zabıtaya öyle bir kazık attım ki, aklınız durur! Aslında 8. kata bakıyordum, ama üç lira ile yakayı kurtardım." Böylece, daha kadîm payitahta ayak basmadan, 'uyanık' Sülün Osman'lara karşı 'tedbirli' olmamız öğütlenirdi. Her sakallıyı dedemiz sanmamalıydık!

Sağlam Adam, Amerika'lı Sülün Osman'ların romanı. Yazara göre, artık her doğan Amerikalı müstakbel bir Sülün Osman. Çünkü yorulan İsa'nın yerini, binbir yüzü ve numarası olan İblis almıştır. "Bul karayı al parayı!" Roman bu bakımdan kapitalist medeniyetin kapsamlı bir muhasebesidir. Hem iktisadî, siyasî veya akademik alandaki 'inovatif' Sülün Osmanları resmediyor; hem onların foyasını ortaya çıkaranların niyet, fiil ve dönüşümlerine ayna tutuyor; hem de onlara kanmaya devam etmenin metafizik bakımdan belki de tek kurtuluş yolu olduğunu; bu bir serapsa, o zaman her türlü metafizik sistemin bir tür şeytanlığa dönüştüğünü ima ediyor. Tarih, sosyoloji, iktisat, siyaset bilimi, felsefe, ilahiyat ve edebiyat kucak kucağa. Romanın alt başlığının "Bir Maskeli Geçit" olması boşuna değil. Sadece şahıs ve olaylar bağlamında değil, bilimler yahut düşünce disiplinleri bağlamında da tam bir maskeli geçit. Sıkıcı ne demek, fıtık edici bir roman; ama müthiş bir romanbilim.

Kaprisli Çiftlik Bank'lar

Sülün Osman'ın Amerikan karşılığı Jeremy Diddler, Tırtıkçı Jeremy. Teatral kurgudan gerçeğe, gerçekten roman'tik kurguya taşınan efsane bir isim. Melville'in romanında böyle beş tırtıkçı var; bir o kadar da güya onların numaralarını deşifre eden, Sülün demesek de, Filim Osman'lar. Öyle *hikâyeler* anlatıyorlar ki, Sombart'tan Wallerstein'a kadar modern dünya sisteminin mahiyetine ayna tutmaya çalışan kuramcılar daha çarpıcısını anlatabilmiş değiller. Bir kez daha anlıyoruz ki, önce roman vardı, sonra kuram!

Romanda anlatılanların ne ölçüde evrensel bir karaktere bürünmüş olduğunu hissettirmek için, önce kendi ülkemizden (artık epey kanıksamış olduğumuz) birkaç yorumsuz haber verelim:

1. "Mega Center Caprice Gold Camii'nin temelini Cübbeli Ahmet attı." Türkiyenin en büyük 7-yıldızlı otelinin yanında yapılacak olan Caprice Gold Camii'nin temeli, Bayrampaşa'da işadamı Fadıl Akgündüz ve Cübbeli Ahmet Hoca olarak bilinen Ahmet Mahmut Ünlü tarafından atıldı. Dualarla başlayan temel atma töreninde bir konuşma yapan Fadıl Akgündüz, "Bu camiinin yapılması için katkı veren herkese teşekkür ediyorum. Otelimiz gibi camiimizin

de inşâsına Allah'ın izniyle başladık. Hayırlara vesile olmasını diliyorum. (*Hürriyet*, 30 Temmuz 2011.)

Yedi yıldızlı Bayrampaşa Caprice Gold ilginç bir projeydi. Belirli bir para yatırımı karşılığında, otelde bir odanın tapusuna sahip oluyordunuz. Otel işletmeye açıldığında, odanıza misafir olan müşterinin ödediği her liranın veya doların belirli bir yüzdesi *trink!* sizin hesabınıza geçiyordu. Üç yıl içinde açılması vaat edilen otelin inşaatı hâlâ tamamlanabilmiş değil. Aynı gazetede yaklaşık yedi yıl sonra şu haberi okuyorduk:

2. Bayrampaşa'daki Capris Gold ile Maldivler'deki Capris Maldivler adlı gayrımenkul projelerinde 349 kişiyi dolandırdığı iddiasıyla yargılanan Fadıl Akgündüz ve altı sanığın duruşmasında ifade veren bir mağdur, "Sanığın sakalının kesilmesini, cübbesinin çıkartılmasını, dinî sohbet vermesinin yasaklanmasını istiyorum" deyince, mahkeme başkanı "Bizim böyle bir ceza verme yetkimiz yok; siz de her sakallıya inanmasaydınız" yanıtını verdi. Şikâyetçi Davut Karaca: "2014 yılında üç adet devre mülk aldım. Toplamda 250 bin lira bedelle anlaşma yaptık. Birinin tapusunu aldım, diğer ikisini alamadım. Kur'an kursunda çocuklara Kur'an öğretiyordum, şu an bir şirkette tuvalet temizliyorum. Şikâyetçiyim." Adil Durmuş: "Adamın dolandırıcı olduğunu önceden biliyordum. Fakat dindar isimlerle tanıtım yapınca kandım." (*Hürriyet*, 5 Mayıs 2018.)

Mağdurların doğrudan veya dolaylı biçimde suçladıkları Cübbeli Ahmet Hoca ise, temel atma töreninden yaklaşık beş yıl sonra medyaya "Ben de kandırıldım" açıklaması yaptı. "Fadıl Bey'in otelinden yer alın demedim, sadece fetva soranlara caizdir dedim. Benim de iki dairem gitti, ben de dolandırıldım." Haberin son cümlesi bu yazı bağlamında büyük önem taşıyor: "Cübbeli Ahmet Hoca, Müslümanların özelliğinin kandırma değil, kandırılma olduğunu söyledi." (*Oda TV*, 10 Mart 2016.)

3. Geçelim Türk tarımını kanatlandırabilecek Çiftlik Bank projesine. Haberimizin ilginç bir başlığı var: "İşte Tosuncuğun Hikâyesi": Aslen Giresunlu olan 27 yaşındaki Tosuncuk (Mehmet Aydın), Bursa'da doğup büyüdü. Beş yıl öncesine kadar lüks bir restoranda işçi olarak çalışıyordu. Çiftlik Bank'ın temelini İstanbul Beykoz'da

attı. Önce bir oyun olarak başlayan Çiftlik Bank, daha sonra yüz binlerce kullanıcısı olan bir "yatırım aracı" haline geldi. Yatırılan paralarla çeşitli hayvanlar satın alan ve para kazandırmayı vaat eden Çiftlik Bank, kısa sürede dev bir okyanusa dönüştü. Ağına düşürdüğü 132 bin kişiden 1 milyar 140 milyon TL topladı. Sermaye Piyasası Kurulu inceleme başlatınca, 9 Ocak 2018 tarihinde üye alımı durduruldu. Binlerce kişi dolandırıldıklarını anlayıp soluğu şirketin tesislerinde aldı ama hiçbir muhatap bulamadılar. Mehmet Aydın çoktan yurt dışına kaçmıştı. (*Hürriyet,* 9 Nisan 2018)

Muhayyel şirkete yatırım yapanlardan bazıları, "bu kadar çok insanın ahmakça davranacağını düşünemezdik" derken; olayla ilgili açıklama yapan Gümrük ve Ticaret Bakanı Bülent Tüfekçi, Çiftlik Bank mağdurları arasında yapılan ankette ortaya ilginç bir sonuç çıktığını belirterek, "Yüzde 50'ye yakın insan, 'Biz tekrar böyle bir oluşumda paramızı yatırmayı düşünebiliriz' diyor. Bu da ayrıca incelenmesi gereken bir konudur" dedi. (*NTV Ekonomi Haberleri,* 6 Nisan 2018.)

Merhametini Al, Git Cennet'in Dibine!

Romanımıza dönelim ve Türkçeye *İman* diye de çevrilebilecek olan *Sadakat* adlı gemiyle Mississippi üzerinde seyretmekte olduğumuzu hatırlayalım. Sağır ve dilsiz 'sağlam adam'dan sonra, Siyah Guinea adlı zenci tırtıkçımız sahne alır. Sakat numarası yapmaktadır ve ağzıyla madeni paraları kapma yeteneği geliştirmiştir. Eğlendirerek insanlara hayır işlettirmek inovatif bir girişim olmalı! "Sadaka kabul etmek kolay iş değildir, hele bir de bu esnada neşeli ve minnettar görünmeye mecbur olmak daha da zor olsa gerek. Oysa zenci, içten içe hissettiklerini yutuyor, fırlatılan bakır kuruşları ise midesine inmeden yakalıyordu."

Hatırlayacaksınız, ilk sağlam adamımız Hz. İsa'yı andırıyordu ve İncil'den ayetlerle, birbirlerine sadakati (yahut inancı) sarsılmış yolcuları merhamete davet ediyordu. İsa gibi beyazdı ve krem rengi bir elbise giymişti. O kadar çabaladı ki sonunda takati kesildi ve bir merdivene kıvrılıverdi. "Giderek bastıran uykuya yenik düşen kumral başı öne düştü, koyunu andıran vücudu boydan boya gevşedi." Uyuyan bir koyun yahut kuzu. Romanın yayınlanış tarihi 1857; akılcı kapitalizmin yükselişi karşısında merhamet çağrılarına cevap alamayan İsa artık istirahate çekildi. Gökten inecek İsa'yı ağırlamak için "Yeni bir Kudüs" kurma hayaliyle birkaç asırdır Amerika'ya akmış olan Avrupalı 'yolcular' bakalım şimdi kimleri baş tacı edecekler?

İkinci kahramanımız bir siyahtır; yoksa siyaha boyanmış bir beyaz mı? İsa'dan İblis'in eline mi geçiyor sahne? İnsanların inanç ve merhamet duygularına değil, eğlenme arzularına hitap edilmektedir artık. Ödülümüz de dua değil paradır. Bu "hayır oyunu"nu bozan, bir Tahta Bacak olur. Zencinin sakatlığının düzmece olduğunu haykırmaya başlar. Hayırseverler bunun üzerine zenciden, durumunu kanıtlayan belge veya kefil isterler. Zenci, elinde herhangi bir belge olmadığını, fakat gemide gerçeği bilen birkaç arkadaşı bulunduğunu söyler ve ardından, sırayla kendi yerini alacak bir 'şeytanlar' listesi sunar: "Karalar bağlamış çok nazik bir beyefendi; gri paltolu, beyaz kravatlı beyefendi; bir elinde kocaman bir kitap olan bir beyefendi; pirinç rozet takan bir beyefendi; kadife cübbeli bir bey; asker bir beyefendi..." Bunların hepsini tanırız sonra, belki bir kısmı zencinin kendi bedeninden huruç etmiş olarak.

Tahta Bacak iddiasında ısrarlıdır: "Beyaz bir sahtekâr bu, kendini siyaha boyayıp ayaklarını kıvırıp bükmesi tamamen düzmece. Kendisi de arkadaşları da birer uydurmaca." Metodist bir vaiz, Tahta Bacak'a çıkışır: Sende hiç merhamet yok mu? Cevap: "Merhamet başka, hakikat başka." Vaiz de ısrarlıdır: Böyle kenger dikeni gibi ısırma, merhamet kardeşim, merhamet. Tahta Bacak kontrolden çıkar: "Merhametini al, git Cennetin dibine! Burada, *gerçek dünyada* gerçek merhamet bunaklara mahsustur, sahte merhamet ise düzenbazlara." Bu münakaşa sürerken, taşralı bir tüccar, acıdığı zenciye elli sent vererek, ona güvendiğini gösterir. Fakat cüzdanını çıkarırken de kartvizitlerinden birini düşürür. Zenci, kaşla göz arasında kartviziti kapıverir. Böylece, binyıllar boyu yalın alışverişle zenginleşen aklıbaşında ticaret erbabının, borsa denen başdöndüren anaforda spekülatif yatırımlara nasıl alıştırıldıklarının öğretici bir hikâyesini okumaya başlarız. "Çin Yıldızı" hikâyesiyle beraber, bu bölüm Anadolu esnafının son yüzyılda yaşadıklarının icmalidir.

Batan Geminin Hisseleri!

Biraz sonra beyaz bir adama dönüşüp John Ringman adını alan zenci, adının Henry Roberts olduğunu kartvizitten öğrendiği tüccarı, kendisinin eski bir ahbabı olduğuna inandırmaya çalışır; bir ölçüde inandırır da. Ondan bir miktar para sızdırdıktan sonra, gemide Kara Şelale Kömür Şirketinin yönetici ve satış müdürünün bulunduğunu fısıldar. Güya bir ay önce "birtakım düzenbazların hisselerin değerini düşürmek için yarattığı yapay telaşa kapılan bazı hissedarlar hisselerini satmışlar; fakat tezgâhı önceden haber alan şirket, bu sahte paniği yaratanların ondan yarar sağlamasını önleyerek, elden çıkarılan hisseleri yeniden kendi elinde toplamayı başarmış." Tüccarın sahte ahbabına göre, şirket şu an bu hisseleri yeniden satışa sunmaya hazırmış, ama acele etmiyormuş. "Düşük değerden aldıkları bu hisseleri şimdi aynı fiyata satacaklarmış. Bu durumu fazla kimsenin bilmemesi, az bulunur bir yatırım fırsatı demek. Hisseler yükselişe geçtiğinde düşüşten önce olduğundan daha fazla değer kazanacak." Günümüzde *insider trading* denen içeriden haberalma yoluyla köşeyi dönme yönteminin çarpıcı bir örneği.

Dürüst tüccar, kendisinin spekülatör olmadığını, bugüne kadar herhangi bir hisseyle uğraşmaktan uzak durduğunu, ancak bahsi geçen olayın neredeyse aklını çeldiğini söyler. Hisselere sulanır ama Bay Ringman'ın niçin hisse almadığından da kuşkulanır. Bu "nahoş kuşku" güya tırtıkçımızı huzursuz eder.

"Şüphe sığ bir şey olsa da inceden inceye işler, bazen en insancıl kalpleri, en bilge zihinleri istila edebilir."

Tırtıkçılar ve anlattıkları hikâyeler birbirini izler. Karalar bağlamış adam, üniversite öğrencisine tarih ve felsefe klasikleri hakkında mutantan bir nutuk çeker. Tacitus mu, okumayın sakın! "Düpedüz zehir bu. ... Bu klasikler üniversitenin başına beladır. ... Hele o Tacitus... Güven duygusundan nasibini almamış olan bu adam, onu okuyan herkesin güvenini yerle bir eder." Gri paltolu beyaz kravatlı adam Dul ve Yetimler Sığınma Evi için para toplamaktadır. Kendisini engellemek isteyen yakut başlıklı bastonu olan varlıklı adama çıkışır: "Tanrı size daha fazla merhamet ihsan eylesin, efendim." Aldığı cevap münasiptir: Sana da daha az riyakârlık bahşetsin! Tahta bacaklı adam tekrar gelip ortalığı velveleye verir. Belki doğru ama kötü konuşmaktadır. Griler giymiş adamın değerlendirmesi, hitabet ve yönetim felsefesi bakımından çok öğreticidir: "Kim bu alaycı? Ağzından çıkan doğru bile olsa, söyleyiş tarzıyla onu bir yalan kadar itici kılıyor."

Genç rahiple aralarında sahtekâr zenciye dair sürdürülen münakaşada, modern din ve iş hayatı ile tiyatro arasında ilginç bir benzerlik kurulur. Bu tartışma bizi yukarıdaki Fadıl Akgündüz/Cübbeli Ahmet ilişkisine geri götürüyor gibidir. Artık her din veya iş adamı, hemcinslerine karşı toplumsal görevini ifa eden bir emekçi değil, sahnede rol kesen bir oyuncudur:

- Zenci, siyah kılığına girmiş bir beyaz mı yani?
- Kesinlikle.
- Eğer öyleyse bayağı iyi bir oyunculuk derim ben buna.
- Herhangi bir insandan daha fazla oyuncu değil.
- Nasıl? Yani bütün dünya rol yapıyor, öyle mi? Mesela *ben*, bir oyuncu muyum? Bu rahip arkadaşım da mı oyuncu?
- Evet, ikiniz de birtakım işler yapmıyor musunuz? İş yapmak, bir role çıkmaktır; o yüzden iş yapan herkes bir oyuncudur.

Son iki sağlam adamımız, Türkçeye Gezmiş Görmüş Adam olarak çevrilen Kozmopolit ile Satıcı Çocuk. Birincisi, türlü oyunlarla berberdeki tıraşını bedavaya getirmeye çalışırken; ikincisi seyahat kilidi ve para kemeri gibi icatlarını pazarlar. En sonda da, modern çağa uygun en muhteşem inovasyonuyla sahne alır: Sahte para ayracı. İnsanın sahtesi artık kimseye dert değil; para sahte olmasın yeter!

Buraya kadar değindiğimiz ve değinemediğimiz İblis avatarlarının hakkında tanıkların ortak kanısı, her sağlam adamın "Gayet Emsalsiz Biri" olduğudur. Melville, okunması zor romanının 64. bölümünde bu kavrama açıklık getiriyor: Karşısındakinin emsalsiz biri olduğunu en fazla çocuklar düşünür, en az ise bütün bilimleri yalamış yutmuş olanlar. Böyle üç emsalsiz kurgu kahramanını örnek gösteriyor: Hamlet, Don Kişot ve Milton'ın Şeytan'ı. Ve şu can alıcı soruyu soruyor: Eğer bir karakter emsalsiz ise, nereden peydah olmuştur? Ya da romancı nereden bulmuştur onu?

Deneysel Romanı Kim İcat Etti?

Gerçekliğe en iyi matraklık yoluyla "ses verilebileceğini" düşünen "projeci" romancılara bayılıyorum: İngiltere'den Defoe ile Dickens, Fransa'dan Balzac ile Zola. Ama galiba Amerikalılar bu alanda daha ileri gittiler. Çünkü Amerika modernlikte, yani romana uygun bir cemiyete dönüşmekte tam gaz ileri gitti! Bu yüzden Mark Twain ile Herman Melville'i kimseye değişmiyorum artık!..

Kralın sarayındaki reklamcı yankiyi hatırladınız mı? Mark Twain, *Kral Arthur'un Sarayında Connecticutlı Bir Yankee* romanında, kahramanı Hank Morgan'ı 19. yüzyıl sonu kapitalist Amerika'sından, 6. yüzyıl feodal İngiltere'sine ışınlıyordu. Bu tersine bilim-kurgu üzerinden Twain, o çağın "geri kafalı" insanlarına medeniyet ve teknoloji öğretecekti! Şövalyelerin zırhlarının üstüne reklam sloganları kazıtmakla işe başladı. Reklamsız gelişme mi olurdu? "Persimmon Sabunları. Her gözde hanım bunları kullanır!"

Fakat asıl inovasyon, yüksek enerji üreten ibadetlerden ticarî kazanç sağlanmasına yönelik projelerdeydi. Ziyaret ettikleri bir münzeviler dergâhında, bizim Mevlevî semazenlere benzetebileceğimiz ünlü bir keşişin hareketlerini hemen "kârlı bir projeye" dönüştürüyordu. Adam yüksek bir platformda, hızla ve hiç durmaksızın, başı ayaklarına değecek kadar eğilip doğruluyor ve 24 dakika 46 saniyede tam 1244 devir yapıyordu. Kahramanımızın yufka yüreği, böyle bir enerjinin heba olmasını kaldırır mı? Mekanikteki en üretken hareketlerden birini yapan bu münzeviyi "esnek kordonlar vasıtasıyla dikiş makinesi çalıştırmayı sağlayacak bir sisteme bağlamayı" tasarlıyordu hemen:

"Aklıma gelen düzeneği daha sonra uygulamaya koydum ve adamdan beş yıl boyunca gayet iyi verim aldım. Bu süre zarfında 18.000 adet birinci sınıf sıkı dokumalı keten gömlek imal etti ki, kaba hesapla günde on parçaya denk geliyordu." Buraya kadarı işin üretim ayağı; asıl numaraysa pazarlama ve satıştaydı. Takkeli ve cübbeli hocalara taş çıkartan *inanç-temelli reklam* sayesinde, bir gömlek tam elli inek pahasına satılabiliyordu: Hacılar, "sanki okunmuş kefenmiş gibi" gömlekleri kapışıyordu. Reklam kampanyasında, gömleklerin *günaha karşı mükemmel koruyucu* olduğu belirtiliyordu: "Asiller arasında revaçta olan hakiki *Aziz Stylite* giyin. Patentlidir." (Bkz. M. Özel: *Roman Diliyle İktisat*, Küre, 2018, s. 153.)

Melville'in yaklaşık kırk yıl önce tasarladığı romanındaki projeler, Mark Twain'inkilerden aşağı kalmıyordu. Tırtıkçılığın envai çeşidinin geliştirildiği *Sağlam Adam*'daki inovasyonlardan biri, yedi iklim dört bucaktaki hayır kuruluşlarını ortak bir çatı altında toplayacak olan "Dünya Hayır Derneği" girişimiydi. Gelişigüzel yapılagelen hayır işlerini sistemleştirecek olan kurum, "bütün insanlık âleminden her yıl tek bir büyük hayırseverlik vergisi" toplayacaktı. Tırtıkçımızın hesabına göre, "yılda 800 milyona yaklaşan bir havuz" oluşturacak; ehliyetli ellerde bu miktar 14 yıl içinde 11.200 milyona çıkacaktı. Sonra dernek feshedilecek, çünkü "biriken para hakça sarf edildiğinde, dünyada ne tek bir fakir kalacaktı, ne de tek bir kâfir." Tırtıkçı ile "kurbanı" arasındaki konuşmaya kulak misafiri olalım:

- Onbir bin iki yüz milyon, demek! Sadece elden ele bir *şapka* gezdirerek!
- Evet, ben Fourier gibi imkânsız bir fikrin mucidi değil, bir hayırsever ve maliyeciyim. 11.200 milyon; bundan ancak perakende hayırseverler ürker. Ortalamaya vurduğumuzda tüm dünya nüfusuna kişi başı bir dolardan fazla bir şey düşmez. Bir dolarını böyle güzel bir hayır işinden esirgeyecek kişi de ancak bir Türk ya da Rus olabilir.
- (Gene de) projeniz pek bir yenilik içermiyor, yürürlükte olan yöntemlerin ölçeğini büyütmek dışında.
- Büyütmek ve canlandırmak. Bir kere, misyonerliklerde tepeden tırnağa bir reform yapmak istiyorum. Misyonerlikleri *Wall Street ruhuyla* harekete geçireceğim.
- Wall Street ruhu mu?
- Evet, çünkü manevî bir projesi olanlar, manevî amaçlara ulaşmayı güvence altına almak için, dünyevî projelerin dünyevî yöntemlerinden örnek almayı küçümsememeli. Kısacası, küffârın dine kazanılması, insanî bir çabaya bağlı olduğu ölçüde, dünya hayır kurumu aracılığıyla *ihale* edilecektir. Hindistan'ın Hıristiyanlaşması ihalesi için şu kadar para, Borneo için şu kadar, Afrika için bu kadar. Rekabete izin vermek ortamı canlandırır. Tekellerde görülen atalet söz konusu bile olmaz. Can alıcı nokta, paranın sahip olduğu Arşimedvari kaldırma kuvvetini devreye sokmak.
- (Yılda) 800 milyonun gücünü mü kastediyorsunuz?
- Evet, ben dünyaya yapılacak iyiliği tek hamlede yapıp bitirmekten yanayım. On bin misyoneri bir anda gönderip altı ay içinde Çinlileri toptan Hıristiyanlaştırmaktan yanayım. Bunu böylece hallettikten sonra, başka bir tarafa dönmeli.

Daha önce, projeci tırtıkçıya *Dul ve Yetimler Sığınma Evi* projesi için üç banknot vermiş olan "altın kol düğmeli" kurbanımız, mahzun bakışlarla, cüzdanındaki dördüncü banknotu da çıkarıp vermek zorunda kalır.

Romancı, Filozof Bir Ressamdır!

Henry James, kurgunun mahiyetine dair ünlü konuşmasında, roman ile resmin kardeş olduklarını belirtir. "Resmin gerçeklik olduğunu kabul ettiğimiz sürece, romanın da tarih olduğunu" kabul etmemiz gerekir. "Kurgunun ana fikri de aynı şekilde belgeler ve kayıtlarda depolanmıştır." Romancı bu yüzden "kendinden emin ve bir tarihçi edasıyla konuşmalıdır." James, aslında başarılı bulduğu Anthony Trollope'un bir yerde okuyucuyu, roman kahramanının yalnızca bir "hayal ürünü" olduğunu söyleyerek uyarmasını tuhaf buluyor. "Romancının, bir tarihçiye göre gerçeği aramakla daha az meşgul olduğunu ima ediyor ve böyle yaparak, tek bir hamlede onu tüm saygınlığından yoksun bırakıyor." Oysa James'e göre, romancı filozof-ressam bir anlatıcıdır ve tarihçiye kıyasla büyük bir üstünlüğe sahiptir. "Aynı anda hem filozof hem de ressamla bu kadar çok ortak noktası olması, ona müthiş bir özellik veriyor. Bu ikili benzerlik, muhteşem bir mirastır." (*Kurgu Sanatı*, Laputa Kitap, 2018, s. 54-5.)

James konuşmasında Melville'den pek söz etmiyor, çünkü, ilk eserleri belirli bir coşkuyla karşılanmış da olsa, Melville 19. yüzyıl yazar ve eleştirmenleri için (Hawthorne dışında) pek yaşamıyor gibidir. Nitekim *Sağlam Adam* ilk yayınlandığında, *Dispatch* dergisindeki bir yorumda (5 Nisan 1857) şöyle deniyordu: "Melville'in yazdığı bir kitapla karşılaştığımızda, *Omoo* ve *Typee*'nin büyüsünü hatırlar ve maruf bir kapitalistin imzaladığı çeke sahip olmuşçasına onu güvenle okumaya başlarız. Fakat kitabın bu beklentiyi karşılamaması karşısında da bir o kadar düşkırıklığı yaşarız. Doğru, Bay Melville kötü yazamaz, ama son zamanlarda, ilk eserlerinin canlılık ve tazeliğini yansıtmayan garip, gayr-ı tabii bir tarz kullanıyor. Bu kabiliyetteki bir yazarın, *Sağlam Adam* gibi çocukça ahmaklıklarla (*puerilities*) uğraşması doğru değildir." (W. G. Branch: *Herman Melville: The Critical Heritage*, London: Routledge, 1974, s. 369.) Melville'in çocukça ahmaklığının aslında yeni Amerikan toplumunun en doğru resmini ortaya çıkarmakla meşgul filozof bir romancının "kendinden emin bir tarihçi edasıyla konuşması" olduğu ancak yarım yüzyıl sonra kabul ve teslim edilecekti.

Hayırseverlik ve misyonerliğin bile "ihale usulü" ve bir *Wall Street ruhuyla* yapılacağını haber vermek, tarihçilikten öte bir işti. Kendisinden çeyrek yüzyıl sonra, "deneysel roman"ın kurucu babası sayılan Emile Zola, Fransız emperyalizminin Orta Doğu girişimlerini nihayette Paris'teki borsa oyunlarına bağlamıyor muydu? Zola açık bir dil kullanıyor, Melville gibi mecazlara başvurmuyordu. Oysa Amerikalı romancının yazdıkları asla daha az "deneysel" değildi. *Moby Dick*'te olduğu gibi, bu romanında da hayatın tam kalbinden konuşuyordu.

Christopher Sten'e göre, *Sağlam Adam*, Melville'in en modern kurgusu olduğu gibi, 19 ve 20. yüzyıl Amerika ve Avrupa'sında yazılmış *deneysel* romanların da en açık örneğidir. Dikkat ediniz lütfen; en büyük, en muhteşem filan demiyor; en açık! Bu denli karmaşık ve mecazlarla örülü bir romana "en açık (*clearest*) deneysel roman" demek okuyucuya ilk elde tuhaf gelebilir. Ama Sten bu yargısını daha ileri götürüp, romanı geriye doğru Sterne'in *Tristram Shandy*'sine (1760'lar), ileriye doğru da Joyce, Kafka ve Borges'in "modernist" anlatılarına bağlıyor. Freni tutmuyor; işi Robbe-Grillet ve diğer Fransız yazarların 1950'lerdeki "yeni roman" serüvenine ve hatta Vonnegut, Pynchon, Coover ve Barthelme'in postmodernist anlatılarına kadar uzatıyor. (*The Weaver-God, He Weaves: Melville and the Poetics of the Novel,* The Kent State University Press, 1996, s. 285.)

Melville'in romanında ne bir tek sağlam adam karakteri var, ne de çizgisel bir eylem. Her şey tekrar ediyor ve hiçbir yere de çıkmıyor. Olayın geçtiği yer bir gemidir, sürekli yüzüyor; ne kökü var, ne evi. Tüm olaylar bir tek günde geçiyor ama o gün de, hatırlayın lütfen, Nisan 1! Her türlü aldatma ve yanıltmanın mübah olduğu gayr-ı muharrem bir gün. Fakat Sten'e göre, bütün bu kurgular maksatlıydı. Daha sonra Woolf, Joyce, Faulkner, Ellison ve daha nice ustanın devam ettireceği bu yeni gelenek, "yeni bir gerçekçilik yaratmak arzusundaydı." Aşinası olduğumuz gerçekçi (*realist*) romanda bulabileceğimizden "daha doğru, daha incelikli, daha yaşama-benzer bir deneyim" sunmak istiyordu.

Üçüncü yazıyı bitirmek üzereyim ama *Sağlam Adam*'ın Amerika ve dünya romanında nasıl bir dönüşüme öncülük (yahut habercilik) ettiğini ancak anlar gibi olduk. Bu pilav daha çok su kaldırır...

Halide Edib

Sinekli Bakkal

Arnold Toynbee

Hatıralar: Tecrübelerim

Sezai Karakoç

Zamana Adanmış Sözler

Halide Edib, Garblılaşırken içinde "Şark'ın özünün baki kaldığını" hisseden Türk'tü. Ruhundaki Şark ve Garp ölçülü bir tekâmül içinde birleştiği zaman, "Yakın Şark'taki bu iki zihniyet mücadelesi işbirliğine gidecek ve ancak o vakit yeni bir Akdeniz medeniyeti ortaya çıkacaktı." Romanda, bağnaz Hıristiyanlıktan kopan, fakat modern ideolojilerde de şahsiyetinin ifadesini bulamayan Peregrini, güvenliği musiki ve aşkta arayacaktı. Müzik ona çarpıcı bir beste, aşk ise güzel bir çocuk verecek; onlarla sonsuzluğa kement atacaktı. Fakat her ikisi için de, soytarının hafız kızı Rabia'nın himmetine muhtaçtı. Rabia, ona bir çocuk vermekle kalmadı, eksik bestesini de tamamladı. Akdeniz Medeniyeti din, musiki ve oyunun aşkla harmanlanmasıydı!

Halide Edib, ferdi devlete kurban eden zihniyetin de en büyük eleştiricisiydi. Selim Paşa dünyada sadece bir şeye inanıyordu: Kuvvet ve kuvveti temsil eden devlet nizamı. Ancak iktidardan uzaklaşınca insanlaştı! Yaşadığı dönüşüm Paşa'nın "boş göğsüne bir insan yüreği" koydu ve nihaî kararını verdi: "Ben artık nazır değilim. İnsanım."

Sinekli Bakkal'da Mevlâna ile Toynbee

Halide Edib, 1950'lerde yazdığı anılarında meşhur "medeniyet tarihçisi" Arnold Toynbee'nin yeni Mevlâna olduğunu söylüyordu. Mevlâna'nın Mani'cilik, yeni Eflatun'culuk ve genel anlamda İran düşüncesini harmanlayan "kudretli bir cereyan" yarattığına işaret eden *Sinekli Bakkal* yazarı, *Mevlid* ve *Hüsn-ü Aşk* gibi "dünya edebiyatında yüksek bir mevki alabilecek" eserlerin bu cereyanın etkisi altında yazılmış olduğunu belirtiyordu. "Bütün bu yarı mistik, insanüstü, insanlar arasında sulh ve muhabbet yaratabilecek ve çok derinlere giden cereyan, çok garip olarak bugün materyalist ve mekanik Garp âleminde de yavaş yavaş fakat ciddiyetle yükselmektedir." İngiliz tarihçi bu yeni gelişmenin sembol şahsiyetlerinden biriydi. "Toynbee gibi tarih felsefesinin onuncu cildini bitiren büyük bir fikir adamının son neşriyatını ve onun üzerine bütün Garp'ta yazılan mütalâa ve tenkidleri okuduğumuz zaman, Toynbee'ye tereddüt etmeden *Mevlâna-yı Cedid* diyebiliriz." (Halide Edib: *Türkiye'de Şark-Garp ve Amerikan Tesirleri,* İstanbul: Can, 2009, s. 316.)

'İngiliz Mevlâna'nın etkisini, bu sözlerden yirmi yıl kadar önce yazılan *Sinekli Bakkal* romanında da görebiliyorduk. Hayatını muhtelif "medeniyetlerin" doğuş, yükseliş ve düşüşlerini incelemeye adayan Toynbee, tahlilinin son kısımlarında, tırmandığı dağın zirvesine yaklaşan bir dağcının hayret ve yorgunluğu içinde mistikleşiyor, Halide Edib'in *Mevlâna-yı Cedid* adlandırmasına hak kazanıyordu. Aslında medeniyetler değildi Toynbee'nin asıl derdi, evrensel devletleri ve onların varlığından en fazla yararlanan evrensel mabetleri (*universal churches*) anlamak istiyordu. Medeniyetlerden ve evrensel devletlerden daha yüksek bir toplum türü olan *evrensel mabetler* dört taneydi: Hinduizm, Mahayana Budizmi, Hıristiyanlık ve İslam. "Çöküşteki toplumların dahilî proleteryaları tarafından yaratılan" bu mabetler, Zor Zamanlar'da ortaya çıkıyordu ve "ekümenik insanlık tarihinin müstakbel bahsinde, ikinci nesil medeniyetlerin harabelerinden çıkagelen bu dört yüksek din, birbirleriyle yakın bir ruhî karşılaşmaya" yazgılı idiler. "Neticesi ne olursa olsun, bu büyük ruhî hadise insanoğlunun Bu Dünya hayatında yeni bir çığır açacaktır." (Arnold Toynbee: *A Study of History,* VIII, s. 628. Alıntı: A. G. Widgery: *Interpretations of History: Confucius to Toynbee,* London: George Allen & Unwin, 1961, s. 248-57.)

Roman, özellikle de yeni bireyin eski toplumla yüzleştiği İslam dünyasında, bu mabetler-arası ruhî karşılaşmaya bigâne kalabilir miydi? Toynbee her ne kadar mabet kavramına vurgu yapsa da, bu evrensel gerçeklikler nihayette güçlü bireylerin kişiliğinde temayüz ediyordu. Eserinin birçok yerinde, bireyin asıl özne olduğuna vurgu vardır: "Tüm ruhî/manevî gerçeklik, dolayısıyla tüm manevî değer, kişilerdedir." (VII, s. 562.) "İnsanlığın tarihini yapan toplumlar değil bireylerdir." (III, s. 231.) "Medeniyet ya yaratıcı bireylerin yahut olsa olsa yaratıcı azınlıkların eseridir." (III, s. 365.) "Bu Dünya vasıtasıyla *bireysel* ruhların Allah'a doğru terakkisi... en yüce değeri haiz nihaî gayedir." (VII, s. 564.) Ne var ki, Allah'a yönelen bu bireysel ruhların huzurlu bir yolculuk içinde olduğunu sanmayın. Huzur, medeniyetin düşmanıdır. Medeniyet-içi gerilim ve medeniyetler-arası hesaplaşma, güçlü bireylerin kafa ve ruhlarında billurlaşır. Soytarının hafız kızı Rabia ile eski rahip, yeni ateist, güya aşk uğruna Müslüman Peregrini Osman, bu tahlile lâyık iki roman kahramanıydı. Halide Edib'in 1930'larda Toynbee'den haberdâr olup olmadığını bilmiyorum. Bana sanki *Sinekli Bakkal*'ı yazarken *Mevlâna-yı Cedid*'i mânen okumuş gibi geldi...

Yeni Bir Akdeniz Medeniyeti

Halide Edib, *Sinekli Bakkal*'ın İngilizcesini yayınladığı 1935 yılında Yeni Delhi, Kalküta ve Benares'deki Hind üniversitelerinde verdiği konferanslarda Türkiye'deki Şark ve Garp mücadelesini, Toynbee'nin kelimeleriyle, İslam ve Hıristiyanlık mabetleri arasındaki ruhî karşılaşmayı, o günkü anlayışına göre tasvir ediyor, "Garp'ın nihayet muzaffer olduğunu" belirterek, sözünü şöyle bağlıyordu: "Mamafih, Garp'ın bu zaferine rağmen Yakın Şark Türk'ünün içinde dahi *Şark'ın özü baki kaldığını* iddia ettikten sonra, Türk'ün içindeki Şark ve Garp ölçülü bir tekâmül içinde birleştiği zaman, Yakın Şark'taki bu iki zihniyet mücadelesi işbirliğine gidecek ve ancak o vakit yeni bir Akdeniz medeniyeti ortaya çıkacaktır." Hindistan konuşma ve gözlemlerini içeren *Turkey Faces West* ve *Conflict of East and West in Turkey* başlıklı kitaplarını 1955'te gözden geçirirken de şöyle yazıyordu: "1935'teki meali bu olan kanaatimi, memleketimizin içindeki muhtelif temayülleri tamamen objektif bir kafa ile gözden geçirdikten sonra aynen bugün de tekrar edebilirim." (Halide Edib: *Aynı eser*, s. 258.)

Sinekli Bakkal'ın İngilizce orijinali de aynı yıl yayınlandığından (*The Clown and His Daughter*, Londra, 1935), bu romanda, Garplılaşırken içinde "Şark'ın özünün baki kaldığı" Yakın Şark Türk'ünün serüvenini hikâye edeceği aşikârdır. Belki yukarıdaki son sözleri, Rabia'nın Vefa Lisesi mezunu, ithalat-ihracat işleriyle meşgul oğlu Recep ile bir İstanbul kahvehânesinde söyleşirken dile getirmiştir! (Bu satırları okuyan allâme bir dostum, Recep'in akıbeti hakkında nasıl bu kadar kesin konuşabiliyorsun diye sordu, haklı olarak. Ben de haklı olarak dedim ki: 1. Peregrini Osman, oğlanın asla Robert Kolej'de okuyup bozulmaması gerektiğini ihsas ettirmemiş miydi? Başka hangi liseye gitmiş olabilir? 2. Hiçbir roman, yazarının 'babasının malı' değildir. Okuyucu, romanı makul biçimlerde genişletme hakkına sahiptir. 3. Nihaî hükmü, bırakalım bu satırların okuyucusu versin!...)

Halide Hanım'ın Hind konferanslarından anlıyoruz ki, derin arzusu, iki zıt yahut düşman medeniyeti ölçülü bir evrim içinde birleştirmek, bunlar arasında bir işbirliği sağlamak ve yeni bir medeniyete ulaşmaktır: "Türk'ün içindeki Şark ve Garp *ölçülü bir tekâmül* içinde birleştiği zaman, Yakın Şark'taki bu iki zihniyet mücadelesi işbirliğine gidecek ve ancak o vakit yeni bir *Akdeniz medeniyeti* ortaya çıkacaktır." Peregrini'nin İspanyol olması, "belki Müslümanları İspanya'dan kovdukları zaman Hıristiyan olmuş eski bir Müslüman aileden" olması (*Sinekli Bakkal*, s. 257.) ölçülü tekâmülü hızlandırıyor. Vehbi Dede'nin ifadesiyle, eski rahip yeni ateist Peregrini "belki de bir gün aslına dönecek, Müslüman olacak"tır.

Mevlide Yeni Bir Makam

Ölçülü tekâmül ilk eserini Mevlid üzerinde gösteriyor. Rabia daha önceleri sadece mukabele ve ilahi okuyordu; Vehbi Efendi ona Mevlid okuyabileceğini söyleyince heyecanlanır. Zihninde tasarladığı Mevlid okuma tarzı bile, yukarıda işaret edilen medeniyetler buluşması yahut birleşmesine basamak olacaktır. "Şimdiye kadar onun şöhreti ve muvaffakıyeti mukabele okumada olmuştu. Hep Arapça... Hep yarım ve çeyrek seslerle, hep ağır, derin, tecvitli bir musiki. Mevlid, Türkçe. Bunu alelade Mevlid okuyanlar gibi okumayacak. Hazin değil, tecvitli değil. Sevinçle, zaferle, gümbür gümbür atan bir üslupla, *kimsenin okuyamadığı gibi* okuyacak. Sabah saatlerinde bütün varlığı ile Mevlid için yeni bir makam düşünürken hep Peregrini'nin vaktiyle çaldığı şeyleri de hatırlamaya çalışıyor." Hz. Peygamber'in doğumu bölümünü okuduğunda, kadınlar cemaati "dinî olmaktan ziyade insanî" bir heyecana kapılır. "Hepsi ve her biri ağrı çeken kadın heyecanını, doğurmanın zaferini ya yeniden tattılar ve yahut istikballerinin en büyük realitesi olacağını hissettiler." Mevlid, dünyevîleşti.

Yeni gitmeye başladığı İkinci Mabeyinci Satvet Bey'in konağında, bekâr beyimizin yeğeni Behire Hanım, Rabia'yı çok cana yakın bulur. Çünkü o da iki medeniyet arasında bocalıyor. "Behire Hanım mürebbiyelerle büyütülen kızlara aynı zamanda kendi harsları, kendi klasikleri de öğretilen bir devrin mahsulüydü. Kocası tahsilini sade Avrupa'da yapmış bir mühendisti. Avrupa'dan gelen her fikri gökten inme naslar diye telakkiye meyyaldi. Kızlarını Türkçe okutmaya lüzum görmemiş, Fransız mürebbiyeler elinde yetiştirmişti. İyi kızlardı. Fakat onlar da babaları gibi yerli olan her şeye dudak büküyor, anneleri alaturka bir şarkı söylese kulaklarını tıkayıp gülerek kaçıyorlardı."

Müzik dersi verdiği bütün evlerde kızları kendine âşık eden İspanyol Peregrini, Rabia'nın da gönlünü yakmakta gecikmiyor. "Müslüman olsa da beni alsa" diye dua ediyor kız. "Bu adam eski evlere, bazan da kızların kalbine musallat olan bir tayfa benziyor. Ondan kurtulmak için belki ona varmaktan başka çare yok." Fakat adam dinsiz. Mücadele çetin geçecek. "Hazreti Ali nasıl vaktiyle ejderlerle cenk etti, hepsini nihayet yere vurduysa, Rabia da ömrünün bu tek şeytanıyla öyle güreşecek. Din, an'ane elinde birer gürz ve kalkan. O şeytanı yere vuracak, yerin dibine geçirecek en kadir silahlar. Yoksa imanından olacak. ... Rabia'nın şeytanı, bilsin ki aralarında geçitlerin en genişi, en geçilmezi var. Din ve an'ane geçidi."

Geçitler sağlam görünüyor ama Rabia'nın günahkâr kalbi de "Rabbim, beni affet," diye yerlerde sürünüyor. Vehbi Efendi'nin yüzü endişeli, "Nihayet Havva, Cennet bahçesindeki yılanla yüz yüze geldi," diye mırıldanıyor. Soytarının hafız kızı, hayatın herhangi bir teolojiye dayanan görüşlerden, dogmalardan daha değerli ve doğal olduğunu düşünüyor. "Gönlünün binbir kolundan biri mutlak bir gün Peregrini'yi yakalayacak. Onu Müslüman edecek, onunla evlenecek."

Peregrini'nin annesi ölünce memleketine gidiyor ve uzun süre İstanbul'a dönmüyor. Nihayet yanakları çökmüş, şakaklarındaki kırlar biraz daha çoğalmış olarak çıkageliyor ve Rabia'ya ilanı aşk ediyor. İmkânsız diyor Rabia: "Dinlerimiz ayrı." Pratik bir çare öneriyor İspanyol: "Böyle şeylere ehemmiyet verilmeyen bir yere gideriz. Siz Müslüman kalınız. Ben hiçbir dinin çerçevesine girmek istemiyorum." Red cevabı bu sefer daha şiddetlidir: O halde hiç kâbil değil. Yazara göre, asıl mesele din bile değil, ortamdı, ruh iklimiydi: "Rabia'nın bir ruh iklimi vardı ki oradan kendini koparmak imkânı yoktu. Peregrini Müslüman olsa bile onu başka yerlere, başka bir hayata götürmek isteyecekti." Sinekli Bakkal semti Rabia'ya aşkından da, dininden de kuvvetli görünüyordu. "Kökleri orada, kendini oradan koparırsa, köksüz bir ot gibi kuruyacak."

Peregrini, ezelî serseri. Rabia'yı alacaksa, yalnız onun dinini kabul etmek yetmeyecekti. Onun yaşadığı sokakta, evde, aynı tarzda yaşamak lazımdı. Eski rahip, Rabia ile ölmüş annesi arasında ortak noktalar görüyordu. "Kızın kafasındaki salabet, kalbindeki doğruluk onda huşûa yakın bir hürmet uyandırıyor. Rabia'nın fakir muhitindeki insanî kıymetleri kendi zengin, medenî ve sanatkâr muhitindeki kıymetten yüz defa esaslı, devamlı ve elzem addediyordu." Sonunda dayanamıyor ve önünde diz çökerek ilan-ı aşkını, Rabia'nın bu sefer reddedemeyeceği bir tarzda tekrarlıyor: "Rabia, Rabia, dinin dinim. İstediğin yerde, istediğin gibi yaşamaya razıyım. Beni kabul eder misin?" Bu sefer cevap evet'tir. Peregrini sevinçten uçuyor: "Vehbi Efendi bana bir gün ecdadımın belki Müslüman olduğunu ve benim de aslıma ric'at etmem ihtimalini belki şaka olarak söylemişti. Onu bilmem ama sana, evine, vatanına, anasının bucağına dönen bir serseri gibi dönüyorum. Yeni adım ne?" Osman.

Rabia ile Peregrini Osman'ın aşkı, yeni bir Akdeniz medeniyeti için yeterli olacak mıydı?

Medeniyetleri Buluşturan Aşk

Halide Edib, unutamayan ulusçuydu. Ulus'u arzuluyor, Millet'ten kopamıyordu. Şeytan'a hak veriyor, Allah'tan utanıyordu. *Sinekli Bakkal*'ın ikinci bölümü, namazını sektirmeyen hafız kız Rabia'nın eski rahip, yeni ateist Peregrini Osman Efendi'yle aşklarını işliyor. Bu aşk, bir Akdeniz medeniyetinin beşiği olacaktır. Sureta Müslüman olan Peregrini ile Rabia'nın bir erkek çocukları doğar. Amerikan okulunda okuması arzu edilmeyen Recep'in çocukları, bugün her konuşmasında 'Rabia' işareti yapan Recep Tayyip Erdoğan'ı cumhurbaşkanı olarak gördüklerinde, cedlerinin 'Akdeniz medeniyeti' hayalini içleri burkularak mı anıyorlar acaba?

Akdeniz medeniyetinin Müslüman tarafı, din kadar ve hatta ondan da fazla mekâna bağlıdır. Peregrini Osman, annesinin ölümüyle neredeyse Karun kadar zenginleşse de, mecburen Rabia'nın dükkân üstü, daracık evinde oturacaktır. Piyanoya bir yer uydururlar ama ya karyola? Osman yerde yatamaz. Rabia köpürür: "Yoo, işte buna gelemem. Minareye çıkmış gibi olurum. Başım döner, uyuyamam." Kanarya ile Sabiha onu zor da olsa ikna ederler. Adamcağız kırk senelik âdetlerinden oluyor, senin için dinini bile terk ediyor, bu ne bencillik! "Rabia, haydi olsun dedi. Fakat dünya bir araya gelse namaz kıldığı odaya resim koyduramaz." Sokak üstündeki odaya biraz daha Avrupaî bir şekil verilmesine ses çıkarmasa da, "Aman beni mahalleye kepaze edecek kadar ileri gitmeyin," diye yalvarır.

Rabia bu arada derslerine devam eder. Osman'a zengin diye varıyor değildir. Onurunu, vakarını, benliğini ancak "çalışmak sayesinde" muhafaza edebilir. Osman ise düşüncelidir: "Ben gene bir dinin çerçevesine giriyorum ha... Hem de gene bir kadın eliyle. Fakat bana sükûn veren, içimde sulh tesis eden bir din. İlk defa beynim, ruhum ve kalbim birbirleriyle uzlaşmışlar. Acaba bu geçici bir mütareke mi?" Sinekli Bakkal semtinde gelenekler öylesine basit ve insanîdir ki, orada herkesin evi, özel ve kapalı bir kale gibidir. En yoksul adam bile evinde bir ortaçağ derebeyi gibi hürdür.

Şahsiyeti Yok Eden İdeolojiler

Robert Kolej'li *romancının* kurgusunu fazla 'uyduruk' ve gerçeklikten uzak mı buluyorsunuz? Öyleyse buyurun Oxford'lu *tarihçi* Toynbee'yi okuyalım. Halide Edib'in 'Mevlana-yı Cedîd'i, anılarında iki dünya savaşı arası yıllarda, yani tam da *Sinekli Bakkal*'ın kurgulanıp yayınlandığı dönemde, "insanlığın dinsel hayatında yaşanan devrimlerin kendisini iki kez hayrete düşürdüğünü" yazıyordu. Oxford'da bir öğrenci olduğu 1907-11 yıllarında "geleceği yokmuş gibi görünen" dünya dinlerinin, bir nesil sonra, artık "insan ruhunun (*psyche*) ayırt edici vasıflarından olan bilinç ve seçim yapma kudretine ayrılmaz bir şekilde eşlik ettiğine" inanıyordu. Üstada göre, her insanın kişisel bir dini, her toplumun da kollektif bir dini vardı. "Miras aldığımız dini reddetmeyi başarırsak, kaçınılmaz olarak onun yerine koyacak bir şey edininiz ve yerine koyduğumuz bu şey hem daha kötü, hem daha eski olabilir." Müslüman olan Peregrini, "acaba bu geçici bir mütareke mi?" diye sormuştu. Meğer onun ateizmle flörtü de geçici bir münasebet imiş!

Halide Edib'in kurgusunda Peregrini, serseri gezgindir. Hıstiyanlıktan kopuşunun kişisel olduğu kadar, uzun bir toplumsal tarihi vardır. Bunu vuzuha kavuşturmak için, Toynbee'nin başvurduğu Matta İncili'ndeki kıssa çok çarpıcıdır: "Kötü ruh kişinin içinden çıkınca, kurak yerlerde dolanıp huzur arar, ama bulamaz. O zaman, 'Çıkmış olduğum evime geri döneyim' der. Geri dönünce orayı bomboş, süpürülmüş ve süslenmiş bulur. Bunun üzerine gider, yanına kendisinden kötü yedi ruh daha alır ve bunlar eve girip yerleşirler. Böylece o kişinin son hâli ilkinden daha beter olur." Toynbee, bu kıssada anlatılan insanın, kendi yaşadığı dönemdeki tecrübelere "tıpatıp uyduğunu" belirtiyor. Dinleri yıkan temel etmenin bağnazlık olduğunu, Batı insanının Hıristiyanlığı bu yüzden terk ettiğini belirten tarih filozofu, bu insanların böylece "huzur bulamamaya mahkûm" duruma geldiğinin altını çiziyor: "Evleri bomboştu." (Toynbee: *Hatıralar: Tecrübelerim,* Klasik, 2005, s. 394.)

Tarihçiye göre, akılcılık Batı evini süpürmüş, bilim ise süslemiş; ama insanın yaşamasına uygun hâle getirmemişti. "Çünkü orada hâlâ dine yer yoktu ve insana din yerine bilimi sunmak, ekmek isteyen çocuğa taş vermek kadar muhatabını tatmin etmekten uzaktı." İncil kıssasında geçen yedi kötü ruhtan üçünü kendi neslinde yaşadığını söylüyordu tarihçimiz: **Bireycilik, Ulusçuluk** ve **Komünizm.** Bu kötü ruhların dünyamızı dört bir yandan kuşattığı bir dönemde, bereket versin ki, "Büyük tarihsel dinler tekrar ortaya çıkarak yeni bir sayfa açtılar." Dinin yerini tutmaya çalışan yukarıdaki üç ideoloji, "insanların şahsiyetlerini korumalarına yardım etmekten acizdirler." Gayrışahsî bir toplum düzeni, insan tabiatına aykırıdır ve insan, kendisine şahıs muamelesi yapılmasında ısrar edecektir.

Bebek Ülkesine Seyahat!

Bağnaz Hıristiyanlıktan kopan ve modern ideolojilerde şahsiyetinin ifadesini bulamayan Peregrini, güvenliği musiki ve aşkta bulacaktır. Müzik ona çarpıcı bir beste, aşk ise (soytarı dedesi Kız Tevfik'in hayal takımına katılacak!) güzel bir çocuk verecek; onlarla sonsuzluğa kement atacaktır. Fakat her ikisi için de, soytarının hafız kızı Rabia'nın himmetine muhtaçtır. Rabia, Peregrini'nin ruhunu hem sıkar, hem kurtarır. Ona bir çocuk vermekle kalmaz, eksik bestesini de tamamlar. 'Akdeniz medeniyeti' din, musiki ve oyunun aşkla harmanlanmasıdır!

Bu bilinçle davranan Peregrini Osman'ın yeni hayatı kendisini biraz sıksa da neşesini bozmaz. Uzak yerlerdeki derslerine gitmek için çok zorluk çeker, dönüşte tuttuğu arabadan hep iki sokak geride inip Sinekli Bakkal'a yürür. "Oraya araba ile gelmek cesareti yoktu. Sinekli Bakkal efkâr-ı umumiyesi buna müsait değildi. Kendilerinden servet seviyesi nisbetsiz surette fazla görünen, kim olursa olsun, mahallenin sihirli hususiyetine giremezdi. Rabia hep yürürdü. Osman ilk defa olarak Sinekli Bakkal'da fukara adam rolü yapmanın sıkıntılı tarafları olduğunu hissetti."

Rabia ise Sinekli Bakkal dışında nefes alamayacağını hissediyordu. Bir ara zar zor kısa bir Bebek seyahatine razı edilir. Bu, Rabia'nın Sinekli Bakkal'dan ilk ayrılışıdır. Sanki başka bir gezegene seyahat edecektir! "Siyah atlar uçar gibi sokaktan geçti. Cüce arkalarından bir maşrapa soğuk su döktü. ... Bebek'te manzara müthiş. Osman bu güzelliğe bayılacak. Fakat Rabia'nın içine gariplik çöktü. Burnunun direği sızlayarak Sinekli Bakkal'ı özledi." Romanın yazılışından tam kırk yıl sonra (1974), ben de Ağrı'dan Boğaziçi'ne ilk vasıl olduğumda, Rabia kadar mahzunlaştığımı hatırlıyorum. Yıllar sonraki bir muhasebe yazısına şu cümleyle başlayacaktım: "Ayak bastığım ilk yabancı ülke, Bebek'tir!" (*Anlayış*, Temmuz 2009.)

Geleneksel insan, yakın çevresine mahkûm insandı. Modern insan ise tam aksine çevresine hükmediyor. Öyle görünüyor, ama gerçek öyle değil, diyor Toynbee. Aslında insan, bir mahkûmluktan başka bir mahkûmluğa geçmiştir: "İnsan, doğal çevresini itaati altına almakla kalmadı, etrafında kendi eseri olan suni bir çevre meydana getirerek bu doğal çevreyi yok etti. İnsan bugün teknolojisiyle Tabiata kesin olarak galip gelmiştir; fakat galip olan bizzat insan değil, teknolojidir. İnsan sadece bir efendinin yerine başka birini koymuştur ve bu yeni efendi eskisinden daha zorbadır. İnsan hâlâ çevresinin kölesidir; fakat bu çevre artık Tabiatın ona en başta bahşettiği değil, bizzat insanın yarattığı çevredir. ... İnsanın bugün içinde bulunduğu durum sadece ironik değil, trajiktir de."

Halide Edib, bu trajik durumu 'aşk' sayesinde 'aşmaya' çabalıyor. Toynbee de aşka bigâne kalmıyor, "kalplerin birliği esastır," diyordu; "öğreti ve uygulamaya ilişkin meseleler, ikinci planda kalır." Müslümanlarla Hıristiyanlar, keza Hindularla Hıristiyanlar manevî bir birliğe eriştikleri zaman, dünyada artık "Tek sürü, Tek çoban" olacaktı (*Yuhanna* x. 16). Tarihçiye göre, sürü, tarihsel din cemaatlerinden tek bir tanesi değildir; hepsini kucaklıyor. "Çoban da, yanılabilir bir din otoritesi değil, farklı din ve felsefelerin, tam olarak kavrayamadıkları hakikatın kimliğini örten farklı isimler verdikleri nihaî manevî hakikattır." Ne cemaatler, ne de öğretiler geleneksel hâlleriyle korunabilirdi. Fakat değişimin "ne yönde ve ne boyutta" olacağını da kestiremiyorduk. "Dinler arasında uzun zamandır kapalı olan kapıyı ancak bir kahraman açmaya cesaret edecektir."

Kahramandan beklenen, birleştirici bir yenilikçiliktir (*teceddüd*). Onun sayesinde, tevarüs edilen imandan, seçilen imana yükselmiş olacağız. "Bugün, seçenek yelpazesinin genişleyeceği ve seçme özgürlüğüne daha fazla başvurulacağı bir çağa doğru ilerliyoruz. İnsanlığın dinler tarihinde, bir insanın dininin miras aldığı din değil, rüşdüne erdiği zaman kendi seçtiği din olacağı bir safhayı umutla bekleyebiliriz. Bu, manevî bir kazançtır." Peregrini için anlaşılır olan bu süreç, hafız Rabia için pek zorludur. Bebek seyahati bile ona ömründe bir köşe daha dönmek gibi geliyor. "Köşeleri o hiç sevmez. Dönerken insan asıl kendisini arkada bırakır, köşenin bu tarafında başka bir insan oluverir. Fakat arkada bıraktığı 'kendisi' de peşini bırakmaz. Her köşe döndükçe yeni bir benlik... En yenisi en önde, en eskisi en arkada... Art arda yürüyen bir sıra insan... İşte bunların hepsi birden bir tek Rabia." Akademisyenlerimizin sayısı binleri bulan değerli 'sosyolojik' çalışmalarını asla küçümsemeksizin, şunu sormaktan kendimi alamıyorum: Dindar kadının kamusal alandaki deneyimlerini "köşe dönen Rabia" kadar etkili anlatan bir eser yazılmış mıdır?

Peregrini Osman, son derece mutludur artık; Rabia ona doğru gelmektedir. 'Medeniyetler buluşması' için umutlanabilir. "Osman düşündü. Rabia bu akşam bambaşka bir kadın. Aşina muhitinden ayrılır ayrılmaz, mütemadiyen etrafına saçtığı, dağıttığı benliği hep bir araya toplanmış. Belki ilk defa burada Osman, Rabia'ya tamamen sahip olacak." Dikkat ediyor musunuz: Birleşmede İslam dişi tarafı temsil ediyor. Mülkiyetçi 'Batı' medeniyeti, ona 'sahip' olacaktır! Kurgu ustamızın kadın olması mı, Batı medeniyetinin mütecaviz, maço karakterini 1930'larda hâlâ sürdürüyor olması mı bu yaklaşımın altında yatan sebeptir, bilemiyorum.

Bu arada Robert Kolej'den org sesi yükseliyor. Yumuşama sürecindeki Rabia'ya bu ses "kendi Kuran okuyuşunu" hatırlatıyor! Ve hiç beklenmeyecek bir söz kaçıyor ağzından: "Oğlumuz olursa ben bu mektebe veririm." Batı istikametinde bu hızlı ilerleme Peregrini'yi ürkütür; cevabı muhafazakârcadır: "Allah esirgesin!" Türk batıya giderken, İspanyol doğuya gelmektedir. Bu sefer Rabia şaşırır: Niçin Osman? Cevabı, "huzur bulamamaya mahkûm" Batılı insanın ebedî feryadıdır: "Oğlunu Sinekli Bakkal olmayan her şeyden esirge, uzak tut, Rabia. Esasen damarlarında karışık kan olanların içlerindeki daimî didişme, çarpışma kendilerine yetişir! ... Ben oğlumun kafasında, kalbinde ahenk, sükûn isterim."

Kafa ve kalbde ahenk, sükûn! Batı ufkunu kaplayansa, gerilim ve kan. Çok şey istiyorsun be Peregrini Osman!

Roman ve Şiirin Medeniyeti

Tarihçi ile romancının (Toynbee/Halide Edib) "Akdeniz medeniyeti" tahayyüllerini irdeledik. Şimdi sıra romancı ile şairin (Halide Edib/Sezai Karakoç) hayal ve umutlarını karşılaştırmada. *Sinekli Bakkal* hem bir medeniyet muhasebesi, hem müstakbel bir "medeniyetler ittifakı" projesi. Romanın ikinci bölümünde birkaç çatışma içiçe yaşanıyor ve mümkün çözümler aranıyor. Selim Paşa'nın dönüşen kişiliğinde fert/devlet çatışması, Peregrini-Rabia sertleşmelerinde İslam/Batı çatışması işleniyor; Rabia-Osman yakınlaşmasında ise muhtemel bir Akdeniz medeniyetinin tohumları atılıyor.

Akdeniz medeniyeti, bugün ne Batı ne Doğu dünyasında tartışma konusudur. Fakat, iki dünya savaşı arası yıllarda ve özellikle de ikinci savaş sonrasında, İngiltere veya *batı* Avrupa'nın kesin tarihsel üstünlüğünden ümidini kesmiş Toynbee ve benzeri düşünürler için uzun zaman can simidi olmuştu. Sezai Karakoç, 1974 yılında kaleme aldığı "Ortak Çizgi" başlıklı günlük yazıda, dünya savaşının acı hatıralarının silinmeye yüz tutmasıyla, Akdeniz medeniyeti rüyasının da son bulduğunu belirtiyordu. "Halbuki İkinci Dünya Savaşı Batı için iyi bir ders olmalıydı. Olamadı. Harp yıllarında veya daha harp kokusu alındığı sıralarda düşünülen ve arzu edilen nice iyi ve güzel teşebbüs sonradan bir kenara itildi." (*Günlük Yazılar III:* Sûr, Diriliş, 1975.)

Karakoç, Akdeniz medeniyeti kavramsallaştırmasını sorunlu bulsa da, "belli başlı medeniyetlerin Akdeniz'de buluştuğu, yer yer kaynaştığı, alışverişte bulunduğu, en azından diyaloğa girdiği bir gerçektir" diyor. Bu gerçekten hareketle, yapılacak çalışmalar ülkelerimizi kültürel, ekonomik ve siyasî birliğe veya anlaşmalara yöneltecek, "belki de insanlık gelecek zamana daha sağlam adımlar atarak" çıkacaktı. Toynbee'nin yanısıra, Albert Camus'nün de böyle bir Akdeniz medeniyeti rüyası gördüğüne işaret eden Karakoç, Fransızların ve özellikle de İngilizlerle Almanların bu fikre yanaşmadıklarını söylüyordu. "Avrupa tekrar kendi egosonun duvarları içine kapandığına göre," böyle bir ortak medeniyet teşebbüsü ancak İslam dünyasından gelebilirdi. "Medeniyetin ve insanlığın kurtarılması teşebbüsü, ancak Müslümanlar tarafından ve o da Akdeniz çevresinde olmak üzere başlatılabilir." Neden sadece Akdeniz? Çünkü Uzak Doğu ve Avrupa'ya "rekabet ve yıkma niyeti", Afrika'ya ise "kin ve nefret duygusu" hakimdir. İnsanlığın çıkış yolunu şairâne bir duyarlılıkla resmediyordu Karakoç: "Akdeniz'in beyaz köpükleri ihtiyar insanlığın acıdan ve ıstıraptan ağarmış saçlarının sembolüdür. Bu ıstırap, bu tecrübe doğurgan olmalıydı bütün dünya için. Fakat ne yazık ki Avrupa bunu çabuk unuttu." İslam medeniyeti Karakoç için "Hakikat medeniyeti" olduğundan, böyle bir yakınlaşma, onda yaşayan özün diğer medeniyetlere de ulaşmasını sağlayacaktı. İslam hem kendi başına bir medeniyetti, hem de bütün diğer medeniyetleri içeriyordu. "Medeniyetlerin kalıcı yanlarını toplayan, insanlığa yararlı yönlerini verimlendiren ve geliştiren ilahî ve mucizevî medeniyet."

Modernliğe Azimkâr Direniş!

Düşünür Sezai Karakoç bunları yazarken, şair Sezai Karakoç aynı yıl yayınladığı "Masal" şiirinde, İslam ve Batı medeniyetlerinin buluşmasının zorluğunu, hatta imkânsızlığını dillendiriyordu. (*Şiirler IV: Zamana Adanmış Sözler,* Diriliş, 1975.) Yedi oğlu olan (ve hiç kızı olmayan!) Doğulu babanın ilk oğlu, henüz Batıya nüfuz edemeden, konuk odasında kuştüyü yastıklar arasında uyurken öldürülüyor. İkinci oğul, Gılgamış destanındaki Enkidu misali, bir kadınla avlanıyor. Üçüncü oğul, önce aç kalıp eziliyor, sonra iş bulup ülkesini unutuyor.

Açlığı gidince kardeşlerini arayacaktı
Fakat batının büyüsü ağır bastı
İş çoktu kardeşlerini aramaya vakit bulamadı
Sonra büsbütün unuttu onları
Şef oldu buyruğunda birçok kişi
Kravat bağlamasını öğrendi geceleri
Gün geldi mağazası oldu onu parmakla gösterdiler
Patron oldu ama hâlâ uşaktı
Ruhunda uşaklık yuva yapmıştı çünkü.
Bir gün bir hemşehrisi onu tanıdı bir gazinoda
Ondan hesap sordu o da
Sırf utançtan babasına
Bir çek gönderdi onunla
Baba bu kâğıdın neye yarayacağını bilemedi
Yırttı ve oynasınlar diye köpek yavrularına attı
Bu yüklü çeki.

Dördüncü oğul, okuyup bilgin oluyor. Ama kendi ülke ve ülküsününün artık gününün geçtiğine hükmediyor. Batı'da gerçek uygarlığı bulmuştur. Batılı bilginler kendisini kutluyor; o da binlerce benzeri gibi silinip gidiyor. Beşinci oğul bir şairdir. Kendiliğinden seziyor Batı ruhunu. Trajik ve ağır şiirler tasarlıyor, fakat dönüş çöllerinde kum gibi eriyip gidiyor. Altıncı oğul ise içkiyle yok oluyor. Ve baba, acısından ölüyor. Yedinci oğul tam bir tabiat çocuğudur. Ağaçlara baka baka büyüyor, onlarda mevsimlerin sırrına eriyor. Onun Batı serüveni ise değişmeme duasıyla açılıyor. Sonra bir *ilham* ile toprağı kazmaya başlıyor. Açtığı çukura giriyor ve etrafında toplananlara şöyle sesleniyor:

Batılılar!
Bilmeden
Altı oğlunu yuttuğunuz
Bir babanın yedinci oğluyum ben
Gömülmek istiyorum buraya hiç değişmeden
Babam öldü acılarından kardeşlerimin
Ruhunu üzmek istemem babamın
Gömün beni değiştirmeden
Doğulu olarak ölmek istiyorum ben
Sizin bir tek ama büyük bir gücünüz var:
Karşınızdakini değiştirmek
Beni öldürseniz de çıkmam buradan
Kemiklerim değişecek toz ve toprak olacak belki
Fakat değişmeyecek ruhum
Onu kandırmak için boşuna dil döktüler
Açlıktan dolayı çıkar diye günlerce beklediler
O gün gün eridi ama çıkmadı dayandı
Bu acıdan yer yarıldı gök yarıldı
O nurdan bir sütuna döndü göğe uzandı
Batı bu sütunu ortadan kaldırmaktan aciz kaldı
Hâlâ onu ziyaret ederler şifa bulurlar
En onulmaz yarası olanlar
Ta kalblerinden vurulmuş olanlar
Yüreğinde insanlıktan bir iz taşıyanlar.

Karakoç, bu şiirden 15 yıl kadar sonra (1988-89) kaleme aldığı "Medeniyetimizin Büyük Krizi, XVI" başlıklı yazısında ise bu "değişmeyen ruh"un dirilişine ses veriyor. Yazıya Toynbee'nin Osmanlı'yı "durdurulmuş medeniyet" olarak nitelendirmesiyle başlıyor ve "İslam medeniyetinin son büyük çiçeklenmesi" olan bu deneyimi Maveraünnehir ve Endülüs ile karşılaştırıyor. "Maveraünnehir Medeniyetini Moğol akını, Endülüs Medeniyetini bütün Avrupa'nın desteğindeki İspanya, Osmanlıları da Avrupa dev devletlerinin silah donanımıyla gelen Modern Avrupa boğmaya çalıştı." Endülüs, belini doğrultamadı; Maveraünnehir "sönmüş bir yanardağ gibi" varlığını sürdürse de yeni bir parlama yaşayamadı; Anadolu'da ise "yeniden bir diriliş" oldu. Batı uygarlığının giderek sessiz ve derin bir krizin içine girmekte olduğuna ve "yaratıcılığını yitirdiğine" işaret eden şair, yazısını büyük bir umutla noktalıyor: "Biz dirileceğiz. Bütün insanlık da bizimle birlikte dirilecek." (*Fizikötesi Açısından Ufuklar ve Daha Ötesi, I,* Diriliş, 1995, s. 150.)

Birey Olmak, İnsan Olmaktır!

İdealist şairden realist romancıya döndüğümüzde, dirilişin "insanlaşma" olarak nitelendirilen "bireyselleşme"de yattığı fısıldanıyor kulağımıza. Devr-i istibdat psikolojisinden hiçbir zaman sıyrılamayan Halide Edib, Selim Paşa'yı canlandırırken adeta Monteskiyö veya Hegel'in Şark despotizmi anlayışlarına tercüman oluyor. Paşa dünyada sadece bir şeye inanıyor: kuvvet ve kuvveti temsil eden devlet nizamı. Ancak iktidardan uzaklaşınca insanlaşıyor! "Şimdi bana geliyor ki, insanların talihine, binbir tane başka kuvvetler de hakim. Hükümdarların, hükümetlerin elinde bir karıncadan aciz görünen en zavallı bir insanda bile her zaman ezilmeyen, öldürülemeyen gizli kuvvetler var." Yaşadığı bu dönüşüm Paşa'nın "boş göğsüne bir insan yüreği" koyuyor. Şark'ın biçare ferdinin hayat savaşında ezilmemesinde kadere inanışın bir amil olacağını düşünmeye başlıyor. "Manevî kuvvetlere derunî teslimiyetin hilkatte en nafiz bir kudret olmadığını kim iddia edebilir?" Ve nihaî kararını veriyor: "Ben artık nazır değilim. İnsanım."

İnsanlaşan Selim Paşa konak hayatına son veriyor. Evin eşyasını satıp Sinekli Bakkal sakinlerine yakacak yardımı yapıyor. Osman, fırsattan istifade, Paşa'nın oğlu Hilmi beyin piyanosunu satın almak, kiralanmak istenen köşkün de selamlığını tutmak istiyor. "Biraz rahat yaşayalım Rabia'cığım. Azıcık nefes alalım. Kendimiz için yaşayalım. Bebek'teki gibi." İşte Rabia'nın bütün sinirlerini ayaklandıracak bir söz: *Kendimiz için yaşayalım!* Bu nasıl bir bencilliktir böyle? Kendisi için yaşayan, *insan* mıdır? Rabia, kocasının teklifini şiddetle reddediyor. "Bu Rabia ne zaman Osman'ı anlayacak? Ne kadar *bir sürü eski şeylere* bağlı bir mahluk! Kendi kendini ebediyen tekrar eden, fakat mütemadiyen uzaklaşan bir Şark melodisi! Bir tek ses, bir tek arzu... Halbuki Osman, Garb'ın en muğlak bir senfonisi... Binbir arzu, binbir emel." Rabia, Doğu'nun yedinci oğlu gibi, değişime azimle direniyor ve Batı zihniyetli kocasına hakarete varacak derecede meydan okuyor: "Mirasyedi bey. Bana Frengistan'daki konaklarınla mı övüneceksin? Her şeyi alınlarının teriyle kazanan adamlar arasında senin işin ne? Sen, sen bizden olmak için kırk fırın ekmek yemen lazım… Seni zıpçıktı, mirasyedi…"

Rabia'nın en fazla duyarlı olduğu husus, ülke, kültür ve hatta din farkından çok, sınıf farkıdır. Değişmeyi, din ve kültüre saygısızlıktan çok, aşağıda kalanlara karşı ihanet olarak algılıyor. "Rabia'ya göre hars, medeniyet, memleket ve ırk farkı, bir dinden olanlar için bir hiç. Fakat sınıf farkı… Buna o, kuduruyordu. 'Rabbim beni fukara sınıfından ayırma,' diye söylenirken, Osman ilk defa Rabia'ya karşı şiddetli bir husumet hissetti. Rabia ve Sinekli Bakkal, bunlardan birdenbire nefret edivermişti. Rabia onun yüzüne 'Asilzade, mirasyedi!' diye haykırırken öyle mutaazzım ve mağrur görünüyordu ki… Güya Sinekli Bakkal'da bakkal olmak, asalet sınıflarına mensup olanları istihfafa, hakarete layık görmeye kâfiydi." Müstakbel Akdeniz medeniyetinin tek şansı kalmıştır: Sanat. Halide Edib sihirli bir dokunuşla Rabia-Peregrini karşıtlığını huzurlu bir beraberliğe kalbeder. Rabia, Clara Schumann'laşırken, Peregrini Osman'laşır.

Ortak Ruhun Eseri: *Tılsımlı Kuyu*

Sınıf takıntılı Peregrini'ye artık tahammülü kalmayan Rabia'dan, Osman'ın müzikal bir dram yazmakla meşgul olduğunu öğreniriz: "Benim doğuracağım oğlanın adı Recep, Osmanın doğuracağı çocuğun adı *Tılsımlı Kuyu*." Bu arada İmam ölür ve Rabia 'dede evine' taşınmaya karar verir. "Ben çocuğumu, kendi doğduğum evde dünyaya getireceğim." Böylece İmam'ın evi damından temeline kadar onarılır. "Yapı ve tamir, insanların istikbale imanını gösterir, onun için şevk veren bir şeydir. Ve bu şevk, mahalle çocuklarına bile sirayet etmişti. ... Yapı ilerledikçe *yeni sahiplerinin genç ve neşeli ruhları* cephesinde hissediliyor. İmam'ın ahiretle, cehennemle, gamla, kasvetle dolu ruhu kayboluyor."

Yenilenen evde Osman, piyanonun başında, eseri ile meşguldür. Rabia, inilti gibi sesler duyar. "Ne garip melodi. Durup durup başlıyor." Garipsemesine rağmen kendini esere veriyor ve operanın sahnelerini kafasında canlandırıyor. "Şimdi kovanın dibe vuruşunun gürültüsünü yapmak istiyor. ... Ha, bu kırk birinci kova. Peri çıktı. Elinde define. Su çeken sarışın kız donmuş, kalmış..." Peri nasıl bir şeydi acaba? "Rabia'nın dimağının gözünde, ince belinde gümüş hançer, çatık siyah kaşlı bir Çerkes delikanlısı canlandı." Eseri Osman'la eşzamanlı kafasında ve ruhunda Şarkvarî yapılandırmaya devam eden Rabia, bir Arnavut kaldırımcının taş kırarken çıkardığı ikibuçuk seste karar kılıyor. Nefes nefese Osman'ın odasına koşuyor: "Osman, perinin define türküsünü buldum." Osman susmasını ihtar ediyor: *Kapıyı kapa git, zihnimi karıştırıyorsun!* Rabia gitmez. Kapıya dayanıp, billur sesi ile o ikibuçuk sesi söyler. Biri çok pes, öteki çok yüksek, sonra bir iç çekişi gibi yarım bir ses. "İşte bu Osman. O fırtına orkestrasının arasında bu ikibuçuk sesi çekiç vurur gibi bidüziye vurmalı." Doğu, açmazdaki Batı'ya omuz veriyor. İnatçı Batı, direncini fazla sürdüremiyor.

Osman durduğu yerde melodiyi dinliyor, sesleri tekrar ediyor, piyanoya gidip çalıyor: Harikulâde!.. Notaları kaydediyor. Rabia, "kıymetli bir emaneti sahibine teslim etmiş bir huzur ile" koltuğa oturuyor. Osman karşısına geçip, ona "gözlerinde yepyeni bir ifade ile" bakmaya başlıyor. "Şimdiye kadar kızın vücudunu değil, etinin kemiğinin arkasındaki varlığını bu kadar derin ve vazıh hissetmemişti. Kız yalnız sevgilisi, karısı değil. *Hayatı onun anladığı gibi anlayan ezelî eşi.*" Akdeniz medeniyetinin anahtarı bulundu, beste ortak çabayla tamamlanmış oldu!.. (Romandan alıntılarda bütün italikler bana ait. M. Ö.)

Bu arada 1908 İhtilali gerçekleşir, Kız Tevfik ve diğer sürgünler, birer hürriyet kahramanı edasıyla İstanbul'a dönerler. Kahramanların madrabazları da türemekte gecikmez, pek tabiî. "İçlerinden bir açıkgöz Çanakkale Boğazı'nı geçerken parlak bir fikir buldu. Para edecek bir fikir. Öteki sürgünlerle konuştu. Siyaset Mağdurları Cemiyeti'ni kurdu. Böyle bir cemiyet için siyasî ilkeler de gerekmiyordu. Halk onları 'ne düşündüklerini, neye inandıklarını sormadan' seçecekti. Yegâne yapacakları şey sokakta bir gaz sandığının, yahut bir sandalyenin üstüne çıkıp sürgünde çektiklerini azıcık mübalağa ile süsleyerek anlatmak... Ondan sonra mebusluk... Ondan sonra bol maaş ve imtiyazlar..." (Vapurda cemiyete üye olması teklif edilmeyen bir Tevfik vardır. "Herif soytarı! Artık ondan da mebus olmaz ya...")

Kız Tevfik'i karşılayan mahalleli arasında, birinin gür sesi duyulur: "Hürriyet aşığı Sinekli Bakkal'ın yetiştirdiği bir halk kahramanını alkışlamaya geldim. Geçen istibdat ve zulüm devrinin mazlumu olan bu kahraman, bizleri kurtaran şanlı hürriyet kahramanlarından biri, sen ey hürriyet aşığı! Senin huzurunda yemin ediyorum ki hürriyetimizin senedi olan Meşrutiyete kim el uzatırsa, ben onun bu ellerle gırtlağını sıkar, anasını ağlatır, iki gözünü birden patlatırım." İstibdat devrinde sayısız muhalifin canına okuyan Gözpatlatan Muzaffer'dir bu. Düzen değişse de, göz patlatan alçakların konumunun hiç değişmediğini tebessümle gözleyen Osman ile Vehbi Dede, Tevfik'in kollarına girerler. Rabia nered何dir? 'Sanatçı' dedesi için, torununu süslüyor. Vehbi Dede'nin *ars longa vita brevis* tarzı kelamıyla romanımız sona eriyor: "Hayal takımına bir çocuk ilave edersin, Tevfik!"

Sosyoloji talebeleri için bir doktora tezi sorusu: Torun Recep, dedesinin hayal takımına mı girdi, yoksa *Sonsuz Panayır*'ın iki binlerine mi karıştı?

Ahmet Hamdi Tanpınar

Sahnenin Dışındakiler

"*Huzur* yazarının derin huzursuzluğunu anlamaya çalışıyorum. Hocası Yahya Kemal nasıl Üsküdar'da iftar topu atıldığında, sokak ortasında oruçsuz ve neşesiz kalıyorsa; o da her sokağında bir sahabi mezarının 'keşfedildiği' İstanbul'da, Mekke bilincinden uzak olmanın çelişkisini yaşıyor. Duasız ve huzursuzdur. Standart ilericiler gibi, pozitivist inancından emin, sanal bir mutluluk denizinde de yüzemiyor. Tam aksine, hurcuna doldurduğu ithal kelimelerle anlamlı bir dünya kuramadığını her adımda hissediyor: "İnsanın kendi hayatına istikamet verecek bir fikri bulması ne kadar güç... Ayakkabı değil ki, hazırını alayım." Tanpınar aramızdan ayrılalı 57 yıl olmuş. Hakkında bolca akademik yayın yapılsa da, ne huzursuzluğunu hisseden, ne de sorduğu soruları sormakta olan ciddi aydınlarımız var! Kimimiz burada ama geçmişte yaşıyoruz; kimimiz bugünde yaşıyor ama Bu Ülke'de yaşamıyoruz."

Sahnenin Dışındayız!

Birçoğumuzun belki hissettiği ama ya iyi ifade edemediği, yahut ifade etmeye içi elvermediği gerçeğe, genç arkadaşımız Hüseyin Etil ses verdi: "Türkiye'de insanların yarısı burada yaşıyor ama *bugünde* yaşamıyor; diğer yarısı da bugünde yaşıyor ama *burada* yaşamıyor!" Stratejik Liderlik seminerlerimde genel olarak 'muhafazakâr' yönetici elitle muhatap oluyor ve şöyle bir testle başlıyorum: Hiçbir zaman, mekân, kültür, millet, medeniyet sınırlaması olmadan; lider denildiği zaman aklınıza gelen ilk ismi söyleyin! Cevaplar Hz. Peygamber ile başlıyor, Hz. Ömer, Alpaslan, Selahaddin Eyyubi, Fatih Sultan Mehmet, İkinci Abdülhamid.. diye devam edip gidiyor. Aralarında birkaç 'seküler' yönetici varsa, onlar da Atatürk, Ecevit, Napolyon, Lincoln.. gibi isimleri sayıyor. Nadiren araya Özal, Erbakan, Erdoğan gibi daha yakın zamana ait devlet adamlarımız giriyor. Ve muhafazakâr yöneticilerimizin lider modeli şöyle şekilleniyor: "Ölü, erkek ve uzakta!" Hiç kimse kendi yakın çevresine bakmıyor; gözleri hep uzakları tarıyor. Kendi müdürünün, ustasının, mahalle muhtarının veya belediye başkanının adını veren yoktur. Kadınlar da dahil olmak üzere, muhafazakâr insanımız bugünde değil, geçmişte "güçlü bir erkek" olarak yaşıyor! Sahnenin uzağında!

Benzer bir soru, kendini ilerici veya çağdaş diye nitelendiren yönetici topluluklarına yöneltilse, cevaplar muhtemelen Atatürk'ten başlayıp bugüne gelir; belki bugünden başlayıp Atatürk'e geri gider. Fakat zihinleri Ankara ve İstanbul'dan çok, Paris, Londra veya New York'un çevresinde döner. Türkiye, bu şehirlerden yansıyan ışıkla görülür. Sahneleri yoktur; kendilerini başka sahnelerin figüranlarına dönüştürmüşlerdir. Batı yönetici ve aydın kesimi, kendi ülkesinde siyasî/iktisadî bilincin mimarıyken, Türk meslektaşı paket programların taşeronudur. "Yatılı okulda" ezberletilenleri biteviye tekrarlayıp durur. Tanpınar bu gerçeği derinden kavramış kurgu ustalarımızdandı: "Bu kadar yıkıntıdan sonra bu memlekete nasıl çalışma cesareti vereceğiz ve hakikaten gidilmesi lâzım gelen yolu nasıl göstereceğiz? Kendimi kaybetmiş gibiyim! Avrupa'ya giderken kendime mahsus iyi kötü bir dünyam vardı. Onun içinde yaşıyordum. Avrupa'da çok başka türlü bir âlemle ve bilhassa fikir denen şeyle karşılaştım. İyi hocalar ve hakikaten büyük insanlar tanıdım. Bizim şüphe dahi etmediğimiz bir yığın meselelerle karşılaştım. Bunlar beni çarçabuk sardılar. O zaman hülya ile yaşadım. Yani memleketimizi uzaktan bu fikirlere ve bu meselelere göre düşünmeğe başladım. Dönünce büsbütün şaşırdım. O zaman öğrendiklerimin bir işe yaramıyacağını anladım. Şimdi sağa sola başvurup duruyorum." (Tanpınar, *Sahnenin Dışındakiler.*)

Roman kahramanımız, "fikir denen şeyle" Avrupa'da karşılaştığı halde, her medeniyetin kendi dilini konuştuğunun ve öncelikle kendi için konuştuğunun farkındadır. Diyar-ı gurbetteki yolculuklarımız bizi olgunlaştırır, bilincimizi biler, fakat yürünecek yolu göstermezler. Ayak bastığı toprağı tanımayanlar, gurbette öğrendiklerinin neye yarayacağını bilemezler. Bir Avrupalı için Atina-Kudüs ne ise, bir Türk için Mekke-İstanbul'un o olduğunu düşünemezler. “Batı insanının tarih tecrübesinin en geniş ve en derin nitelikleri bu iki şehrin isimleriyle tebarüz eder,” diyor Leo Strauss. “Batı insanı *Kitab-ı Mukaddes* inancı ile Yunan düşüncesinin bir araya gelmesiyle bugünkü kişiliğini kazandı. Kendimizi anlamak ve geleceğimizi aydınlatmak için, Kudüs ile Atina’yı anlamak zorundayız.” (Leo Strauss: “Jerusalem and Athens,” *Commentary*, June 1967. Yorumun yapıldığı tarihe dikkat ediniz: Altı Gün Savaşı diye bilinen meşhur Arap-İsrail savaşı 5-10 Haziran 1967’de gerçekleşmişti!)

Yukarıdaki dört şehir arasında bocalayan Tanpınar’ın derin huzursuzluğunu şimdi daha iyi anlıyorum. Hocası Yahya Kemal nasıl Üsküdar’da iftar topu atıldığında, sokak ortasında oruçsuz ve neşesiz kalıyorsa; o da her sokağında bir sahabi mezarının ‘keşfedildiği’ İstanbul’da, Mekke bilincinden uzak olmanın çelişkisini yaşıyor. Duasız ve huzursuzdur. Standart ilericiler gibi, pozitivist inancından emin, sanal bir mutluluk denizinde de yüzemiyor. Tam aksine, hurcuna doldurduğu ithal kelimelerle anlamlı bir dünya kuramadığını her adımda hissediyor: “İnsanın kendi hayatına istikamet verecek bir fikri bulması ne kadar güç... Ayakkabı değil ki, hazırını alayım. Şimdiye kadar hep kelimelerle ve bir de hadiselerle yaşadık. Kelimeler bizi sarhoş etti; hadiseler kafamıza vurarak uyandırdı. İnsanı, tarihi ve hayatın ihtiyaçlarını göremedik. Bize bir manivelâ lâzım. Bu nedir? İşte düşüncem. Bazan kendimizi kâfi derecede sevmediğimizi sanıyorum. Hele insanı, düşüncemin etrafında toplanacağı insanı bir türlü bulamıyorum. Kimin için yaşayacağım, kimin için çalışacağım? Bu nasıl bir mahlûktur? Dünyası nedir? Ne düşünür? Nasıl yaşar? Ne yapar? Hadiseler bu süratle giderse bu insanı hiçbir zaman bulamıyacağım gibi geliyor bana.”

Yahya Kemal ile Tanpınar, Avrupa okulunda yatılı okusalar da, çok uzağa gidememiş ve sonunda “eve dönmüş”tüler. Ev epey küçülmüş, eski Osmanlı ülkesine göre, Küçük Prens’in Asteroid B612 gezegenine benzemişti. Onlar da kendi düşünce sınırlarını yoklamış ve Exupery'nin küçük kahramanına hak vermişlerdi: "Burnunun doğrultusuna gitse bile, bizim orada kimse çok uzağa gidemez." Çağdaş Türkler, hikâyemizle derinden ilintili Asteroid B612'yi unutmuş olabilirler, hatırlatalım: "Bu asteroidi ilk kez 1909 yılında bir Türk gökbilimci teleskopla gözlem yaparken görmüş. Bu keşfini Uluslararası Gökbilim Kongresi'nde büyük bir heyecanla sunmuş, ama adamcağız şalvar, cepken ve fes giyiyor diye söylediklerine kimse değer vermemiş. Bir süre sonra, baskıcı bir Türk lider herkesin Avrupalılar gibi giyinmesini zorunlu kılmış, hatta buna uymayanları ölümle cezalandıracağını söylemiş de, 1920 yılında aynı gökbilimci etkileyici ve şık bir giysiyle Asteroid B612'yi tanıtabilmiş. Bu kez herkes ilgiyle izlemiş söylediklerini." (Saint-Exupery, *Küçük Prens.*) Görüyorsunuz, usta bir kurgucu, yanlış tarih verdiği zaman bile hakikatı tarihçilerden daha doğru 'canlandırabiliyor'!

Tanpınar aramızdan ayrılalı 57 yıl olmuş. Hakkında bolca akademik yayın yapılsa da, ne huzursuzluğunu hisseden, ne de sorduğu soruları sormakta olan ciddi aydınlarımız var! Kimimiz burada ama geçmişte yaşıyoruz; kimimiz bugünde yaşıyor ama Bu Ülke'de yaşamıyoruz. Oysa sömürgeci düşman kapımıza dayandı. Bugünümüz kadar, geleceğimize de el koymak istiyor. Geçmişimize bile! "Asıl mücadele öbür tarafta, Anadolu'da oluyor. Biz burada (*İstanbul'da*) sadece herhangi bir ihtimale karşı müdafaa vaziyetindeyiz." diyordu Tanpınar. Bugün de, tıpkı millî mücadele yıllarında olduğu gibi, 'İstanbul' muallakta, 'Anadolu' ayakta. Tıpkı 14. yüzyılda, tıpkı 20. yüzyıl başlarında olduğu gibi. İlkinde ilerliyor, ikincisinde savunuyordu. Şimdi hem ilerliyor, hem savunuyor. Çığırtkanı bol olsa da, gerçek aydını yok bu mücadelenin, romanını yazan yok! Tanpınar yaşıyor olsa, şunları mı söylerdi: "Burada bulunmama bakmayın. Ben de onlardanım. Hepimiz onlardanız. Başka türlü olmasını aklınız nasıl alabiliyor? Orada mücadele var, muharebe var. Mukadderatımız orada halledilecek! Asıl sahne orası. Biz burada maalesef seyirciyiz. Sahnenin dışındayız."

Ümit Meriç

Babam Cemil Meriç

"Cemil Meriç'i, anlamada zorlansam da, büyük kısmını ezberlediğim *Bu Ülke* ile tanımıştım. Oradaki hükümlerin tek tek gerekçelerini bulduğum *Umrandan Uygarlığa* ile *Mağaradakiler*, uzun zaman başucu kitaplarım oldu. Sağcıların kendisini tanımadığını düşünüyordu; haklıydı belki, ama sevdiklerine şüphe yoktu. Solcular ise onu ne anlıyor, ne de seviyorlardı. "Daima yirmi yaşında kalan, ruhen çocuk" Cemil Meriç, 32 yıl önce aramızdan ayrıldı. Üç yaşındaki kızım Rumeysa ile cenaze namazındaydık. İmam'ın, mevtaya hakkınızı helâl eder misiniz sualine cemaat gür bir sesle "Evet, helâl ediyoruz!" dedikten sonra, cemaat içinden değişik bir ses duyuldu: "Asıl o, Türkiye'ye hakkını helâl etsin!" Bu Ülke'yi o kadar seviyordu ki, hakkını helâl etmemiş olamaz! Toplumlar, büyük evlatları ile millet olurlar. İnanıyor, fakat inancından tam emin olamıyordu. Tam emniyetin nasıl bir şey olduğunu bilen var mı ki? Faust, içine şeytan girmiş münkirdi; Cemil Meriç, içindeki şeytanla mütemadiyen boğuşan mü'min."

Babamız Cemil Meriç

Necip Fazıl bize "başımızı dik tutmayı" öğretti, karşılığında bütün mütefekkir garbzedelerimizi ötekileştirdi. Halid Ziya'dan Halide Edib'e, Namık Kemal'den Yakup Kadri'ye kadar "sınırda düşünen" kurgu ustalarımızın hepsine tepeden bakar olduk. Bu 'sahte kahramanlar'dan öğrenebileceğimiz ne vardı? Cemil Meriç bize "gönlümüzü engin kılmayı" öğretti ve bütün ötekileri kucaklamaya çağırdı. "Mehlika sultana âşık" gençlerden öğreneceğimiz çok şey vardı. Onların 'gördüğünü' biz göremez, hissedemezdik. Ama onlarla "aynı gemide" olduğumuzdan, bilmek, anlamak zorundaydık.

Ümit Meriç'in "Baba Dostu Mustafa Özel'e, Meriç'lerden Saygı ve Hayır Dua ile" gönderdiği şık baskılı *Babam Cemil Meriç*'i bu duygularla okumaya başladım. Sadece münevver bir insanın babasına vefa borcunu ödemesi değil; modern Türkiye'nin düşünce tarihine emsalsiz bir katkıdır bu eser. Osmanlı'nın iki kutbu, Balkan'larla Arap dünyasının Anadolu'ya dokunduğu iki noktayı (Dimetoka/Reyhaniye) birleştiren Meriç ailesinin mükedder ama mütebessim serencâmı, Mehmet Genç'in mutantan aforizmasını kanıtlıyor gibidir: "Osmanlıların düşüşü, yükselişlerinden muhteşemdir."

Cemil Meriç'i, anlamada zorlansam da, büyük kısmını ezberlediğim *Bu Ülke* ile tanımıştım. Oradaki hükümlerin tek tek gerekçelerini bulduğum *Umrandan Uygarlığa* ile *Mağaradakiler*, uzun zaman başucu kitaplarım oldu. Tek üzüntüm, *Ötüken* yayınladığı için, 1970'lerin anarşi ortamında bu kitapları üniversitedeki arkadaşlarıma tavsiye etmede zorlanmamdı. Boğaziçi'nde, kitaplarına kara kapak geçirerek okuduğum tek yazar Cemil Meriç'ti. Necip Fazıl'ın garbzedeleri ötekileştirmesi, haklı bir tepkiydi, demek ki! Ben bu mânâsız etki/tepkiye aldırmadan, Cemil Meriç sayesinde Kemal Tahir ile Attila İlhan'a ısınmış, onlar üzerinden de (ateizme mahkûm olmayan) millî bir sosyalizme yelken açmıştım. Ruhi Tunçer, Enis Berberoğlu gibi bazı okul arkadaşlarımla fırsat buldukça Göztepe, Tütüncü Mehmet Efendi Caddesi'ndeki evi ziyaret eder olmuştum.

Cemil Meriç Jurnalci Değildi!

Bu ara başlığın imâ ettiği gibi, 'Babamız'ın jurnallerinin erkenden yayınlanmasını doğru bulmuyorum. Elbette, günün birinde yayınlanacaktı; fakat Ötüken'den İletişim'e öncelikle bu edebî değeri şüpheli metinlerin yayınlanmasıyla geçilmiş olmasını bile başlı başına bir skandal sayıyorum! Bu nevi notlar, ciddî yazıların yahut roman tarzında kurguların malzemesi olarak anlamlı olabilirdi ancak. Edebî değeri şüpheli olmaktan kasdım hem estetik muhtevaya, hem de hakikata ilişkindir. Fikrî ve edebî değerini kanıtlamış kişiler hakkında, Cemil Meriç'e yakışabilecek adil, dengeli değerlendirmeleri değil, muvakkat öfkeleri yansıtmaktadır. Mesela, sohbetlerimizde Necip Fazıl ile İsmet Özel'i hem takdir ediyor, hem de sert biçimde eleştiriyordu. Eleştirisinde son derece haklı olduğu noktalar vardı elbette. Fakat onlar hakkında yazacak idiyse, diğer eserlerine nispeti olan yazılar yazmalıydı. "Şairler Intellect'in Pençesinde" yazısı üzerinde dört saatten fazla konuştuğumuzu, hemen her paragrafına notlar düştüğümü hatırlıyorum. O sohbeti bir yazıya çevirmiş olsaydı, hem İsmet Özel, hem de Türk edebî düşüncesi için bir kazanç olurdu. Bunu yapmak yerine, kendisinden otuz yaş küçük bir şairin Fransızca bilgisini eleştirmek, 'Baba'ya yakışmazdı...

Bundan çeyrek asır önce yazdığım "Otobüsteki Bilge" yazısında, Cemil Meriç'in, kendisini ciddiye almayan 'solculara' aşağıdan, kendisini aşkla seven 'sağcılara' ise yukarıdan baktığını imâ etmiştim. Sağcıların kendisini tanımadığını düşünüyordu; haklıydı belki, ama sevdiklerine şüphe yoktu. Solcular ise onu ne anlıyor, ne de seviyorlardı. 1982 yılında, Vedat Türkali, Hilmi Yavuz, Emil Galip Sandalcı gibi 'solcu' aydınlarla beraberken, kendisini ziyarete gelen dindar gençler hakkında günlüğüne şunları yazmıştı: "Dostlar geldiler, hayalete benzeyen dostlar. Hepsi de iyi çocuklar. Ama hiçbirini tanıyamamıştım, daha doğrusu hiçbiri beni tanımıyordu. Birlikte bir otobüs yolculuğu yapmıştık. Otobüsteki ne kadar bizdik? Bana gerçekten yakın olanlar bu anonim hayranlardan fazla, ilk defa karşılaştığım Vedat Türkali'ler, Sandalcı'lar, Hâdi beylerdi." Solcular fert idiler, sağcılarsa tür.

Aynı yazıda, *Jurnal 2*'de İsmet Özel'e dair ifadelerindeki önemli bir hataya dikkat çektim, fakat aradan 25 yıl geçtiği hâlde, "Baba dostu" olduğum Meriç ailesinden ne tashih, ne de cevap geldi. Bunu üzüntü ile karşılıyorum. O zaman söylediklerimi tek kelime eklemeden tekrarlıyorum: "*Jurnal*'in 2. cildinde İsmet Özel'e dair yazının ilk üç cümlesi ile en sondaki İngilizce ifade onun için söylenmemiştir. Zaman zaman bize okutturduğu notlarında, söz konusu ilk üç cümleden sonra, 'İsmet Özel'e hayran' şeklinde bir ibarenin bulunduğunu çok iyi hatırlıyorum. Notları yayına hazırlayanlar, farklı sayfaları birbirine monte etmişlerdir. O yıllarda, durgunluğunun sekinete mi, meskenete mi benzediği; sönmüş bir yanardağ mı, bir kaya parçası mı olduğu pek belli olmayan başka biri olmalı. 'Müeddep' biri." (*Yeni Şafak*, 13/06/1995. *Niteliğin Egemenliği*, İklim, 1995, s. 109.)

Şimdi hafızam biraz zayıflamış olabilir, ama o meşhur sarı sayfaları bugünkü gibi hatırlıyorum. İsmet Özel'in soyadı bile Özer olarak yazılmıştı. Dosyalardan o sayfayı bulup incelemek çok mu zor? O sayfadan üç Türkçe ve bir İngilizce cümle alınarak, İsmet Özel hakkında asıl yazdıklarına ilave edilmiştir. Onunla nasıl tanıştıkları, Calvez ve Lamenais çevirileri, solun onu önce şımartıp sonra unuttuğuna dair yazdıkları, daha önce bir *Milli Gazete* söyleşisinde dile getirilmişti zaten. Bu arada, ona dair olmayan cümlelerin bana dair olduğunu imâ ettiğimi söyleyenler oldu; bu doğru değildir. Pekâlâ başka biri için de söylenmiş olabilir. Ama İsmet Özel hakkında olmadığı kesindir. Sarı sayfalara yeniden bakılırsa, bu küçük hakikat yerini bulur.

Bu Ülke'ye Hakkını Helâl Etti mi?

"Daima yirmi yaşında kalan, ruhen çocuk" Cemil Meriç, 32 yıl önce aramızdan ayrıldı. Üç yaşındaki kızım Rumeysa ile cenaze namazındaydık. İmam'ın, mevtaya hakkınızı helâl eder misiniz sualine cemaat gür bir sesle "Evet, helâl ediyoruz!" dedikten sonra, cemaat içinden değişik bir ses duyuldu: "Asıl o, Türkiye'ye hakkını helâl etsin!" Bu Ülke'yi o kadar seviyordu ki, hakkını helâl etmemiş olamaz! Toplumlar, büyük evlatları ile millet olurlar. Bazen inanmada zorlansa da, inanan milletine imreniyor ve onu çok seviyordu. Tanpınar'ı Araf'ın solunda/batısında, Cemil Meriç'i ise sağında/doğusunda tahayyül ediyorum. "Vakit artık çok geç" olmasaydı, bu kurgumu romanlaştırmak isterdim. Beş yıl kadar muhabbet ettik; arkamda üç beş defa namaz kıldı. Genelde kılmadığı için, içinden gelmeseydi hiç kılmazdı, diyorum. İnanıyor, fakat inancından tam emin olamıyordu. Tam emniyetin nasıl bir şey olduğunu bilen var mı ki? Faust, içine şeytan girmiş münkirdi; Cemil Meriç, içindeki şeytanla mütemadiyen boğuşan mü'min. Çok sevdiği

Araf kelimesi, kendi gerçekliğini yansıtıyordu sanki. "Allahım, Araf'taki bütün kullarını Cennetinle sevindir!" diyor ve bu taş dolu yazıyı Uğur Derman hocamızın, merhume Hikmet Öğüt hanımefendiden naklettiği Türkistan Sofra Duası'nı fikir sofralarına da teşmil ederek noktalıyorum: "Çalabım, aştır, taştır. Yamanlardan utaştır, yahşîlere yanaştır. Bu sofranın bereketini, Mekke-Medine'ye ulaştır. Cümle ölmüşlerimize kavuştur."

Bahaeddin Özkişi

Sokakta

Özkişi, modernlik adı verilen değişimin moda ve kadın eksenli olduğunu düşünüyor. Bir bakıma Emile Zola'nın *Kadınların Mutluluğuna* romanını yeniden yazıyor. "Değişim sokağın alt ucundan ilk adımını atmıştı. Bu adım, eğri kaldırımların gölcüklerinde sivrilmiş iri taşlar üzerinde sekti. O güne kadar bu taşlar, bu yollar, bu binalar, bu insanlar geniş ve sağlam ayakkabılar içinde yere sağlam basan adımların seyircisi olmuştu." Yere sağlam basan adımların sahipleri, bu sefer "çok ince ve çok yüksek topuklar üzerinde dengeyi bulmak için bir cambaz ustalığı gerektiren adımlara" ürkekçe baktılar. Sokak duruma akıl erdirmede ilk defa zorluk çekiyordu. "Ahşap evler meşe iskeletlerinde bir tehlikenin ilk adım seslerini bu yüksek ökçelerin tıkırtılarında duydular, çeşme de, mescit de, evliya da, yaşlı efendiler de, sokağın tümü de öyle." Sadece kadınlar durumu farklı algıladılar. "Onlar da diğerleri gibi güldüler ama, içlerinde bir şey kıpırdadı ve gerindi. O kıpırdanan şeye *Şeytan* dedi yaşlılar."

Din ve Medeniyet, Sokaktadır!

En büyük hakikatla sokakta karşılaşırsınız, demiş Nietzsche. Bahaeddin Özkişi de Bu Ülke'nin modern zamanlarda uğradığı saldırı yahut dönüşümün gerçekliğine *Sokakta* başlıklı romanında ses vermeye çalışmış. Müslüman Don Kişot'un hikâyesidir bu; "nöbeti bir an bile bırakmayan" sokak fedaisinin. "İnanıyordu ki, kavga yüzyıllar önce bu sokakta başladığında sokağı savunan uzak dedeler vardı. Sokak, onlardan kalmış, torunlara devredilecek bir emanetti. Bu yüzden mescit kutsal, türbe kutsal, konak kutsal, oraya ait ne varsa kutsal, kutsaldı sokak. Sokak şeytanın bütün dünyayı saran şerrinden korunmalıydı." (s. 154.)

Romanın daha ilk sayfalarındayken aklım hemen 7 Ağustos 2018 günü Afyon'da, Anadolu Platformu üyesi 1044 "sokak fedaisine" hitaben yaptığım konuşmaya gitti. Sokaklarının maddesini değilse bile mânâsını korumaya azimli bu mü'minlerin her biri Özkişi'nin roman kahramanı yerine geçebilirdi. Ben de Özkişi'nin özü gibiydim galiba; fedailere roman üzerinden, emperyalizme, yani sokağımızın ruhuna saldıranlara karşı direnişin felsefesini anlatmaya çalışıyordum. İlk sözüm şu oldu: "Hak geldi, batıl ortadan kalktı!" (İsrâ, 81) İslâm'ın alameti ise, "Batıl geldi, Hak geri çekildi!" modernliğin alametidir. Roman, alımlı yalana teslim olan modern insanın trajik öyküsüdür. Gerçeklerle dopdolu, ama Hakikat'sız kalmış bir dünyanın mükedder hikâyesidir. Onun için çağımın Müslümanlarına diyorum ki: Vasat bir dindar için makul dua, "Allah'ım beni imandan, Kur'an'dan mahrum eyleme" iken; entelektüel Müslümanın ahir zaman duası, "Rabbim beni imandan, Kur'an'dan ve romandan mahrum eyleme" olmalıdır. Çünkü başımıza geleni romansız idrâk etme imkânımız yoktur artık. Keşke buna hiç mecbur olmasak ve Kitap dışında sadece şiirle, destanla, masalla idare edebilseydik. Göçtü kervan, kaldık roman başında!..

Toplantıda benden önce Ramazan Kayan, Hz. Ömer'den hareketle şöyle dedi: "Öyle bir zaman olur ki, insanların duaya yüzü kalmamış olabilir." İşte içinde yaşadığımız çağ, duaya yüzü kalmamış insanların çoğaldığı, mü'minlerin bunun ıstırabını yaşadıkları bir çağdır. "Ruhumuz yaralı, bilincimiz parçalı" dedi. Ruhumuz niçin yaralı? Vuruldu çünkü. Modernleri gülümsetecek bu ifadeyi şöyle izah etti mahzun hocamız: "Haksız ve haram kazanç, ruhu vurdu." Ruhumuz yaralı, aç ve çıplak. "Ruh, takva azığı ile doyar ve takva libası giyinir. Takva kalmayınca, ruh aç ve çıplak kaldı." İşte roman, bu "giyinik çıplaklar" toplumunun teşhiridir. Kayan Hoca en kararlı yüz ifadesiyle şunu soruyordu: "İslam bizim ruhumuz mu, maskemiz mi? İslam'la neyi maskeliyoruz?" İşte roman bu maskeli balonun tasviridir. Tasvir ve yargılaması. Böyle bir dünyanın mahiyetini klasik edebî türlerle ifade etme imkânımız kalmamıştır. Destanlarımız, hikâyelerimiz, (klasik tarzdaki) şiirlerimiz bu gerçekliği yansıtmaya elverişli değildir. Sosyal bilimler ise, gerçekliğin ancak dış yüzünü, kabuğunu analiz edebiliyor. Romansız gerçek, gerçek değil artık! Hakikat Kur'an'da, gerçekler romandadır...

Mehmet Görmez hocamız da konuşmasında, Garaudy'den hareketle, romanın anavatanı olan Batı'nın Hz. İsa'yı yitirdiğini; böylece Gök ile Yer arasındaki temasın koptuğunu söyledi. O sıralar Melville'in *Sağlam Adam* romanını okuyordum, 1857'de yazılmış bir modern zamanlar menakıbnâmesi. Kitaptaki kurgusal menkıbeler "sağlam adamlara", yani sıradan insanları beş dakikada beş defa aldatma kapasitesine sahip fırıldaklara dairdi. Bunlar yüzünden Hz. İsa artık yoruldu ve istirahate çekildi diyor Melville; sahne artık İblis'indir! Modernliğin en mükemmel özetidir bu. Görmez hoca İslam Dünyası kavramı yerine İslam Ümmeti kavramında mutlaka direnmemiz gerektiğini söyledi. Çünkü ümmetin kökü olan *Ümm*, anne demektir. Yani ümmet, kan ve süt kardeşliğinden bile üstün bir kardeşliktir. İslam vasat bir ümmettir, vasat yani âdil. Yeryüzünde adaleti egemen kılmakla yükümlü bir ümmet. Adaleti yaşayarak gösteren, insanlık için hayırlı bir ümmet. Bu sözler de *Don Kişot*'un kısmî özetidir. Modern zamanların başlangıcında kaleme alınan bu roman, müteakip dört yüz yılın serencâmını öngörürcesine, sokakları ifsat olmuş bir dünyada meczup bir adalet nöbetçisinin çığlığını besteliyor. *Donkişot*'un tam özetini ise açılış konuşmasında Anadolu Platformu başkanı Turgay Aldemir yaptı. Konuşmasının son cümlesi şöyleydi: "Dünyada zulüm bitene, mazlumların yüzü gülene, mağdurların gözyaşı dinene kadar mücadelemiz devam edecektir." İşte Donkişot budur ve bu nedenle son dörtyüz yılın en komik değil, en ciddi kurgu kahramanıdır. En ciddi ve en mahzun.

Yüksek Topuklarla Gelen Değişim

Özkişi, modernlik adı verilen değişimin moda ve kadın eksenli olduğunu düşünüyor. Bir bakıma Emile Zola'nın *Kadınların Mutluluğuna* (1883) romanını yeniden yazıyor. "Değişim sokağın alt ucundan ilk adımını atmıştı. Bu adım, eğri kaldırımların gölcüklerinde sivrilmiş iri taşlar üzerinde sekti. O güne kadar bu taşlar, bu yollar, bu binalar, bu insanlar geniş ve sağlam ayakkabılar içinde yere sağlam basan adımların seyircisi olmuştu." Yere sağlam basan adımların sahipleri, bu sefer "çok ince ve çok yüksek topuklar üzerinde dengeyi bulmak için bir cambaz ustalığı gerektiren adımlara" ürkekçe baktılar. Sokak duruma akıl erdirmede ilk defa zorluk çekiyordu. "Bu çok ince ve çok yüksek topukların sürükleyip getirmek istediği nasıl bir şeydi?" Yürümeyi bu denli zorlaştırmak gülünçtü ama "bu soytarılığın ardında gizlenen daha başka, şakaya gelmez, yabancı kokan bazı şeylerin var olduğu" şüphesini uyandırıyordu. "Ahşap evler meşe iskeletlerinde bir tehlikenin ilk adım seslerini bu yüksek ökçelerin tıkırtılarında duydular, çeşme de, mescit de, evliya da, yaşlı efendiler de, sokağın tümü de öyle." Sadece kadınlar durumu farklı algıladılar. "Onlar da diğerleri gibi güldüler ama, içlerinde bir şey kıpırdadı ve gerindi. O kıpırdanan şeye *Şeytan* dedi yaşlılar. Uzun yüzyıllardan beri ancak masallarda nefes alabilen, bütün kötülüklerin kaynağı o yaratık, sokağın sevgiyle örülmüş dayanışmasıyla sokağımızdan uzak tutulmuşken, yaşlı efendilerin söylediğine göre yüksek topukların sesinde, kadında, kadının içinde ilk defa mekân tuttu." (s. 15.)

Şeytanın kadının içinde "ilk defa" yer tutması roman'tik bir abartı mı? Cennette yasak meyveye el uzatıldığı andan itibaren şeytan içimizde bağdaş kurmuş değil mi? Üstelik Kitab-ı Mukaddes (*Bible*), meyveyi aslında Havva'nın (yani meraklı kadının) yediğinde ısrarlıdır; zavallı Adem sadece ona uymuştur: "Kadın ağacın güzel, meyvesininse yemek için uygun ve bilgelik kazanmak için çekici olduğunu gördü. Meyveyi koparıp yedi. Yanındaki kocasına verdi, o da yedi. İkisinin de gözleri açıldı." (*Tekvin* 3: 6-7.) Kur'an-ı Kerim'de ise Şeytan ikisiyle birlikte uğraşıyor ve "ikisi de (yasak meyveden) yediler" buyuruluyor. (Taha, 121.) Yunus Emre, nihaî kader çizgisine şöyle işaret ediyor:

Miskin Adem yanıldı Uçmak'da buğday yidi
İşi Hak'dan bilenler Şeytandan tutmayalar.

Özkişi, romanında aslında Şeytanın yabancımız olmadığını, belki en yakın tanıdığımız olduğunu belirtse de, yüksek topukların eski şeytanın işi olamayacağını dile getiriyor: "Bu defa durum daha değişik gibiydi. Çünkü bu şeytan, eskiden beri tanıdığımıza pek benzemiyordu." Modern çağ için, yeni bir Şeytan! Ben bu romanın methini Anadolu Platformu toplantısında Prof. Azmi Özcan'dan dinlemiştim; "Abi, tam senlik!" demişti. Çünkü yaptığım konuşmada, Şeytanın modern çağda strateji değiştirdiğini; artık tek tek insanlarla uğraşmak yerine, (kapitalist mantığa uygun olarak) Sistem'i topyekün şeytanîleştirmenin daha rantabl olduğunu düşünüp, onların psikolojilerini biyolojilerinin yerine ikame ettiğini (Daniel Bell) belirtmiştim. Böylece arzular ihtiyaç haline getirilmiş ve insanlar sonsuz isteklerin peşinde çılgınca koşar olmuşlardı. "Arkadaşım, yemeğin yaşamak için bir araç olduğu inancının kabul edildiği sokaktan geliyordu. Orada esas olan mide değil ruhtu. Orada isteklerin hemen tümüne şehvet ismi verilirdi. Çeşitli yemek de bu yüzden, şehvetin türlerinden sayılırdı." (s. 31.)

Böyle bir sokağı ahir zamanda savunmak çetin bir görevdi; onu ancak Don Kişot ruhlu insanlar savunabilirdi. Kahramanımız, mevziyi terk edip medenîleşen eski mahalle arkadaşına dert yanıyordu: "Senin düşünemeyeceğin kadar yalnızdım ben. Yük ağırdı. Sokağımın insanları kayboluyorlardı. Gözleri, büyülenmiş gibi maddeye dikilmiş, geçip gidiyorlardı önümden. Bir kuş sesinin, bir asma yaprağının, dur, gitme, bana bak haykırışını duymuyorlardı. Gönülleri ve gözleri güzelliklerden kopuyordu. Gerçek ihtiyaçlarının ötesindeki şeylere gidiyorlardı koşarak. Yapayalnızdım ben. Birine, senin gibi birine ihtiyacım vardı. Lütfen beni anlamaya çalış ve bu ağırlığın bir ucundan tut. Sen keyfince yaşarken ben nöbet kulübesini hiç, bir an bile boş bırakmadım. Bunu yapamazdım da. Görevi ihmalim, bütün itibar ettiğim değerlere sırt çevirmek olurdu." (s. 34.)

Görev kutsal, ama mümkün mü? Yel değirmenleriyle boş yere savaşmaya benzemiyor mu? Özellikle kadınlar ve gençler, bu sokak fedailerine, bu "değer ve adalet nöbetçilerine" kulak verir mi? "Bir rüzgârın esmekte olduğunu hissetmiyor musun? Bu gençler, esen bu yelin önünde birer kuru yaprak sadece." Kuru yaprakların sert rüzgâra direnmesi mümkün olabilir mi? "Yele kapılmamak mümkündü, eğer inanç ağırlığına sahip olabilselerdi. Bütün değerlerin bir başkasıyla, hem de kökünü şeytandan alan bir yabancısıyla değiştirilme gayreti, DEĞİŞİKLİK, onları en hazırlıksız, en gaflet içinde bulundukları anda yakaladı. Aslında gafil olan onlar değildi. Sendin, bendim. Mescitti. Türbeydi. Konaktı. Kısaca bizdik." (s. 45.) Evet, azimli fedailere rağmen, sokak muharebesini kazanmış görünmüyoruz. Mescit ve türbenin yerini, medya ve piyasa aldı. Sokağı savunan "uzak dedelere" karşı yüzümüz yok, yürekleri yumuşak "yakın ninelere" seslenelim bari:

anneanne, ah anneanne
çıkış yok ve bu tereke
rahmetli dedemin yüreğinden
daha eski bir mesele
yüreğimiz bölüştürülemez
iyi günler ilerde.
(Hüseyin Atlansoy)

kureyayinlari.co

kureyayinlari

Alpaslan ve Osman Gazi FB'liydiler, Bill Gates ve Michael Dell de!
FB'lilik tarihin derinliklerine kök salan ***f***arklı ***b***akıştır. Büyük İskender'den Fatih Sultan Mehmet'e, Henry Ford'dan Mark Zuckerberg'e kadar, siyasî/iktisadî liderlerin hepsi FB'lidir.

Fakat bunlardan sadece CimBom'luluğa terfi edebilenler uzun ömürlü yapıların kurulmasına önayak olabildi. Farklı bakış, ***c***emiyetçi ***b***akışla bütünleşmeden kurumsallaşamıyor.

Doksan dakika ayakta kalabilen, yani kurdukları yapıların bir tür imparatorluğa dönüştüğü liderler ise sadece Siyah Beyaz renklere gönül verenlerdir.
Yazar fanatik CimBom'lu olduğu halde, yarasına tuz basıp, ***s***tratejik ***b***akışın önemini dile getirmek zorundadır!

Aklınız karıştıysa, bu kitap tam size göredir. Haydi Bismillah!